理系学生必見!!

入社したくなる会社60社

日刊工業新聞特別取材班 編

　デジタル変革（DX）が叫ばれる中、業種や企業規模を問わず、理系人材のニーズは拡大しており、理系学生の獲得競争は年々激化しています。少子化の進行などに伴う人手不足もあり、今後も「超売り手市場」が続くと予想され、優秀な人材の確保は各社共通の課題となっています。

　一方、2020年度は新型コロナウイルスの世界的な感染拡大が就職活動を直撃し、会社説明会や面接、インターンシップなども大きな影響を受け、学生もこれまでとは違った就職活動を迫られました。

　こうした状況の中、理系学生と理系学生を採用したい会社を結び付ける一助になればとの思いから企画したのが本書です。全国のさまざまな技術力・開発力を持つ会社の魅力を、日刊工業新聞社の記者が取材を通して紹介します。

日刊工業新聞社

| 目次 | 理系学生必見!!
日刊工業新聞社が推薦する入社したくなる会社60社 |

解説

会社レポート

機械・ロボット・自動車

求められる適性は職種によって異なる

——選択肢を多く持ち、自分に合った本当に強い企業を探そう

　新型コロナウイルスの世界的な流行を背景に、就職活動（就活）の場面で大きな変化が起きている。"3密（密閉・密集・密接）"を避けるために大規模な説明会などは中止になり、面接などの多くがリモートに切り替わった。さらに、これを機に就活そのものが見直され、インターンシップなどでは新たな動きも出始めた。こうした状況下で必要になるのは、「自分自身がどうしたいか」を冷静に判断する力と、「どうすれば自分の希望がかなうのか」を知るための情報だろう。ここでは、理系の学生に的を絞って、「就活にどう向き合い、どのように自分に合った選択肢を見つけていくか」を考えてみたい。

■ 就活を変えた新型コロナの拡大

　2020年春に顕在化した新型コロナウイルス感染症（新型コロナ）の拡大は、21年春卒の学生（20年度の大学4年生など）の就活および企業の採用活動を直撃した。日本経済団体連合会（経団連）会員企業などは、政府の定めたルールにより、「会社説明会などの広報活動は3年生の3月から、面接など選考活動は4年生の6月から、内定は10月以降」というスケジュールで動いており、これと感染症拡大が大きく重なったためだ。企業の採用計画そのものも次々と見直されていった。文科系に人気の航空や観光の業界は業績は低迷し新卒採用の中止や縮小が相次ぎ、逆に「巣ごもり消費」により特需となった運輸や個人向けインターネットサービスなどの事業は好調となった。

　このような状況下で、ニューノーマル対応を機としたデジタル革新（DX：デジタルトランスフォーメーション）は、理工系学生にとって就活の中期的な追い風となりそうだ。政府は近年、リアルとサイバーを融合した超スマート社会「Society（ソサエティー）5.0」を提唱してきた（**写真1**）。DXは、デジタル技術によって企業の開発、生産、販売さらに人事や総務など、全ての活動を変革するものであり、Society5.0の概念を具体化するものだといえる。そのため、単なるIT関連サービスのビジネスにとどまらず、あらゆる業界でDX対応の素養を持つ理工系人材のニーズが高まるとみられる。

　21年卒の学生は、新型コロナにより就活の手法がこれまでとまったく変わってしまったことへの対応に追われた。まず、大勢を1カ所に集める会社説明会、特に就職支援会社などが主催する大規模な合

写真1　経団連と日本学術会議もシンポジウムで「Society5.0」を議論していた

写真2　以前は3密の会社説明会が普通だった

同会社説明会の多くが中止となった（**写真2**）。その代替として、ウェブを通じたオンラインの個別企業セミナーなどが中心となった。しかし、この方法は対面でないため、学生が質疑応答や担当者の対応などを通じて、会社の雰囲気を把握することが難しい。パソコン画面越しで行われるため、企業の印象さえあいまいになりがちだ。そのため、「物足りない」という感想が多く聞かれた。コロナ禍が収まらず、次年度以降も同様の手法になるのであれば、最終段階での会社訪問、若手社員との交流の機会などを、学生からも積極的に求める必要が出てきそうだ。

　もう一つの大きな変化は、面接のオンライン化だ。1次面接など早い段階では、ウェブ会議システムを活用してオンラインの動画で行う企業が大半となった。オンライン面接は学生が自宅から参加するため、背景がどのように映るか、生活音が入り込まないか、通信が安定しているかなど、さまざまなことに神経質にならざるを得ない。さらに、画面を通じては声が通りにくく、視線を面接担当者にうまく合わせられないなど、表情を含めた学生の全体の雰囲気が分かりにくくなってしまう。これでは、「自分らしさを十分に伝えられなかった」と悔しく思う学生が多いのもうなずける。もっとも、企業、学生の双方とも、「最後は対面で確認した上で、決断したい」という気持ちがある。そのため、内定を決める最終面接は対面となるケースが中心だった。

　一方で、小規模のIT企業などでは、以前からオンラインの手法に対する信頼感が高いため、「最終面接まで全てオンライン」というケースが見られたという。どちらが良いかは企業のコミュニケーション文化によるところが大きく、学生の適性とマッチングさせる上での一つの目安になるだろう。

　また、大学キャンパスへの登学が禁止となるなど、学生生活自体も大幅に制限された。そのため、学生の自己アピールのもととなるサークル活動やアルバイトなどの機会も激減。面接やエントリーシートで、何を具体的に取り上げるか悩む学生が多かったと聞く。これに対しては、「新型コロナのような特殊な出来事の中で、どのように考え方が変わったか、また空いた時間を何に費やしたかなどを伝えてほしい」という企業の声が聞かれた。いつもと違うからこそその対応の工夫に、学生の個性を見たいということだ。

　全般的には、いろいろなストレスがあり気分も晴れにくく、学生にはつらかっただろう。友人や、大学のキャリアセンターなど支援部門とのやりとりもウェブに限られており、生の情報に接する機会が奪われていた。その一方で、オンライン化にはメリットも生まれた。それは、地方や遠隔地の学生が就活しやすくなったことだ。都市部で就活する上で、行き来の時間や交通費をさほどかけずに、多数の企業との関わりを持つことにつながった。

　22年卒以降の就活は、新型コロナの状況と併せて見えにくい。予想もしない社会的アクシデントに見舞われた21年卒の就活の経験を参考にしつつ、調整していくことになるだろう。そのような中でも一つ、中長期的な新たな社会ニーズとして注目した

写真3　京都大学における企業と博士学生の交流会

いのが、学生のUターン、Iターンを含む地元志向
だ。

　地元志向は、大学受験を控えた高校生と親の間で
も高まっている。新型コロナの経験から、親元で安
心して学んだり、働いたりする形が以前より重視さ
れるのは当然かもしれない。漫然と「大都市の大企
業で働く」ことを想定するのではなく、地方や中
堅・中小企業などで「自分のプライオリティを見極
め、ここで働く」ことを選ぶために、しっかりとし
た意識が重要になってくる。新型コロナは就活のみ
ならず、あらゆる場面でこういった姿勢を私たちに
要求しているのだ。

インターンシップにも新たなうねり

　新型コロナは、インターンシップ（就業体験）に
も影響を及ぼしている。20年は22年卒の学部3年
生向けが主対象となっており、先輩の4年生の就活
の様変わりを目にして、「今のうちにインターン
シップで志望企業と相互理解を深めておきたい」と
の思いがあるようだ。しかし、新型コロナ対策で実
施が例年の夏から後ろにずれると同時に、インター
ンシップの活動をオンラインで行うケースが散見さ
れるようになった。これは、例年との大きな違い
だ。

　産学協働イノベーション人材育成協議会は、大学
院博士課程学生らの研究インターンシップを実施し
ており、企業側と博士学生の交流会も手がけてきた
（**写真3**）。しかし、20年は新型コロナで交流会は中
止。インターンシップの実施数も減ったが、その中

で企業から数物系や情報系への注目が高まる興味深
い傾向が明らかになった。

　具体的には、20年度のインターンシップで、企
業と学生のマッチング成立約40人分のうち、学生
の専攻分野を見てみると、数式やシミュレーション
を使う数物系が30％、情報系は18％だった。過去4
年間合計（約400人）は各17％、9％だったのに比
べ伸びが目立った。これに対して、本年度の電気電
子系は5％、生物系は2％で、過去の各24％、10％
に比べて著しく変動している。

　要因の一つは、新型コロナによる実施形態の変化
だ。対面が必要な実験系の中止が増え、遠隔実施の
ニーズに応えるオンライン主体の活動が全体の3分
の1になった。もう一つは企業ニーズの変化だ。ビ
ジネスのビッグデータ解析や、人工知能（AI）の活
用などが人気になっている。博士学生という高度人
材向けのインターンシップのため顕著に出ている現
象だが、この傾向は修士学生や学部生でも頭に入れ
ておくとよいだろう。

　一方、中長期視点で注目してほしいのは、イン
ターンシップにおいて新たなうねりが起こっている
ことだ。「インターンシップを採用に直結させたい
産業界」と、「採用とは無関係の教育に位置付けた
い大学」の長年のギャップが、解消されるかもしれ
ないのだ。背景には、情報・理工学系を中心に先進
企業が導入に動きだした「ジョブ型採用」がある。
非常に高度なスキルを持った転職者などの人材市場
で、活況を帯びつつあるのだ。

　新卒生の就活は時間がかかり、学業を妨げる問題

表1　ジョブ型研究インターンシップと従来タイプの比較

	ジョブ型研究インターンシップ	従来の一般的なインターンシップ
採用との関連	ジョブ型採用にインターンンシップ結果を連動	原則は採用とは別、一部企業は採用に活用
対象	研究の素養がある大学院生（まず博士課程）	学部生、大学院生（博士課程はごく一部）
期間	長期（2カ月以上が目安）	短期（数日など）
有給・無給	有給が基本	無給がほとんど
大学の扱い	正規課程の教育プログラムでの選択必修科目	正規プログラムや個人活動など多様
時期	各大学のプログラムによる	今後は夏休みなど長期休暇で設定

がある。そのため産学は、活動の開始時期などを巡ってしばしば対立してきた。近年はインターンシップでも攻防が続いていた。つまり、企業はインターンシップを採用につなげたいが、大学は産学協同の教育と位置付けるというズレがある。「採用直結のインターンシップが可になると、これを皮切りに就活が長期化し、大学での学びがさらにおろそかになる」と大学側は憂慮している。

しかしここへきて、Society5.0時代に向けたIT技術、データサイエンス、AIなどの高度なスキルを持つ人材ニーズが急伸。そのため、スキルを生かした特定の職務（ジョブ）を前提とするジョブ型採用の導入に、大手メーカーの一部が動き始めた。このジョブ型採用に結び付くインターンシップであれば、学生は大学での高度な学びをした上で参加する。この形は、産学双方にメリットが生じることになるのだ。

経団連と大学側の就職問題懇談会が共同運営する「採用と大学教育の未来に関する産学協議会」は20年春に報告書をまとめ、ジョブ型インターンシップの試行を打ち出した。最初に動きだすのは、博士学生が数カ月にわたって研究を主軸に行う「ジョブ型研究インターンシップ」だ（**表1**）。情報や理工系分野を筆頭に、博士人材の企業就職を強力に後押しするチャンスになる。これがその後、格段に人数の多い修士学生や学部生にどのように広がっていくか——。大学の学びと就活のバランスを整え直す転換期に差しかかっている。

企業選びにおける理工系の就活ポイント

理工系の就活には、文科系の就活と異なる部分が多数見られる。そこで、就活が本格化する前の段階におけるポイントを伝えたい。その一つは志望先を「業界＋職種で考える」点だ。文科系は、営業職など大きな枠での採用が一般的で、旅行、金融など業界ごとに志望を考える。しかし、理工系は電機・電子、機械、化学といった「業種」と、研究、設計、生産などの「職種」の両方の選択肢がある。

例えば、機械工学科で人気の自動車関連業界で考えてみよう。部品を組み合わせて最終製品を作るセットアップなら、トヨタ自動車や日産自動車といった完成車メーカーを思い浮かべるだろう。しかし、それは他学生も同様であり、これらの企業に対する就活は激戦区となる。そこで、自動車部品業界に目を転じてみると、「エンジンの構造に関心があるから、自動車メーカー系列の中堅・中小企業はどうだろうか？」という発想につながる。産業の裾野が広く、日本が強みを持つ自動車関連であれば、世界的に存在感がある企業はいくらも見つかるのだ。

併せて職種のイメージを膨らませる。センサーやITの最先端技術を取り込んだ自動運転に関心があり、研究開発に挑戦したいのか。コンピューター支援設計（CAD）を使いこなして、新モデルの開発やモデルチェンジに携われる設計が面白いのか。はたまた地道な「カイゼン活動」に注力する生産技術か。ここでも、さまざまに思案することができる。

理工系は大学の研究室における学びを経験していることから、研究職を志向しやすい。しかし、人数が圧倒的に多いのは技術職だ。それ以外にも技術の知識を生かした営業職など、多彩な選択肢があることを知るとよいだろう（**写真4**）。

この時、大切なのは「自分に合っているか」という点だ。求められる適性は職種によってかなり違

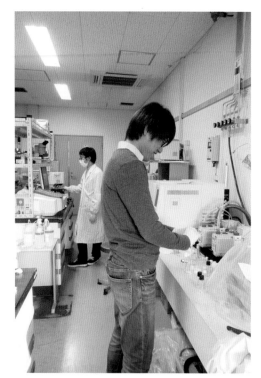
写真4　就活では研究職にこだわらない姿勢も重要

う。設計であれば、例えばチームで分担して各部品の試作を細分まで何度も行い、それらを組み合わせた上で新たな問題点の解決に取り組む。この職種に就く人には、緻密さや協調性が欠かせない。

また、生産技術は縁の下の力持ちのイメージだが、海外プラントなどの立ち上げで長期出張をする機会もあり、そうした場面での適性も求められる。こうした仕事では、環境安全や設備技術などの知識も求められ、本社の事業部など多方面からの要求にも押しつぶされることなく、バランス感覚を持った判断が要求される。「楽な仕事はないものの、向いている仕事は必ずある」と思って目を光らせてほしい。

就活の志望企業を考える時、学生は広告・宣伝でよく見聞きする大手のBtoC企業から検討することが多い。一般消費者（C）という顧客に向けてビジネス（B）する企業で、製造業なら自動車、家電、食品などの大手企業だ。しかし、これらは文科系も含めて人気が高い。BtoC企業への憧れは持っていてもよいし、向いている人もいるだろう。しかし、就活の対象をここだけに絞ることはリスクが高い。そこで、BtoB企業や中堅・中小企業へも目を向け

ることが必要となる。

BtoB企業とは、法人顧客向けにビジネスをする企業で、機械や電機・電子、鉄・非鉄や化学など多くの製造業がBtoB企業だ。特に、モノづくりはさまざまなBtoBの業界・企業の連携で最終製品が完成する。生産高でみるとBtoB企業が7割だとされている。

BtoBの製造業の競争力はなんといっても研究開発力、技術力だ。世界でビジネスを展開する日本のグローバル企業の多くは、国際競争力のある技術が武器となっている。これに対して、BtoC製品は技術優位とはなりにくく、価格やデザイン、販売戦略など、文科系的な要素が効いてくる。

企業の新人採用の場では、文科系は大学での専門はあまり考慮されない。対して、理工系は技術関連の人材として、専門の学びや関心が重視されることが多い。そのため、理工系は就活の段階が進むうちに、「こんな形で技術に関わっていけるなら、面白い。大手や著名な企業、BtoC企業にこだわる必要はないな」と判断し、前向きに志望を変更するケースが多い。BtoCの混戦をいち早く抜け出て、自分に合った、本当に強い企業を探してもらいたい。

中堅・中小企業こそ、活躍の場が広い

就活で具体的な中堅・中小企業に目を向けるには、何がきっかけになるのだろうか。それは、地元企業に詳しい卒業生による就職アドバイスかもしれない。モノづくり企業に特化した情報メディアかもしれない。そして、この本もその一つになるのではないだろうか。

日刊工業新聞社は産業総合紙の「日刊工業新聞」を核に、出版やイベントなど多面的な活動を展開している。柱に「中堅・中小企業振興」を据え、全国に40ほどの支社・支局を置いている。中小企業の経営者は、創業家一族の理念を色濃く受け継いでいるなど、個性的で魅力的なことがしばしばだ。一方で、非上場企業は経営指標の公開が義務付けられておらず、危険な情報が表に出にくい傾向がある。しかし、地域に長く根を張る支局長や記者は、独自のネットワークと企業理念に基づいたフィルターを持って情報発信していることを自負している。

理工系学生にも人気のある大手シンクタンクで

写真5　研究リーダーになれる環境かどうかも重要

は、人材採用の基準は二つあるという。一つは頭の回転が速くて優秀であること。もう一つは、自社のカラーにしっかり染まるタイプであることだ。言い換えると、たとえ優秀だと感じても、時間をかけて優れたものをきっちり作り上げるような人や、周囲とぶつかり合いながら新たなものに挑戦していくタイプは、採用対象にならないというわけだ。型にはまる人材を求める大企業は、とがった創造的な人材にとって不幸な職場だ。「自分に合うかどうか」は、これほどに大切なことなのだ。

「企業30年説」をご存じだろうか。企業繁栄のピークは30年程度。名門・大企業であっても、一つの業種に固執し、周囲の環境変化に適応していけないと、30年程度でビジネスの先がなくなるという説だ。大手企業が今人気だとしても、今の学生が社会で重要な位置を占める30年後は分からない。基幹ビジネスで苦戦していたり、大幅リストラや企業の吸収・合併で大荒れとなっているかもしれない。優れた企業であってもこういった変化は当然で、「有名企業だからずっと安泰」というイメージは、もはやまったくの幻想である。

むしろ株式市場へ上場直前など、中堅の優良企業の方が30年後にはよほど存在感を高めているかもしれない。若いうちに研究現場のリーダーになったり、開発に関わるビジネス交渉の現場に引っ張り出されたり、あるいは海外事業の開拓に出向いたり

と、早いうちにチャンスに恵まれるのは、「中堅・中小企業ならでは」なのだ（**写真5**）。もしかしたら将来、その企業の役員に就任したあなたが、「あの時、第一志望の大企業に通らなくてよかった」と振り返る時がくるかもしれない。

どのような選択がベストか、それは分からない。右の道へ行くのか、左の道を選択するのか、同時に経験して比較することはできないのだから。就職は、社会人となる最初の一歩だ。親や指導教員の意見を参考にしつつ、自分で決断するしかない。

理想の仕事、つまり「やりがい・収入・時間的余裕が三つとも満たされる仕事」は、少なくとも新卒生に用意される職の中には存在しない。このうち二つで希望がかないそうなら、十分だ。新型コロナの感染拡大で、「社会では何が起こるか分からないものだ」と多くの人が実感した。しかしこの出来事は、より根本的な部分で、「自分が自分らしく力を発揮できる場はどこなのか」を、全ての人に問い直しているように思える。もし、新卒時にこの問いに正しい答えを出せていれば、将来どのような変化に直面しても、あなたは迷わずに輝いていけるに違いない。

（論説委員 兼 編集局科学技術部編集委員　山本佳世子）

参考資料
「理系のための就活ガイド」、山本佳世子著、丸善出版、2014年

アフターコロナでIoTやAIの重要性が拡大
挑戦力を持ったデジタルネイティブに大きな期待

◆

機械業界は、時代の変化に柔軟に対応できる人材を求めている。市場のグローバル化、情報技術の発展、少子高齢化、多発する天災など、幾度もの荒波を機械業界は力に変え、発展を遂げてきた。最近では、新型コロナウイルスの感染拡大を踏まえ、機械の製造・販売・サービスなどの各現場で、遠隔対応をはじめとする「ウィズコロナ時代」を見据えた取り組みが進む。「変化の時代にこそビジネスチャンスがある」と見る経営者は多い。業界の常識にとらわれない、新鮮な発想を持つ人材を機械業界は待っている。

技術トレンドは自動化・IoT・AI

機械業界の近年の技術トレンドとして、「自動化」「IoT（モノのインターネット）」「人工知能（AI）」が挙げられる。一口に「機械」といっても用途は幅広く、ここでは金属を主体とした部品の加工に使う「工作機械」とその周辺機器である「ロボット」にスポットを当ててみたい。

自動化

製造現場では、人手不足対策として自動化への要望が強まっている。大手のロボットメーカーだけでなく、工作機械メーカーも独自に自動化の取り組みを進めている。工作機械の前方に配置したロボットが、加工し終わった後の部品を機械から取り出し、次の新しい材料を機械に供給する。こうした「連携プレー」を、テレビ番組などで見た記憶がある人も多いはずだ。

最近は工作機械とロボットを別置きにするのではなく、工作機械にロボットを内蔵するという一段階進んだ動きがある。材料の付け外しに加え、機械内にたまった金属の切りくずの掃除などもロボットが行う。

人とロボットが同じ空間で作業する「協働ロボット」の導入も広がっている。通常の産業用ロボットと比べて動作が緩やかで、安全柵を必要としない。安全センサーがロボット周辺を監視し、人がいない場合は通常のロボットと同じように高速で動作。人の接近を検知した場合は安全動作に切り替えるな

ど、工夫が進んでいる。

IoT

製造現場では、メーカーや製造年代を問わず工場内のあらゆる機器・設備をIoT基盤でつなぎ、得られるデータを有効活用する動きも拡大している。2018年11月に東京ビッグサイトで開かれた日本国際工作機械見本市（JIMTOF2018）では、会場全体を一つの工場に見立て、72社・約300台の出展機を共通のIoT基盤でつないで稼働状況を可視化する企画展示を実施した。

IoT化の効果で真っ先に期待されるのが、機械の故障の予兆検知だ。機械のメーカーがネットワーク経由でユーザーの機械の稼働データを収集。データが異常値を示し故障が近いと判断した場合、ユーザーに対応を指示したり、メーカー担当者がユーザーの工場に駆けつけたりするなどして故障を防ぐ。

ユーザーは、機械の故障による損失を回避できる。新型コロナ感染拡大の局面では人の移動が制限され、機械メーカーによるアフターサービスにも少なからず支障が生じた。IoTを活用した機械のリモート監視は、感染増加時の移動の制約を克服する技術としても注目されそうだ。

また、機械の詳細な稼働データを基に、メーカーはユーザーに対して機械を上手に使うための提案をしやすくなる。以前から工作機械業界は工具メーカーと一体となって加工技術を研究し、ユーザーに提供してきた。こうした技術支援がIoTの活用でよ

り具体的に、ユーザーの実情に沿って行えるようになる。メーカー側も、IoTで得たデータを次の機種開発に生かせる利点がある。IoTは機械のメーカー、ユーザー双方の競争力向上への貢献が期待されている。

▍AI

　AI応用技術の開発も進んでいる。一例として、工具を寿命ぎりぎりまで使う取り組みがある。工具は摩耗が避けられない。そのため、まだ使えるにもかかわらず、一定の精度を確保するために早めに交換することが多い。AIを活用して切削時の音などを詳細に分析できれば、精度を確保した上で工具を無駄なく使い切ることにつなげられる。

　また、熱による変位をAIで補正し、加工精度を高める取り組みも進展している。工具の保持部分に微細な切りくずが混入したか否かを、振動のデータを基にAIが判定し、加工精度への影響を排除する技術の開発も進んでいる。

　製造現場でも3密（密閉・密集・密接）回避が求められる中、工程の自動化・省人化は工作機械やロボットに限らず、あらゆる機械分野で「アフターコロナ」の重要テーマとなりそうだ。事業活動が正常化した市場で、こうした課題解決の技術提案をどれだけ迅速に進められるか。機械メーカーの総合力が問われているとともに、創造力にあふれ活気に満ちた若い人材にかかる期待も大きい。

コミュニケーション能力とチャレンジ精神が不可欠

　機械業界が新しい人材に求めるのは、失敗を恐れずに挑戦する姿勢だ。主要メーカーのトップが2020年度の新入社員に贈った言葉の中にも「挑戦」の2文字が目立つ。

　農業機械を主力とするクボタの北尾裕一社長は「チャレンジした結果の失敗は必ず将来への糧となる」と強調。工作機械メーカーのオークマの家城淳社長は「不確実性の時代だからこそ、自らの道は自らで切り開く気概で取り組んでほしい」と期待を込める。

　ただし、自分一人の力だけで仕事を完成することは不可能だ。社内や取引先との意思疎通も重要となる。「変化の速い時代に予兆を捉えられないと命取

日本国際工作機械見本市（JIMTOF2018）では、IoT（モノのインターネット）が主要テーマの1つとして注目を集めた

りになる。コミュニケーションを常に意識してほしい」とIHIの井手博社長は強調する。

　機械ビジネスは「機械を売って終わり」ではない。アフターサービスも含めると、顧客との関係は長い場合で数十年にも及び、強固な信頼・信用なしには成り立たない。樹脂の射出成形機を主に手がける日精樹脂工業の依田穂積社長は、「信用は大切な資本。小さな約束でも全力で守ることを大切にしてほしい」と説く。

　一方、「不透明な時代だからこそ、ぶれない軸を持ち、社会に貢献することが必要」（三菱重工業の泉澤清次社長）との声に代表されるように、社会の課題解決に貢献していくことも機械メーカーの重要な使命だ。国連の持続可能な開発目標（SDGs）と関連付けて、自社の中長期の方針を定めているメーカーも多い。金属板加工用の板金機械を主力とするアマダの磯部任社長は「環境に配慮した生産体制の構築など、さまざまな面で社会と顧客に貢献していく」姿勢を重視する。

　IoTやAIの活用が重要テーマとなる中、幼少期からデジタル技術に慣れ親しむ「デジタルネイティブ世代」に寄せられる期待は大きい。軸受（機械の回転部分に使われる部品の一種）を主力とする日本精工の内山俊弘社長は、「リアルの力でデジタルやサイバーの可能性を拡大し、デジタルやサイバーの技術進化がリアルのポテンシャルを上げる相互作用」に期待する。

（編集局第一産業部副部長　齊藤陽一）

DXにより変わるビジネス、産業構造、そして暮らし
デジタル技術を使いこなし、新製品・サービスを生み出す人材を

電機・電子業界は、デジタル変革（DX）を主導する人材を渇望している。この20年間は韓国や台湾、中国メーカーとの競争が激しく、コモディティー化しやすい半導体や液晶ディスプレー、家電事業などから相次ぎ撤退し、需要変動の少ない社会インフラなどB to B（企業間）事業を軸に成長を遂げてきた。ただ、近年はIoT（モノのインターネット）や人工知能（AI）などのデジタル技術を活用して、個社の事業構造だけでなく、産業構造や社会全体を作り変えるDXの波が押し寄せる。新型コロナウイルス感染症の流行もニューノーマル（新常態）への変革を迫っており、チャレンジ精神にあふれ海外志向も強いデジタル人材を強く求めている。

DXが変えるモノづくりとサービス

電機・電子業界の技術トレンドは、IoTとAIがその筆頭だ。業界をリードしてきた総合電機メーカーはB to B事業へシフトしており、発電設備や工場の製造設備、鉄道車両といった国民の生活を支えるインフラ関連が主軸だ。それらに共通する問題として、設備の故障が国民に与える影響が甚大で、計画外の設備停止が許されない点が挙げられる。このため、従来は熟練した技術者による定期的な設備の保守が不可欠だった。

IoT技術は、これまでの常識を覆す。日立製作所の東原敏昭社長は「現在、世界には都市化、少子高齢化、気候変動など、たくさんの社会課題が存在している。また、デジタル技術の急激な進歩により、あらゆるモノやコトがつながり、ビジネスや産業構造、そして人々の暮らしが大きく変化している」とDXの潮流を説明する。

全ての設備がインターネットにつながれば、これまで人手で確認していた稼働状態が遠隔で把握できるようになる。遠隔地から人手をかけずに集中管理することで、電力や鉄道などのインフラサービス事業者は、従来通り安心・安全を守りつつ業務の効率化を図ることができ、一石二鳥となる。

東芝の車谷暢昭社長も、「産業界は第4次産業革命とも言われる大転換期を迎えている。AIやディープラーニング（深層学習）などのサイバー技術と、実世界に存在するバイオテクノロジー、ロボティクス、センシングなどのフィジカル技術を融合した『サイバー・フィジカル・システム（CPS）』でモノづくりやサービスが進化していく、新たな世界に突入する」と予見する。

求められる
デジタルネイティブ

日本の産業界は働き手の高齢化が進み、これまで現場を支えてきたベテラン技術者が毎年大量に退職している。社会インフラの安心・安全を最前線で守ってきた人材が抜ける一方で、少子化により労働人口は減り続け、入社する若者の絶対数は減っている緊急事態

ウィズコロナ時代に新たなニーズが続々生まれている（パナソニックと小田急百貨店の実証実験）

だ。そこでもう1つのキーワードである AI が登場してくる。

大量退職するベテラン技術者の代わりを AI が務める。IoT であらゆる設備のデータを吸い上げて価値判断し、故障の予防措置など必要な指示を次々出す絵が浮かぶ。「シンギュラリティー」と呼ばれる、AI が全人類の知性を超える技術的特異点は2045年にやって来ると言われる。今すぐには難しいものの、日進月歩の AI 技術がヒトに取って代わる時代はそれほど遠くなさそうだ。

一見すると、ヒトにとって大きな脅威にもなりうる DX とどう向き合うかは重要な課題になる。ただ、電機・電子業界が現在、最も渇望している人材像はまさに、その脅威を成長に変換できるデジタルネイティブだ。

AI などデジタル人材の活躍の場は急速に広がっている（日立製作所の中央研究所）

必要とされるのは、積極性とグローバル志向

「組織の中で、同質的な存在として埋もれてしまうのではなく、自分自身を"主語"にし、挑戦への強い意志を持ち続け、強みを絶えず磨きながらユニークな存在として活躍してほしい」。パナソニックの津賀一宏社長は、2020年度の入社式で新たな仲間にそう訴えかけた。

他の経営者も同様に、積極性を要望する声が多い。例えば、「社員一人ひとりが、さまざまな課題を"自分ごと"として捉え、自ら判断し行動する"参加型"の意識を持つことが重要だ」（日立・東原社長）、「現場に足を運び、ビジネスに何が起こっているのか自分の目で確かめ、何が本質的な問題であるかを考えて、新しいことにも積極的に挑戦していくことが重要だ」（東芝・車谷社長）など、示し合わせたように似ている。裏を返せば、現在働く社員に不足している点とも考えられる。

AI の登場によりヒトの仕事が変わる中で、AI 技術を開発し、それを積極的に使いこなす役割が期待される。今後の働き方は極端に言えば、AI を軸に「使う側」と「使われる側」に分けられていくはずだ。

業界各社は、AI などのデジタル人材獲得・育成を経営戦略の中心に据えている。中でも、AI 技術自体を開発するほか、AI を活用して新たな製品・サービスを企画できる人材は喉から手が出るほどほしい。なぜなら、それは究極的には自社のビジネスモデル転換につながる動きであり、老舗の多い電機・電子業界にとって、硬直化した事業構造を見直す必要性が DX 時代にますます高くなっているからだ。

内向きになりがちな島国の日本企業で働く上で、積極性とともにグローバル志向も外せない要素だ。各社は海外市場へ事業の成長を託し、各地でしのぎを削るライバルもまた海外メーカーがほとんどだ。製品企画から設計、開発、生産、販売、アフターサービスまで全ての段階において日本基準の思考回路では、競合に後れを取る原因となるだろう。日立の東原社長は、「世界に通用するプロフェッショナル人財へと成長し、それぞれのステージでグローバルリーダーになることを強く意識して、世界で活躍すること」を新入社員に求めている。

グローバル視点で見れば、電機・電子業界が今後取り組むべき最大のテーマは脱炭素だ。温室効果ガス排出量の大幅削減に向けて、全人類で知恵を出し合わなければならない。個社の枠や国境すら越えるほどの積極性が最も生かせる地球規模の社会的課題だ。

企業は業種を問わず、社会の公器である。製品・サービスを通じた社会貢献への強い意識は、社会人の必要条件だ。（編集局第一産業部編集委員　鈴木岳志）

ITのメガトレンドがもたらす大転換
技術力を持つDX人材に国内外で高い市場価値

◆

　人工知能（AI）やIoT（モノのインターネット）などの活用が、産業界のみならず社会全般に広がっている。キーワードは「デジタルトランスフォーメーション（デジタル変革＝DX）」。人やモノから生じる膨大なデータを新たな資源としてイノベーションを生み出し、世の中を変えていくことが求められている。こうした中、情報サービス産業は、これまでの縁の下の力持ちから「客先を成功に導くパートナー」としての期待が高まる。

■ DX時代に求められる人材像とは

　DXという用語には明確な定義はなく、解釈する人によって語り口は異なる。だが、その背景にはAIやIoTに加え、クラウドやビッグデータなどのITのメガトレンドが渦巻き、既存の産業構造に対して大転換を迫っている。

　DXの号砲が鳴ったのは2017年。これを起点にAIなどの先進技術を自社ビジネスで試す実証実験が相次ぎ、19年ごろから適用領域が広がる中で、先行事例が一部、具体化しつつある。新型コロナウイルス感染症が冷や水となったものの、ITのメガトレンドは変わらず、「3密（密閉・密集・密接）」を避けるリモートワークなどのニューノーマル（新常態）な働き方改革と相まって、DXの流れはむしろ加速している。

　目指すは、市場変化に迅速に対応できる体制を築き、経営のスピードを速めること。社内カルチャーや社員の意識、スキル、働き方、人事評価などを根本から見直し、従業員から経営者まで全員参加型の改革が問われている。

　カギを握るのはIT人材。高い専門性を備えた「高度IT人材」や、ディープラーニング（深層学習）やデータの利活用に優れた「AI人材」がクローズアップされ、最近は「DX人材」という呼称も定着してきた。経済産業省はDX時代に求められる人材像として、「プロデューサー」「データサイエンティスト（分析官）」「ビジネスデザイナー」「UX（顧客体験）デザイナー」などを定義している（**表1**）。

　経産省が主管する情報処理推進機構（IPA）が「企業・組織でDXの推進を担う人材」をテーマに東証1部上場1000社に調査したところ、DXの推進を担う人材が「大いに不足」という回答が多く、求める人材と、既存の人材スキルとのギャップが大きいことが浮き彫りとなった（**図1**）。

■ 変わる産業構造

　情報サービス業界は、野村総合研究所や日鉄ソリューションズなどの「ユーザー系」や、TISのような「独立系」など、設立の経緯によってグループ分けすることもある。富士通やNECなどの子会社は「メーカー系」と呼ばれる。情報サービス業界最大手のNTTデータはNIIが親会社だ。さらに日本IBM、アクセン

表1　DX時代に求められる人材像

人材の呼称例	人材の役割
プロデューサー	DXやデジタルビジネスの実現を主導するリーダー格の人材
ビジネスデザイナー	DXやデジタルビジネスの企画・立案・推進などを担う人材
アーキテクト	DXやデジタルビジネスに関するシステムを設計できる人材
データサイエンティスト／AIエンジニア	DXに関するデジタル技術(AI・IoTなど)やデータ解析に精通した人材
UXデザイナー	DXやデジタルビジネスに関するシステムのユーザー向けデザインを担当する人材
エンジニア／プログラマ	上記以外にデジタルシステムの実装やインフラ構築などを担う人材

（出典：経済産業省）

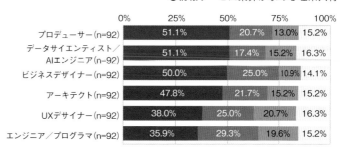

図1 DX推進人材の不足感

チュア、日本ヒューレット・パッカード、日本マイクロソフト、デルテクノロジーズなどの外資系の日本法人も数多く、それぞれ求められるスキルは千差万別だ。

情報サービス産業は、原価やコストの大半が人件費であり、年商は製造業に比べると大きくはない。年商2000億〜3000億円以上あれば大手と言ってよい。だが、地域に根を張る地場IT企業や中堅・中小のIT企業を含めると、全国で7000〜8000社にのぼる。

大規模なシステム構築（SI）プロジェクトは、「元請け」の大手ベンダーが受注し、「2次下請け→孫請け」に仕事を外注し、そこでは中堅・中小IT企業が連なる。こうしたSIプロジェクトがビジネスの主体だったころは、技術職がたどる王道と言えば、「プログラマー」を出発点として腕を磨き、「システムエンジニア（SE）」として一本立ちして経験を積み、ゴールは開発プロジェクトを指揮する「プロジェクトマネージャー（PM）」だった。

今もこうしたキャリアパスはあるものの、アマゾンウエブサービス（AWS）やグーグルなどのクラウド専業の新興勢力の台頭により、ITシステムは「作る」から「使う」へと変貌を遂げ、求められる人材像は大きく様変わりしている。

例えば、データサイエンティスト。耳慣れない職種だが、米国ではこれを目指す理系の若者は多い。日々発生する膨大なデータに科学的な分析手法を加え、これまで見えなかった"何か"を読み解く。こうした仕事を統計解析や数理モデルを駆使して読み解くのが、データサイエンティストの役割である。日本でもその存在が脚光を浴びている。

サイバー攻撃が社会問題となる中で、情報セキュリティー分野の人材不足も叫ばれている。日本だけでも「セキュリティー人材が8万人不足」との推計もあり、高度なセキュリティー人材を増やすことはわが国にとって喫緊の課題となっている。

こうした背景もあり、新しい国家資格として「情報処理安全確保支援士」が制度化され、2017年から試験が始まった。IT関連の資格試験といえば、日本では情報処理技術者試験が代表だったが、国家資格の情報処理安全確保支援士を目指す技術者も多い。

DX時代となり、IT人材の流動化も注目されている。日本ではIT人材の多くが情報サービス会社で働いているが、米国ではユーザー企業がIT人材を自社に抱えている。日本でも、DXを推進するユーザー企業が社内にIT人材を取り込む動きが顕在化している。

トヨタ自動車がITサービス会社やソフトウエア会社を相次ぎ設立したのは、その一例だ。日本企業がDX時代で勝ち抜くためには、長年培った人事体系や賃金体系、外国人の活用、雇用方法など、企業文化を根本から見直すことが迫られている。

過熱する人材争奪戦

人材争奪戦は既存の賃金体系を壊し、ITベンダーは優秀な人材を高給で引き抜かれるケースが増えている。ITベンダーの人事担当者は「魅力的な人に来てもらい、社員が安心して働ける環境作りを進めないと、人材が流出する」という強い危機感を持っている。このような状況下で、NTTデータは市場価値に応じた報酬制度をいち早く導入。富士通も職務上の役割に応じて報酬が決まる「ジョブ型制度」を導入し、能力に応じた待遇に舵を切った。

こうした中、大手各社は新卒採用一辺倒ではなく、通年採用も併用するなど門戸を広げている。高い技術力を持ち合わせた高度IT人材を獲得するために、年齢に関係なく「年収3000万円程度」で社内外へ公募する動きもある。人材争奪戦はグローバル競争へと展開する。国内IT市場は大きな伸びは期待できず、IT人材の活躍の場はグローバルも視野に入れる時代となっている。

（編集局第一産業部編集委員　齋藤実）

基盤産業としての底堅さを示しつつ新たな事業展開
変化に対応し、新たな分野を切り拓く力を希求

　化学業界は、ハムやヨーグルト、水、シャンプーなどの生活に身近な製品のパッケージから、半導体材料や自動車、航空機、ロケットの部品まで、多くの製品に素材を供給している。スマートフォン画面がより薄く、より高精細になり、電気自動車（EV）がより長い距離を走れるようになるのも、素材の進化のおかげだ。

　今、化学業界は高速大容量通信技術やロボット、自動運転車、再生医療などの多様な次世代製品に必要な新素材の開発加速と、化石資源のみに依存する生産体制からの脱却という二つの重要課題に挑んでいる。これに伴い、理系人材に求めるスキルも変わろうとしている。

ニーズが増すデジタル人材

　ここ数年、急速にニーズが増しているのがデジタル人材だ。例えば、「マテリアルズ・インフォマティクス（MI）」は今後の新素材開発に必須の技術となる。長年蓄積してきた化学品の構造と特性の関係や、樹脂と添加剤の配合の違いと成形品の物性の関係、化学反応時の条件の違いと完成したポリマーの関係などのさまざまな情報を人工知能（AI）に学習させ、目的の特徴を満たす新素材の"レシピ"を導き出す。これによって開発期間の短縮や、研究者が思いつかなかった新素材の開発を狙っている。特に、技術変化の速い半導体やディスプレー材料市場で勝ち残るには欠かせない。

　また製造現場においても、流量や圧力、温度、振動などの情報をセンサーで収集し、設備の異常の兆しをいち早く見つける技術の導入が進む。特に、石油化学製品の原料であるナフサからエチレンやプロピレンなどの基礎素材を生産するナフサクラッカー（分解炉）や、ポリエチレンやポリプロピレンといった大量に消費されるポリマーの製造設備は、建設から数十年が経過し、老朽化している。また、設備に精通したベテラン従業員が定年退職し、若手へ世代交代が進んだ。デジタル技術によって若手の技術不足を補い、安全・安定に操業を続けることが期待されている。

　化学大手はデジタル変革（DX）の推進に向け、

IT業界のトップ研究者を招聘（しょうへい）している。最大手の三菱ケミカルホールディングス（HD）では、日本IBMで研究所長や次世代技術開発を担当した岩野和生氏（現フェロー）が2017年にチーフ・デジタル・オフィサー（CDO）に就任した。現在の浦本直彦CDOも、岩野氏とともに日本IBMから移籍したチームの一人だ。旭化成では、20年に日本IBMの最高技術責任者（CTO）を務めた久世和資氏がエグゼクティブフェローに就任した。他の企業も、IT業界出身のデータサイエンティストを獲得している。

　今後、情報技術分野の学生の活躍が期待されるほか、入社後にデジタル技術の研修プログラムを用意している企業もあり、他の分野出身でも新たなことに貪欲に取り組む人材が求められる。

ヘルスケア・バイオ分野で事業拡大

　化学業界は現在、ヘルスケアやバイオテクノロジー分野において事業拡大を進めており、同分野の学生の採用も増えている。三菱ケミカルHDはグループ会社だった田辺三菱製薬を完全子会社化し、再生医療細胞などの事業を強化している。住友化学や旭化成も創薬企業への出資やM＆A（合併・買収）を行っている。ヘルスケア業界は、現在の主流である大型の低分子医薬の開発から、個別化医療や再生医療、予防医療などへトレンドが移ろうとしている。そこに生まれる新たなビジネスチャンスの中

には、化学業界の技術を活用できるものもあると期待できる。

バイオテクノロジーは、ヘルスケア事業での活用に加え、既存の化学品事業の新たな製造方法として期待されている。複雑な化学物質を製造する場合、従来の化学合成では熱や溶剤を使い、複数の工程を経なければならない。特に少量の化合物を製造するには効率が悪い。これに対し、微生物や植物の細胞内の代謝

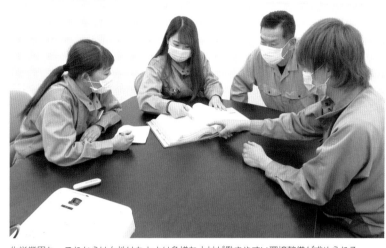

化学業界も、これからは女性はもとより多様な人材が働きやすい環境整備が求められる
（写真提供・三井化学）

プロセスを使った製造プロセスは環境負荷が低く、少量多品種生産にも向いている。ゲノム編集技術や細胞の大量培養技術によって、実用化の可能性が高まっている。

多様な人材が働きやすい環境づくりを推進

これまで化学業界には、有機化学や設備などの知見を持つ学生が多く就職しており、同分野の学生も引き続き重要だ。例えば、化石資源依存からの脱却に向けた研究開発には化学合成や触媒の技術が欠かせない。現在、プラスチックの原料に廃プラを使う技術の研究開発が進められているが、原料が変わっても、化学反応であることに変わらない。より少ないエネルギーで化学反応を進める触媒が研究されている。例えば、住友化学は石油化学分野の研究所内に、ケミカルリサイクルなどの環境負荷低減技術を研究開発するグループを設置。数十年蓄積してきた石化技術を次世代分野へ応用している。

これまでも化学業界は、化学反応の技術を基盤に、新たな技術を取り入れながら新たなモノを生み出し、製品群や事業分野を広げてきた。有機化学専門の研究者が新たな分野で活躍してきた例も多い。これが化学業界のやり方であり、今後の理系人材にも同様の姿勢が求められる。

また他業界と同様に、時代の変化に合わせて人材

登用のあり方も変わってきた。化学業界は女性からの人気が低かったこともあり、長らく男性が中心だった。グローバル化に加え、日本では少子高齢化が進み、日本人の男性に限定していては優秀な人材を十分に確保できない。各社は人材の多様化を進めるため、多様な人材が働きやすい環境づくりに熱心に取り組む。三菱ケミカルHDは生産現場の心身に負担の大きい作業を洗い出し、自動化・省力化技術の導入や改善を行い、女性や高齢者も働きやすい現場を目指している。

三井化学は、最終消費者に近い分野を含めて新事業開発を進めており、そこでは女性の視点がより重要になる。そこで、同社は子育てや介護などとの両立を支援する制度を充実させ、女性だけでなく男性の制度利用を推進している。男女が同じように子育て・介護を行えば、上司が与える仕事の重さに差がなくなり、昇進の機会を均等にできるためだ。

世界的な新型コロナウイルス感染症の拡大により、化学業界各社も他業界と同様に業績は悪化したが、基盤産業としての重要さや一定の底堅さも示した。マスクや医療用ガウンなど感染対策製品の材料需要が増えたほか、半導体材料などはコロナ禍でも堅調で、業績の落ち込みの一部を補えた。今後も、化学業界を取り巻く事業環境は変化を続ける。変化に対応し、自ら考えて行動できる人材が求められる。

（編集局第二産業部　梶原洵子）

新型コロナで不可逆的なデジタル化の波
変化を捉えて、スキルアップする姿勢を期待

　製薬業界は、ICT（情報通信技術）やデジタル技術を持つ人材を求めている。製薬企業はこれまで培ってきたデータを活用し、生産性の向上や新たなツールの開発につなげる動きが活発だ。膨大な情報を統合し、開発や人の動きを最適化する。新型コロナウイルスの感染拡大は一時的に社会活動の停滞をもたらしたものの、ICTやデジタルの活用拡大に追い風となった。今後も事業のデジタル化はますます進むとみられる。

▌AIが変える新薬開発

　新しい医薬品の開発が成功する確率は2〜3万分の1とも言われる。動物を使った研究や実際に人へ投与する臨床試験などで安全性と有効性を検証し、開発には10年前後を要する。また、開発費は数百億円にものぼる。

　近年は、抗体や組み換えたんぱく質といったバイオ医薬品や、遺伝子治療など新たな技術を活用した医薬品の開発が活発になっており、研究費や製造費が増大する傾向にある。開発費と開発期間をできるだけ抑え、効率的に医薬品を開発するシステムが求められる。

　製薬企業の中には、自社が持つ医薬品候補の膨大なデータを活用し、人工知能（AI）を活用する動きが出てきた。医薬品が生み出される背景には、膨大な数の「医薬品として開発には至らなかった物質」が存在する。こうした化合物や抗体など開発に失敗した物質は、これまで製薬企業にとって活用できないものだった。

　しかし、近年、機械学習やディープラーニング（深層学習）といったAI技術が発達し、コンピューターの処理速度が大幅に向上したことで、医薬品の開発が飛躍的に効率化する可能性が出てきた。例えば、医薬品の候補となる物質を探すプロセスの効率化だ。最も開発が盛んながん領域では、がん細胞上に特異的に発現する分子を治療標的とした医薬品の開発が進むことが多い。具体的には、がん細胞上の分子に結合する構造を持つよう医薬品を設計し、が

ん細胞だけに作用することで副作用が少なく治療効果が高い医薬品を開発する。しかし、医薬品の候補となる物質が効果を見込める構造を持つかどうかは、実験を繰り返さなくては確認できない。

　こうした中、治療の標的となるがん細胞上に発現する分子や、それに結合する抗体やペプチドの構造を自動的に探索するシステムが登場している。製薬企業は、自社が持つ膨大なデータをAIで解析することで、新たな医薬品の候補となる構造を持った抗体やペプチドを効率的に見つけることができる。これまで数年かけて実験しなければ分からなかったことが、AIを使うことで飛躍的にプロセスが短縮する。

　また、安全性の評価にも応用が検討される。化合物の構造などから性質を予測し、ヒトへの効果や安全性をAIで予測する。動物を使った試験で一つずつ検証するプロセスをAIで代替し、結果を高精度に予測できれば、開発費と開発期間の大幅な短縮が期待される。

▌進む「デジタルヘルスケア」

　「デジタルヘルスケア」という新しい概念も登場した。現在の医療では、疾患の治療や症状の改善を目的に医薬品を投与するのが主流だ。しかし、スマートフォンやタブレット端末の普及に加えICTが発達したことで、患者の生体情報や生活習慣から、疾患の治療や予防をする方法が模索される。

　日本では、治療用アプリケーション（応用ソフト）「CureApp SCニコチン依存症治療アプリおよび

COチェッカー」が初めて保険適応となった。ニコチン依存症の心埋的な依存に焦点を当て、禁煙を継続するための管理や、喫煙衝動を抑えるための提案を行う。医薬品による効果が期待しにくい心理的な要因にアプローチするものとして実用化された。また、一般用の健康管理アプリの開発も進んでおり、日々の運動や食事、睡眠といった日常生活のデータを基に、個別のアドバイスを週ごとで提示するといったことが可能になっている。

CureApp のニコチン依存症治療アプリ

　さらに、ウエアラブル端末で生体データを収集し、健康や疾患予防に活用する動きが目立つ。疾患に関連するいくつかの生体情報をAIで解析することで、病気の兆候となる「デジタルバイオマーカー」を見つける取り組みも進む。デジタルヘルスケアは、従来の医薬品を使った治療の効果を高めることや予防に大きな期待が持たれており、また、医薬品と比較して開発費も抑えられることから、今後さらに発展が見込まれる。

　製薬業界にデジタルの導入が進んだことで、医学や薬学といった生命科学領域の知見だけでなく、情報科学の必要性が高まってきた。医療とICTの融合により、医薬品開発のあり方や、健康や疾患の治療に活用できるデジタルツールの開発が加速していくと予想される。

求められるのは変革への「応用力」

　製薬業界で進むデジタル活用の加速により、新たにAI人材の需要が高まる。製薬企業の研究開発に化学や薬学、医学といった知識が求められることには変わりない。それに加え、開発過程で生まれる膨大な情報を統合してAIを開発するデータサイエンティストが新たに求められており、製薬業界に活躍の場を広げそうだ。近年、データサイエンティストやAI人材はあらゆる業界が求めており、製薬企業もAI活用やデジタル変革（DX）への自社の取り組みを積極的にアピールすることで人材獲得に乗り出している。

　一方で、キャリアの自己形成力も大きく求められる。時代や環境は常に変化し続けるため、学生時代に培った専門知識を変化に応じて活用する「応用力」が重要だ。データサイエンティストも、製薬業界で求められるスキルを身に付けていく必要がある。また、生命科学領域の専門性を高めた人材も、今後はAIの活用を想定した基礎知識が求められていくようになる。

　求める人材を新たに獲得するほかに、社内で育成する考えを持つ企業も多くある。データサイエンティストやAI人材は不足していることに加え、他の業界からも需要が高いことが一因だ。企業はAIやデジタルに関する教育プログラムを作り、社内研修を実施するなど、教育に意欲を見せる傾向にある。こうした仕組みを柔軟に活用し、一つの領域で完結することなく、変化を捉えてスキルアップする姿勢が求められる。

　社会に大打撃を与えた新型コロナだが、一方ではデジタル活用を一気に加速させた。可能性を広げたデジタル化の波は不可逆的で、新型コロナが収束しても元に戻ることはないという見方が強い。新たな社会課題をチャンスと捉え、解決できる能力を持つ人材が求められている。

（編集局第二産業部　安川結野）

今後、世界で加速する環境・エネルギー問題への対応
社会課題を解決したい人に大きなチャンス

「循環社会」「SDGs（持続可能な開発目標）」「自然エネルギー」などのキーワードがメディアに登場することが、年々増えている。環境およびエネルギーは、これからますます重要になってくる分野だ。

環境省は未来社会像として、「脱炭素」「循環経済」「分散型社会」を描いている。以前なら絵空事に感じた3つの社会像だが、今は輪郭が見えるほど実現への機運が高まっている。またエネルギー業界でも、「脱炭素」の大きな波を受けている。政府は2020年7月に低効率の石炭火力発電所の休廃止に向けて議論を始めると発表した。もともとは18年に策定された第5次エネルギー基本計画に明記されていたものだ。こうした動きは、今後も活発になっていくと考えられる。

環境問題への対応は急務、広がるビジネスチャンス

今や地球規模で対策が進む脱炭素は、二酸化炭素（CO_2）を含む温室効果ガスの排出を実質ゼロにすることだ。日本を含む120カ国以上が、2050年までに脱炭素を達成すると表明し、日本の200以上の自治体も脱炭素目標を掲げた（20年12月末時点）。実現に欠かせない省エネルギー化や再生可能エネルギーに関連するビジネスが国内外で成長する。

資源の有効活用に知恵を絞って新しい産業を生む循環経済（サーキュラーエコノミー）も注目度が増している。日本では20年7月、レジ袋の有料販売が義務化された。世界では60カ国以上がレジ袋を規制しているように、1回の使用で捨ててしまう商品を廃止する動きはどの国でも起きている。

そこで脚光を浴びているのが、商品を繰り返し使うリユースを提供するビジネス。日本でも弁当容器をオフィスから回収して洗浄し、再利用するリユースサービス企業が登場した。サービスを利用するオフィスは資源の使い捨てを減らし、テークアウトの弁当業者も毎日の容器の調達を省けてコストを抑えられる。

分散型社会は地域にある資源を活用することで産業を興したり、災害に強い街をつくったりする構想だ。例えば、近隣の山林の木材を暖房や給湯の燃料として販売する地域企業が起業したとする。その街では地域外の企業に支払う光熱費が減り、地元にお金が残る。放置されて弱い樹木ばかりとなり、土砂崩れの危険が高まっていた山林は手入れされ、地域の防災対策にもなる。

脱炭素に貢献する省エネや再生エネ関連は、技術研究が続く分野であり、材料や機械系の知識が求められる。リチウムイオン電池を開発した吉野彰氏がノーベル化学賞を受賞したように、革新的な技術が必要とされている分野だ。

循環経済や分散型社会に携わりたい人材には、ビジネスモデルを立案し、遂行するスキルが求められる。「容器は廃棄」「暖房の燃料は購入」といった当たり前を疑い、少し不便になっても利用者に納得してもらえる価値を創造する発想力も必要だ。また循環経済や分散型社会とも一獲千金というよりも、継続しながら安定して収入を得る事業形態だろう。じっくりと腰を据えて社会課題を解決したい人に向くと思う。

最近、循環経済や分散型社会の構築を支援するコンサルティング会社が増えている。省エネ・再生エ

JERA がデジタル化を進める碧南火力発電所（愛知県碧南市）

ネほどではないが、理系の知識は役立つはずだ。例えばリユースでは、劣化に強い素材を選定するために材料の知見が役立つ。

またビッグデータの解析によって、ビジネスモデルを検討しやすくなるだろう。人工知能（AI）やIoT（モノのインターネット）の活用によってビジネスを高度化できる。理系人材も新しい社会づくりで活躍できる場面は多い。

電力業界を筆頭に加速する脱炭素

石炭火力発電所の休廃止について、電力会社の業界団体である電気事業連合会の池辺和弘会長（九州電力社長）は「方向性はまったく問題なく、実際に動きだしたと受け止めている。安定供給に影響があってはいけない」として、低効率石炭火力の定義や休廃止の方法についての議論を注視する。「古い石炭火力は退出することになる」とすでに休廃止のスケジュールを検討している電力会社もある。

そしてさらなる脱炭素の波が、2050年までに温室効果ガス排出の実質ゼロを目指す政府の方針だ。菅義偉首相が20年10月26日の所信表明演説で表明した。50年に温室効果ガス排出ゼロは、欧州など各国がすでに表明しており、日本もそれに追い付いた形だ。エネルギー業界の受け止めは、地球温暖化の問題解決は非常に大切であると賛同しつつも、「現行の取り組みの延長線上では達成できない、非常にチャレンジグなもの」といった声が多い。電力業界では、非効率な石炭火力の休廃止に加え、アンモニアや水素の混焼でCO_2排出を減らす方法が検討されている。さらには太陽光、バイオマス、風力などの再生可能エネルギーの主力電源化を図っていく。ガス業界や石油業界でも同様に、再生エネの導入拡大の動きが活発だ。

再生エネで、大きなポテンシャルを秘めているのが洋上風力発電だ。陸上の風力発電に比べ、洋上風力は導入が進んでいなかった。海上の長期占有のルールがなかったためだ。このため、再エネ海域利用法が19年4月に施行された。国が洋上風力を実施できる「促進区域」を指定し、公募により事業者を選定して30年間の長期占用を可能にした。

こうした法整備を受け、エネルギー各社が洋上風力に参入、または今後の参入を検討している。四方

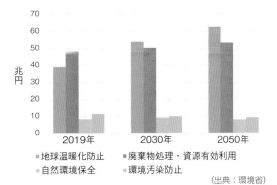

図1　環境産業の国内市場規模の予測

（出典：環境省）

を海に囲まれる日本は洋上風力の市場拡大が期待されるからだ。日本風力発電協会（JWPA）によると年平均風速7メートル以上、水深10〜50メートルの条件で1億2800万キロワット。このうち「3分の1は実現できる試算」（JWPA）という。こうした中で、洋上風力発電の設計や導入に関わるエンジニアリング事業の重要性が増しており、エンジニアリングの人材が求められている。エネルギー各社は人材育成や獲得を本格化している。

デジタル化による変革は重要なテーマ

環境省が2020年7月に公表した国内環境産業の予測では、50年に市場規模は133兆円となり、現状比24％増へ成長する（図1）。再生エネ関連や省エネ建築などの温暖化対策ビジネスは現状比60％増の62兆円となり、最大となる。廃棄物処理・資源有効活用分野は微増の53兆円。自然環境保全分野も現状並みの8兆円と予測しており、堅調な市場といえそうだ。

一方、デジタル化も大きな潮流だ。国内最大の発電事業者であるJERAは、発電所の稼働で得られたデータなどを基に運転、保守業務をAIやIoT技術によってデジタル化する取り組みを始めた。石油元売り最大手のENEOSホールディングスは石油精製、配送などの一連のサプライチェーンをAIなどで効率化する計画だ。各社はAIやIoTなどのデジタル技術で業務の変革を目指しており、デジタル技術の人材が求められている。デジタル化による変革は大手企業にとどまらず、エネルギー関連の中堅・中小企業も同様に重要なテーマとなっている。

編集局第二産業部編集委員　松木喬
編集局第二産業部編集委員　川口哲郎

幅広い事業領域で、理系出身者が多く活躍
機動力と実行力を駆使して、国内外で人の役に立つ

商社のビジネスは幅広く、かつては「日本経済の縮図」「ラーメンからミサイルまで」といった枕詞で語られることもあった。その足元では今、市況変動に業績が左右されやすい資源など、伝統的なビジネスの割合が低下する一方で、デジタル変革（DX）やヘルスケアなど、新たなビジネスに力を注ぐ傾向が強まっている。さまざまなモノを結び付け、サービスや付加価値を創出する仕事は商社が得意とするだけに、各社がどの領域に力を入れているかを見極めることが重要になる。

活躍する理系人材

商社は事業投資やトレーディングなど、グローバル規模でのビジネスも多く、学生から人気のある業界の一つだ。例えば、エネルギーや資源、金属、化学品、農薬など、理系人材と親和性の高いビジネスも数多く手がけている。

商社のトップ（2020年12月現在）を見てみると、伊藤忠商事の鈴木善久社長と三井物産の安永竜夫社長は東京大学工学部卒、住友商事の兵頭誠之社長は京都大学大学院工学研究科修了、兼松の谷川薫社長が明治大学工学部卒で、理系出身者が活躍していることが分かる。理系出身で活躍する女性も多く、日刊工業新聞で毎週月曜日に掲載している「リケジョneo」コーナーにおいて、19年4月以降では伊藤忠商事、三井物産、住友商事、丸紅、豊田通商、双日で活躍する女性が登場している。「商社には、事業の推進役としてさまざまなステークホルダーをつなぎ、良いアイデアを実践していく機動力、実行力がある」「人の役に立つことが実感できる、若いうちから海外で働くチャンスがある、幅広い事業領域を手がけている」といった彼女たちの言葉は、商社を目指す人にとって参考になりそうだ。

デジタル技術を活用してサービスを創出

19年12月、三菱商事とNTTはDXを活用し、物流・小売りなど、幅広いビジネスを支援することを目的に業務提携した。メーカーや卸、小売りの間で分断されている情報や業務プロセスなどを統合し、効率化できるようにするのが狙いだ。三菱商事が幅広い産業分野を対象に、ICT（情報通信技術）企業と業務提携するのは初めてのことだ。まずは、三菱商事が強みを持つ食品や産業素材流通の分野で着手し、対象を順次拡大していく考えだ。

三井物産では、ブロックチェーン（分散型台帳）技術を活用し、食品メーカーや飲食店、ドラッグストアなどを巻き込んだ共通ポイントプログラムの構築を進めている。子会社であるグルーヴァース（東京都千代田区）が主体となり、共通ポイントプログラム「ウェルちょ」を20年秋から本格的に始めた。ウェルちょは、企業が消費者に直接、ポイント「エール」を発行するのが特徴。エールを発行する企業にとっては、エールの発行を通じて、どのような消費者が定期的に自社の商品を購入しているか、支持が得られているかといった"ファンデータ"を活用することで、新しいアプローチによる分析が可能になりそうだ。

身近な店舗にも携わる商社のビジネス

私たちの生活に身近なコンビニエンスストア（コンビニ）やドラッグストアとも、商社のビジネスは密接に結び付いている。例えば、伊藤忠商事はファミリーマート、三菱商事はローソンを子会社に持つ。

コンビニでは、世代や性別、購買履歴、決済手段など、あらゆる生きた情報が日々更新され、蓄積されている。ただ、新型コロナウイルスの感染拡大による消費環境の変化に伴い、コンビニ単独での新

サービス開発やコスト削減は限界に近づいている。商社は、コンビニを利益を生む体質に変えるだけでなく、生きたデータを活用することで、今後の事業拡大につなげようとしている。

伊藤忠商事は19年7月、消費者関連の新ビジネスを担う新しい事業本部「第8カンパニー」を発足させている。顧客ニーズを取り込み、どう対応するかを探る上で、消費生活と直結するファミリーマートはその要となる存在だ。物流改革によるコスト削減、スマートフォン決済サービス「ファミペイ」に関連する新サービスなど、電子商取引（EC）やフィンテック（金融とITの融合）といった次世代ビジネスの拡大を狙う。

一方、三菱商事はローソンと連携し、中国や東南アジアにおいてローソンの店舗展開を進めており、現地でのパートナー企業の選定に尽力することもあった。ローソン店舗でのベルギー産チョコレート「ゴディバ」の取り扱いや、店頭コーヒー「マチカフェ」で使用するコーヒー豆の調達にも関与しており、商社ならではのグローバルネットワークを生かしている。また、三菱商事が提供するEC商品の発送や、レンタル商品の返却・返品を受け付けるサービス「SMARI（スマリ）」を首都圏のローソンを中心に展開するなど、新しいサービスも生まれている。

住友商事は、子会社のドラッグストア「トモズ」を展開する。立地先は、都市部の商業ビルやショッピングセンター、駅前など利便性の高さを重視し、調剤併設型を積極的に展開する。千葉県や神奈川県の一部店舗ではロボットや調剤機器を複数導入し、薬剤師が患者と向き合う時間を増やすための取り組みも進める。

▎自ら新事業を創出

丸紅は、18年度から社内公募型のビジネスプランコンテスト（ビジコン）を実施している。採択案

三菱商事とNTTはDX化推進で業務提携（2019年12月、左が垣内威彦三菱商事社長、右が澤田純NTT社長）

件には、時間や場所、資金などを社員に提供して、事業化に挑戦する機会を与える。創造的で自由なアイデアを提案できる環境を構築し、新事業の創出を狙うものだ。

20年春には、ビジコンで事業化挑戦権を獲得した案件の一つが、実際にビジネスを開始している。インドネシアで母子健康手帳をデジタル化し、妊娠から育児期に合わせた情報提供や発育状況の記録などを行う。発案者の社員が語学研修先として滞在したインドネシアでは、母子健康手帳のようなツールは十分に活用されていなかった点に着目。現地で普及しているスマートフォンに医療の記録を残せば、より精度の高い診断が受けられるのではないかと考えたという。

丸紅によれば、インドネシアでは紙媒体の母子健康手帳は発行されているが、日本などに比べて十分に活用されていない。また、年間出生数約500万人のうち31％程度に発育不良などの問題があるともいわれる。このため、保護者の知識レベルの向上が課題になっている。母子健康手帳サービスを通じ、インドネシアの社会課題の解決にも貢献することが期待される。

（編集局経済部　浅海宏規）

理系学生必見!!
日刊工業新聞社が推薦する

入社したくなる会社60社

会社レポート

- ■機械・ロボット・自動車
- ■金属加工
- ■電機・電子・計測
- ■情報・通信
- ■化学・素材
- ■環境・エネルギー
- ■建築・土木
- ■商社
- ■人材サービス

愛知産業株式会社

金属3Dプリンタ、ロボットなど先端技術に強み
―――日本のモノづくりを支える機械商社

記者の目

ここに
注目
!

▶ **創業90年以上、安定の経営基盤と業界の信頼**

▶ **教育充実、若手社員が活躍できる職場作り**

海外メーカー70社以上の代理店

愛知産業は、海外から世界最先端の産業機械を輸入して国内の製造業に販売する。単純に機械を売るだけでなく、顧客の要望をヒアリングした上で、その課題を解決するシステム提案までを行う「技術商社」「エンジニアリング商社」だ。1927年に溶接の材料輸入から事業をスタートして以来、90年以上にわたり日本の製造業を支えてきた。現在は溶接だけでなく、「金属加工に関する分野はすべて網羅し、製造業のお手伝いをする」（井上博貴社長）。国内でも目立った競合の少ない、オンリーワン企業だ。

日本の産業機械は、誰でも簡単に使えるよう標準化を図っていくのが一般的だ。しかし、海外の産業機械は日本より技術志向が強

東京・品川区の市街地にある本社

く、先端技術を活用した画期的な機械が多い。同社は、その海外の産業機械メーカー70社以上とパートナーシップを締結。「現在の日本の産業機械では対応できない」「こだわりの製品で特殊な技術を必要とする」といった製造業のコアな要求に対し、スピード感を持ってソリューションを提供している。

近年、特に力を入れているのが、金属3Dプリンタだ。3Dプリンタにはさまざまな造形方法があるが、樹脂を積層して形を作る方式の場合、主に試作品の製作に使われている。しかし同社が取り扱う金属3Dプリンタは、金属の粉を積層して形を作る装置で、試作品のみならず、そのまま使用できる部品などの製作も可能。切削では作り出せない複雑な形状を、1個

から製造できるのが強みだ。同社が代理店を務めるのは、ドイツのSLMソリューションズ社という世界一流の金属3Dプリンタ関連企業だ。

そのほか、先端的な溶接システム、高精度・高剛性の5軸マシニングセンタ、産業用ロボットを使った自動化・無人化システムなど、同社が取り扱う製品・システムはどれも海外の一流メーカーの製品・システムだ。これら海外大手と幅広く取引ができるのも、90年以上にわたる実績と信頼があるからだ。

顧客は中小企業から大手企業まで

海外の先端技術を長年追いかけることで蓄積したモノづくりの知見・経験を生かし、国内の製造業

代表取締役社長
井上 博貴さん

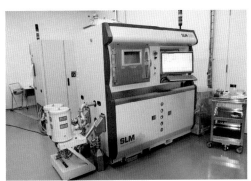
ドイツ・SLMソリューションズ社の金属3Dプリンタ

金属3Dプリンタは複雑な形状も製作可能

から寄せられる難題に高い確度でソリューションを提供している。同社の顧客は、トヨタ自動車をはじめとする国内の自動車メーカーや、IHIや川崎重工業などの重機械メーカー、神戸製鋼所や日本製鉄などの鉄鋼メーカー、そのほか大手ゼネコンや大手鉄道会社など、誰もが知る超大手企業がずらりと並ぶ。しかも、これらの取引先とはそれぞれ長期間にわたる取引をしており、取引が半世紀以上に及ぶ相手も珍しくない。長い付き合いで培われた産業界からの信頼も同社の大きな強みだ。

英語スキルで報酬アップ

「商社勤務」というと、海外を颯爽と飛び回る業務がイメージされる。新型コロナウイルス禍の影響で、出張などは減っているものの、機械商社である同社も海外での仕事が多い。展示会で最先端技術の情報を収集したり、パートナーとの打ち合わせなどで外国語を必要とする場面は多く、当然、英語のスキルが重要となっている。

社員の英語学習をバックアップするため、TOEIC（国際コミュニケーション英語能力）のテスト結果に対し、手当を支給している。井上社長は、「最初から語学が堪能である必要はないですが、入社後は英語を学ぶのも仕事のうちと考えています。会社もスキルアップを応援します」と語る。

またセールスパーソンが、顧客である製造業の開発や製造の担当者と話をするには技術的なバックグラウンドが必要との考えから、「愛知産業アペレンティスシッププログラム」と呼ぶ技術研修（企業内での技術実習訓練制度）も行っている。座学と実習、ロールプレイングを組み合わせて実践的な知識を身に付ける内容。大手メーカー出身の技術者が中心となり、産業用ロボットのティーチング（プログラミング）など製造業の専門知識や安全知識を伝授している。今後は、専門技術を持つ社員をトレーナーと認定し、若手社員の能力アップにつなげる仕組みも構築する。

若手社員もやる気と実力があれば評価される

愛知産業は90年以上の歴史を持つが、社長は45歳と若い。若い感覚を生かし、時代の変化に合わせた労働環境の見直しも積極的に行っている。女性の活躍を支援するため、産休・育休などの諸制度もキッチリ整備・活用しているほか、リモートワークも取り入れている。井上社長は「会社が今後も変革し成長していくためには、若い人の意見を取り入れることが重要です。やる気と実力がある人は若くても評価します」と語る。90年以上の歴史の背景には、こういった進取の気風がある。

同社が求めるのはどういった人材か。井上社長は「AIやICT、IoTなど製造業の現場はどんどん変わっています。それをお手伝いするためには、機械だけでなく電気、プログラミングの知識も必要です。さまざまなことに自ら挑戦し、マルチな才能を持つビジネス

技術教育風景（産業用ロボット操作実習）

エンジニアリング拠点である相模原事業所

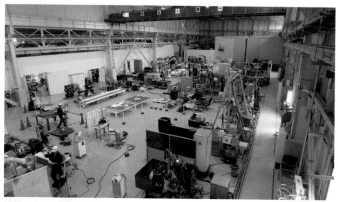
相模原事業所内部の様子

パーソンに育ってもらいたいと考えています」と語る。

相模原に広大な
エンジニアリング拠点

　商社が取扱製品の展示場を持つことは珍しくないが、愛知産業は本社に展示スペースを持つほか、神奈川県相模原市に広大な施設を保有している。相模原事業所は単なる展示場ではなく、総合エンジニアリング拠点という位置付けだ。内部には、ドイツ・ハームレ社の5軸マシニングセンタの応用加工センターや、独自開発したグラインダーシステムや米国・プッシュコープ社のクランピングシステムの展示、前述したドイツ・SLMソリューションズ社の金属3Dプリンタを使った金属積層造形技術センター、フランス・ARO社のスポット溶接装置の実演センターなどがあり、世界の最先端技術を披露している。同拠点は顧客にソリューションを「見える形」で提示するというだけでなく、試作品の製作、加工技術の研究も行う、同社の営業・技術支援の中核となっている。

　施設内は一見工場のようだが、実際は展示施設、研究施設であり明るい雰囲気だ。さまざまな試作開発を行うため機械が稼働する場面も多い。前述した「愛知産業アペレンティスシッププログラム」の実地教育も行われており、活気のある雰囲気だ。

　エンジニアリングの仕事で最近、要望が多いのが、産業用ロボットを使った自動化・無人化だ。もともと人手不足解消や生産効率化のため自動化を検討する製造業は多かったが、新型コロナ禍を受けて状況が進み、現在は「無人化の相談が増えている」（井上社長）という。また、脱炭素社会を目指す環境意識の高まりから、省エネルギーに関する相談も増えている。高度化、無人化、省エネなど、日々複雑化する顧客の課題に最適なソリューションを提供するため、愛知産業は走り続けている。

会社DATA

本社所在地：東京都品川区東大井2-6-8
設　　　立：1937年
代　　　表：代表取締役社長　井上 博貴
資　本　金：8600万円
社　員　数：150名（2020年10月）
事 業 概 要：産業機械および工業材料の輸入、国内販売および技術サービスの提供、自動溶接、特殊溶接装置、自動化設備の設計開発、販売、製造、機械部品試験加工、受託加工
U　R　L：https://www.aichi-sangyo.co.jp/

チャレンジを応援してくれる、
フレンドリーな会社

先進機械部 先進機械技術サービスセンター主任 畑中 武司さん
（2016 年入社）

　大学院で機械工学を専攻した後、世界最先端の技術に触れられる会社という話に魅力を感じ入社しました。大学院の研究室で金属加工の研究をしていたので、特にハームレ社の機械を扱えることに惹かれました。現在はハームレ社の5軸マシニングセンタのアプリケーションエンジニアとして、お客様に操作方法をお伝えしたり、営業支援のサンプルを作る仕事をしています。

　当社はチャレンジしたいことを応援してくれる、ギスギスしていないフレンドリーな会社です。突発案件がなければ大体定時で帰れますし、国内外に出張が多いのもうれしいですね。

さまざまな技術に触れられる職場。
資格取得もありがたい

エンジニアリング本部 システム製造部 設計課 嶽本 孝太朗さん
（2016 年入社）

　高校の機械科を卒業し、2016 年に入社しました。現在の仕事は機械設計で、自動溶接機を設計しています。やりがいを感じる時は、自分で設計した機械が予想した通りに動いた瞬間です。逆に大変なのは、設計のアイデアが出ない時です。もっと技術を勉強しておかないと、と痛感します。今後は機械だけでなく、電気設計やソフトについても勉強していきたいです。

　当社の良いところは、職場の風通しの良さと、多方面の商材を取り扱うのでさまざまな分野の技術に関われることでしょうか。ロボットの操作や溶接など、必要な資格を取得させてくれるものありがたいです。

お客様の感謝の声にやりがい。
休日は同僚と遊びにも

エンジニアリング本部 システム製造部 設計課 小林 開さん
（2016 年入社）

　高校 3 年生で卒業後の進路を考えていた時、金属 3D プリンタが売りという当社の求人票を見たのが入社のきっかけです。新しいことが好きなので入社を決めました。

　現在は、電気設計や制御盤のソフト開発を行っています。設備を入れたお客様のところに行くことがありますが、その時にお客様から感謝されたりすると本当にうれしいですね。逆に急な仕様変更があると焦ることもあります。年齢が近い社員が多いので、仕事の後や休日に皆で遊びにいくこともあります。

アシザワ・ファインテック株式会社

世界最小に挑む粉砕機メーカー
大手や海外に負けないオーダーメイド製品
──変化を恐れず変わり続けて100年、そして次の100年へ

記者の目

ここに注目！

▶ **開発・設計から生産・メンテナンスまで経験できる**

▶ **定着率ほぼ100%、社員の成長を支援する社風**

アシザワ・ファインテックの創業は1903年で、千葉県で最も歴史がある機械メーカーだ。海軍の造船所に勤めていた芦澤仁吾氏が東京・月島で芦澤鉄工所を創業したのが始まりとなる。当時、同社は蒸気機関車の製造を手がける数少ない企業として、日本の物流と交通を支えた。その後も災害に強い街をつくるため、セメントの製造に使用するロータリーキルン（大型回転炉）を手がけた。

現在の主力製品であるビーズミルメーカーへの道筋をつけたのが、4代目社長の芦澤直太郎の父である芦澤直仁会長だ。そして芦澤直太郎社長は創業100年の2003年に、前身のアシザワから機械事業の営業譲渡を受けてアシザワ・ファインテックの営業をスタートした。工場跡地に建てた東京事業所を長期の賃貸に出しており、倉庫賃貸業という安定的な収益を得てはいた

代表取締役社長
芦澤 直太郎さん

が、その甘えは捨て「新創業」という厳しい道を選んだ。その狙いについて芦澤社長は、「ベンチャー魂を取り戻し、社員が仕事にやりがいを感じ、誇りを持てる会社にしたかった」と当時を振り返る。

最先端技術で社会に貢献

これにより、同社はビーズミルメーカーとしての足取りを確かなものにした。その強みは、歴史をひもとけば分かるように、蒸気機関車からロータリーキルン、そしてビーズミルへと、時代のニーズに合わせ、変化を恐れずに変わり続けられる社風、そして最先端技術で社会に貢献してきたDNAだ。

同社の主力であるビーズミルとは、対象物（粒子）を、マイクロ（マイクロは100万分の1）や、ナノサイズ（ナノは10億分の1）まで細かくする微粉砕・分散機のことだ。粉砕室内のビーズ（粉砕メディア）に回転軸で運動を与え、ビーズ間の衝突やせん断などにより、対象物を微細化する。

ビーズミルには乾式と湿式があり、乾式には比較的大きな径のビーズを使用し、強力に撹拌することで、粗大粒子を容易に粉砕できる。湿式では微小ビーズを使用し、高速でビーズを撹拌することで、せん断力と摩擦力を強く作用させ、より細かな粒子を作れる。つまり、マイクロサイズであれば乾式処理、ナノサイズであれば湿式処理が適している。

具体的にはスマートフォンの液晶画面やタッチパネル、電子部品、小型・軽量電池、高級自動車の塗装、化粧品、医薬品・食品などの材料に必要な微粒子を製造するために使用されている。納入先も日本を代表する企業であることから、「日本のモノづくりを支えている」（芦澤社長）と言える。今後は海外市場も積極的に開拓し、世界一のビーズミルメーカーを目指す。

とはいえ、同社はビーズミルメーカーとしては後発であり、かつ「同業他社の商品よりも性能自体は優れているとはいえ、圧倒的に優れているかというとそうでもない」（芦澤社長）。そんな同社が、国内でトップクラスのビーズミルメーカーに成長できた要因は、最適な技術提案と販売後のアフターサービス体制だ。

お客様が持ってきた電池や電子部品の原料を、ビーズミルなどで微細化し、測定評価、性能を実証するなど機械の性能を確認するとともに、運転方法を選定する。その後もお客様と何度もやりとりをしながら、「個別の使用目的に最適のビーズミルを、お客様と一緒になって作り上げる」（同）のが同社のやり方だ。

試運転をクリアした後に納品となるのだが、20～30年間にわたって使用されることから、定期的な修理や部品交換は不可欠だ。このアフターサービスが「当社からま

対象物をナノサイズに粉砕する湿式
ビーズミル

製造現場には若手が多く、活気がある

た商品を買いたいと思ってもらえるポイントになる」（同）ため、24時間以内の対応で取引先をサポートしている。芦澤社長は「売りっぱなしにはしない。メーカーとして責任を持って対応する」と強調する。

100年先を見据えた人材教育

これらの取り組みにより、同業他社と差別化を図り、国内トップクラスのビーズミルメーカーに成長した。その原動力は人材で、100年先を見据えた人材教育が功を奏している。人事総務課の宮下絢主査は人材教育について、「まず自分には何が向いているのか、強みは何かを認識してもらい、10年間かけてじっくりと社員を育てる」と説明する。

その代表的な制度は、広報（企画室）から営業、試作、設計、生産管理、製造、品質管理、メンテナンス・パーツ営業など、同社の全部署の業務を3カ月間かけて体験する新入社員研修だ。同社はビーズミルに関わる業務を一貫して社内で行っているため、さまざ

まな部署があり、それを実際に体験することで「（希望や適性などとの）ミスマッチをなくし、仮にミスマッチが生じても他の業務が選べる」（宮下主査）。

また1年間、一つの部署で働くと、希望する部署への異動を申請できる「社内フリーエージェント（FA）制度」も設けている。宮下主査は、「会社見学に来た後、入社応募書類を送付してくる率は高く、100％だった年もある」とまずは会社を見学してほしいと訴える。

さらに、2012年3月から「メンター制度」を導入した。これは入社2年までの社員に入社5年程度の社員が付いて相談に乗るものだ。普段、業務で接する先輩社員ではなく、他部署の社員が担当することから相談がしやすくなるとともに、メンター（助言者）は1年ごとに交代するため、他部署とのつながりもできる。

社会に出てさまざまな壁にぶつかり、悩むこともありがちな新人社員を一人にしない制度の導入により「35歳以下の若手社員の定

着率はほぼ100％になった」（宮下主査）。これにより同社は、厚生労働省の16年度の「ユースエール企業」として認定された。さらに「メンターを担当する若手社員も、人を育てなくてはいけないという自覚が芽生える」（芦澤社長）とシナジー（相乗効果）も大きい。

その他にも、入社1〜4年目の社員を対象に、幹部社員がさまざまなテーマについて語る毎月1回の若手社員研修や、ビジネスマナーや電気制御、品質管理などを社外の専門家から学ぶ外部セミナーなど研修制度は充実している。さらに、技術提携先であるドイツのNETZSCH（ネッチ社）での海外研修制度もある。

新製品に使用される未知の原料を微細化するビーズミルを開発する仕事において、「答えはマニュアルに書いていないし、どこかに答えがある仕事ではない。自分で見つけ出そうというフロンティア精神が必要だ」と芦澤社長は語る。つより、トライ・アンド・エラの繰り返しが仕事の成否を決めるため、宮下主査は「失敗を恐れず

アシザワ・ファインテック株式会社

2021年1月に移転拡張した大阪支店

100年先を見据えて若手社員を育成

に挑戦を楽しめる人に入社してもらいたい」とした上で、さまざまな技術部署があることから「特に多能工になりたいという人に当社は向いている」と話す。

大阪支店で研究開発を開始

同社が機械系を中心とする理系学生の採用に積極的な背景には、21年1月に移転拡張した大阪支店（大阪府吹田市）でも、ビーズミル技術の研究開発を始めることがある。西日本地域には電池など電子材料を取り扱う企業が多いことから、関連技術を研究開発するもので、企業に加え、大学や研究機関とも共同で進める。

それに伴い、同支店でメンテナンスと営業、事務担当をそれぞれ増員するとともに、新たに技術担当を配置。本社で行っていた微細化のテストやデモを新支店でも行えるようにする。さらに、本社の生産能力に余力がなくなりつつあり、生産能力を増強する必要があるため、ビーズミルの生産スペースを設ける。現地企業とタイアップし、西日本で「モノづくりネットワークを構築する」（芦澤社長）方針だ。

同社の20年3月期の売上高は31億5000万円で、設立時と比べると2倍以上に成長している。21年3月期は新型コロナウイルス感染拡大の影響で前期比10％減の見込みだが、これは新型コロナにより取引先の設備投資が先送りになったためで、むしろ収束後の設備投資の回復に備え、全体でニーズや受注にスムーズに対応できる体制を整える必要がある。そのため、これまでは本社で新卒を一括採用していたが、21年3月からは関西でも採用活動を始める。

品質に対する要求基準が高い日本で磨かれた同社のビーズミルは、グローバルに評価が高まりつつある。すでに台湾や中国、韓国、東南アジア、米国、欧州などから引き合いがあり、新型コロナの感染拡大が収束した際は海外展開にアクセルを踏む方針だ。芦澤社長は「海外での業務に興味がある人にも入社してもらいたい。これから英語を勉強するという人も大歓迎だ」と話す。

日本のお家芸であるモノづくりを支えるビーズミルを開発する。そして世界に挑戦する。その責任は重いが、やりがいのある仕事だ。

会社DATA

本社所在地：千葉県習志野市茜浜1-4-2
設　　　立：2002年12月
代　表　者：代表取締役社長　芦澤　直太郎
資　本　金：9000万円
従　業　員　数：150名
事　業　内　容：ビーズミルの開発・設計・販売・メンテナンス、ビーズミルを使用した受託加工
U　R　L：https://www.ashizawa.com/

人材を全体で大切に
育てる社風

設計課 第2グループ主任 川越 将司さん
(2012年入社)

　大学では機械を専攻していましたが、ビーズミルのことは知りませんでした。知らないからこそ見てみたいと思い、会社見学に行き、希望していた設計課の業務内容を教えてもらいました。誰でも知っている大手企業と仕事をし、技術の心臓部分に当たる製品を作っていました。自分たちの後を継ぐ人を全体で育てようとする、アットホームな雰囲気もありました。

　入社してみると、化学も学べるなど挑戦ができ、周囲からも応援してもらえる会社でした。最初はビーズミル単体の設計を担当していましたが、現在は先輩に支えられながら生産設備全体を設計しています。お客様に満足してもらえる設備を一人で設計できるようになることが当面の目標です。

感謝してもらえる仕事が
できる技術者になる

メンテナンス課 小野 大和さん
(2015年入社)

　機械を整備でき、馴れ合いではなく社員の仲が良く、風通しの良い企業が就職の大前提でした。また、趣味のバイクいじりにも役立つ回転部品を扱っている企業に入社したいと考えていました。このような条件を満たしていたのが当社で、公私ともに付き合える先輩ができるなど、入社してみると想像していた以上に満足できました。

　入社後はテスト前のビーズミルの整備を、次に実際のテストを任せられ、現在はメンテナンスを担当しています。私が生まれる何年も前に製造された機械をメンテナンスするため、改造した記録が残っていないことも多々あります。機械のことをもっと学び、感謝してもらえる仕事ができる技術者になります。

育良精機株式会社／日本アイ・エス・ケイ株式会社

多彩なジャンルの商品を自社開発
——最終商品を企画・開発・製造・販売からメンテナンスまで

記者の目

ここに注目！

▶ ユーザーニーズを捉えたスピーディーな開発力

▶ 「社内異業種交流」で競争力向上

育良精機と日本アイ・エス・ケイの両社はともに茨城県つくば市に本社を置き、工作機械や医療機器・オフィス家具などの自社開発・製造・販売・メンテナンスを手がけている。茨城県西部の筑西地域を地盤に、製造業や流通サービス業、教育事業などさまざまな事業を展開する広沢グループに属す。部品を加工して取引先に供給する下請けではなく、最終商品を企画・開発し、製造から販売までを行っているのが両社の特徴だ。両社の売上高を合算すると約110億円規模となっている。

育良精機は、商品の分野別に省力機器事業部と工具事業部の二つの事業部門を置く。省力機器事業部では自動棒材供給機とその関連機器、工具事業部では建設工事現場で使われる溶接機や穴あけ機などさまざまな商品を手がける。設立は2007年だが、これは広沢グループ内の事業再編で現行の会社が設立された年であり、事業としては50年以上の歴史を持つ。主力商品の一つである自動棒材供給機は、自動旋盤と呼ばれる工作機械に棒状の金属材料を供給する装置で、旋盤加工の自動化・効率化を支える商品だ。同社の自動棒材供給機は「バートップ」のブランド名で知られており、国内シェアは50～60％を確保。中国や東南アジアなど海外にも商品を供給している。

一方の日本アイ・エス・ケイは、鋼製品事業部とロッカー事業部で耐火金庫や業務用ロッカー、宅配ボックスといったスチール家具、デンタル事業部で歯科治療用機器など幅広い製品を手がけている。国内各地に工場や営業所を配置し、全国規模で事業を展開。旧社名である「キング工業」の時代から引き継ぐ「キング」のブランド名は現在も使用され、ユーザーから長年の信頼を得ている。

差別化した商品を提供

両社の代表を兼務する曽根栄二社長は、「我々はブランドメーカーであり、事業活動は商品開発以外の何物でもない。各部門のスピード感に応じ、いかにタイムリーに、ユーザーのニーズを捉えながら商品開発をするかにかかっている」と事業の基本方針を説明する。

例えば、育良精機の工具事業部では平均で1カ月に1点以上の新商品を開発し、間断なく市場投入する。市場動向を分析して迅速に商品化できる商品開発力こそが最大の生命線である。市場が求める商品の種類を増やしながら、性能やコストで他社と差別化できる商品の開発に日々取り組んでいる。

差別化した商品を生み出す上での両社の強みが、「社内異業種交流型」のメーカーであるという点だ。前述のように、両社は多彩なジャンルの商品を手がけている。この利点を生かし、各ジャンルの基礎技術などを融通させたり、掛け合わせたりしながら商品開発をすることで、競争力を高めている。

技術交流で実践的な人材を育成

もちろん、こうした商品開発力の礎（いしずえ）になるのが人材だ。毎年、技術系人材を採用し、設計開発部門などに配属している。機械工学や電気電子工学などを専攻した学生を主体としながら、専攻分野の枠にとらわれず、幅広い分野の理系学生を採用している。「学生時代に工学系などの知識を身に付けた人はもちろんだが、同時に素直な人を採用していきたい。企業活動では、一人の力だけでモノができるということはない。チームでの連携を意識して物事に取り組める人が当社には合っている」と曽根社長は求める人材像を語る。

仕事に必要なスキルは実務の中で身に付けることを基本とするが、両社には開発設計者同士が活

代表取締役社長
曽根 栄二さん

育良精機と日本アイ・エス・ケイの本社・筑波工場

育良精機の主力商品である自動棒材供給機

日本アイ・エス・ケイでは歯科治療用機器なども開発製造販売する

発に交流する文化が根付いており、これが人材育成にも役立っている。2カ月に1回の頻度で開く「開発会議」では、両社の開発系社員が一堂に会して最新の開発動向などを報告し合っている。また、本社敷地内には両社の開発系社員が所属する研究所を設け、商品の試作や試験、商品開発に必要な加工技術や要素技術の研究・開発などを行っており、若手の技能を高める場としても機能している。

―| 理系出身の**若手社員**に聞く |―

他分野開発設計者との交流で知見広げる

育良精機株式会社 工具事業部 藤倉 龍也さん（2016年入社）

　現在は、溶接作業での火花や強い光から目を守る「遮光面」の開発などを担当しています。お客様の側に立ってモノを見てアイデアを形にしたり、試作や試験を繰り返してより良い商品に仕上げたりする過程に仕事のやりがいを感じています。

　しばしば開催される他分野の開発設計者との交流は、技術的な知見を広げる良い機会となっています。自分の担当分野について、他分野の技術者からアドバイスをもらえるのも非常に参考になります。また当社は社会貢献活動に積極的で、地域のお祭りやマラソン大会に参加しており、これも個人的には楽しみなイベントになっています。

会社DATA

■育良精機
本社所在地：茨城県つくば市寺具1395-1
設　　　立：2007年7月
代　表　者：代表取締役社長　曽根 栄二
資　本　金：1億円
従 業 員 数：280名
事 業 内 容：自動旋盤用棒材供給機、工事用機器の製造販売
U　R　L：http://www.ikura.com/

■日本アイ・エス・ケイ
本社所在地：茨城県つくば市寺具1395-1
設　　　立：1948年4月
代　表　者：代表取締役社長　曽根 栄二
資　本　金：10億9080万円
従 業 員 数：300名
事 業 内 容：金庫や歯科医療機器などの製造販売
U　R　L：http://www.king-ind.co.jp/

永興電機工業株式会社

モーター技術を基軸にトラック・物流業界に貢献
――モーターと油圧を組み合わせ最適な駆動装置を提供

ここに 注目！

▶ **コア技術を生かして幅広い業種への市場開拓を目指す**

▶ **新人の挑戦を支援、活躍の場を用意**

永興電機工業は、モーターの技術をコアとして主に自動車関連市場へ製品を投入してきた。その実力はモーターを素材から作り、内製の油圧機器と組み合わせるほどで、油圧式のパワーユニットに関する豊富なノウハウを持つことが特徴だ。現在はトラック用のウイングやゲート、フォークリフト、無人搬送車（AGV）、高所作業車といった物流で使う機器のアクチュエーター（駆動装置）をはじめとして、多種多様なモーター、機構、制御装置、電装品の設計開発から製造販売までを手がけている。

現代社会において、私たちにとって身近なエネルギーと言えばほぼ電気と言っていい。その電気を使って動かす機械や機器は、ほとんどがモーター駆動だ。今後、環境に配慮した社会になるにつれ、モーターは一層不可欠なもの

代表取締役社長
大石　稔さん

となる。大石稔社長は「例えば、これから自動車の主流になると言われる電気自動車（EV）、燃料電池車（FCV）でも、駆動用だけでなく多くのモーターが使われる。社会の中でのモーターの役割はますます重要になる」と話す。

同社は得意とする中小型の直流モーター、アクチュエーターを軸としてOEM（相手先ブランド生産）提供をしている。アイテム数は1500を超え、モーターだけでも500種類以上ある。少量多品種への対応と、ユーザーニーズを反映する力が強みで、供給納期にも自信を持つ。

現在、さらなる納期短縮の達成に向け、相模事業所（神奈川県座間市）は改善活動に取り組んでいる。トヨタ生産方式（TPS）などを学んだ後、自社の生産に合わせた形の改善活動を進めている。加工機の平準化などがテーマだ。

この他に同社は、澤藤電機の関東・東北地区代理店であり、電装品や発電機、ポータブル冷蔵庫の販売も手がけている。

自社製品の投入など
新規事業にも積極的

大石社長は「同じ製品だけを作っていては、企業の成長は見込めない」とし、モーター技術を軸とした新市場開拓に積極的だ。ニッチ市場へ製品を投入していきたいという。

その一例が、2016年9月に発売した精密電動マイクログラインダー「E-FORCE」だ。初の自社ブランド品であり、最後発ながら発売以来右肩上がりに売り上げを伸ばしている。営業部電動工具グループ長の伊山秀貴さんによると「これまでのマイクログラインダーの不満点を改善した」ことが好評の理由だという。

改善点の一つ目が防塵性で、ユーザーから多くの評判の声を聞くという。マイクログラインダーは砥石（といし）などを使って加工対象物（ワーク）を削るため、切粉が発生する。E-FORCEは構造上の工夫で、切粉がグラインダーの内部に入り込みにくくなり、防塵性が大幅にアップした。

二つ目がモーターの耐久性。駆動に使う小型ブラシレスモーターの内部にセラミック製ベアリング（軸受）を採用し、耐久性を高めた。三つ目が使い勝手の良さ。手元でモーターの回転スピードを調整できるほか、持ちやすさを試行錯誤によって高めている。

また、ロボットに装着しやすいこともポイントという。ロボットのハンド部に装着し、ロボット側のコントローラーと接続して連動させることが可能だ。製造現場の自動化の流れにも対応している。

モーター制御が重要に
ソフトウエアの人材求む

永興電機工業の新卒採用は、毎年2、3人。理系、文系は半々となっ

生産拠点である相模事業所

鈴木拓哉さんが開発に携わった AGV。「なんでもやる分い
ろいろ勉強になる」と語る

ている。どの部署でも人手は必要なものの、特にモーターの制御技術が重要になっており、ソフトウエアに詳しい学生にも興味を持ってもらいたいという。

同社の制度面の特徴の一つが休暇の取りやすさ。加えて、誕生日休暇も年に１日取得できる。また、セミナーへの参加や各種資格の取得は会社負担で行える。業務上取得する必要がある資格も多く、自己研さんの機会は多い。社内には食堂を備え、安価に昼食を取れる点も地味に評判だという。

同社を志望する際に必要な素養は「誠実さ、実行力と、他の人のことを考えて行動できること」（大石社長）。入社すれば、なんにでも挑戦できる活躍の場が新人でも用意されている。

┤ 理系出身の**若手社員**に聞く ├

若手でも重要な仕事を任せられています

技術部 生産技術課 鈴木 拓哉さん（2018年入社）

製造や検査で使う設備の設計から設置、メンテナンスを手がけています。設備は古いものもあり、設置当時の図面がないときは配線などを一つひとつ調べてメンテナンスすることもあります。最近のテーマはIoT（モノのインターネット）への対応で、勉強しながら働く日々です。

中小企業なので若手でも重要な仕事を任せられており、一つの工程や作業だけでなくいろいろな仕事ができるため、働きがいがあります。素直な人なら仕事で困ることはないし、次に起こる事を想像しながら行動できる人はより一層活躍できると思います。

会社DATA

本社所在地：東京都港区西麻布3-2-10
設　　　立：1948年
代　　　表：代表取締役社長　大石 稔
資　本　金：5000万円
社　員　数：190名
事 業 概 要：精密小型モーターや油圧式パワーユニットの開発・設計・製作・販売
Ｕ　Ｒ　Ｌ：https://www.eiko.jp/

株式会社オプトン

ロボットベンダーを核に総合提案
──独自の非接触3次元測定機、自動制御装置も製品化

記者の目

▶ 電気、機械、すべての要素を自社で担う開発型企業

▶ 若手の活躍を引き出すために組織改革中

一本の真っすぐなパイプがロボットによって持ち上げられる。次の瞬間、きびきびとしたロボットの動作でパイプの複数箇所に曲げや、ひねりが加えられ、あっという間に3次元方向へ複雑に曲がったパイプが出来上がり、3次元測定機に載せられる。

オプトンの主力製品「ロボットベンダー」は、3次元の巧みな動きとその速さで、見る人にまるで手品のような驚きを与える。一般的な産業用ロボットは加工機械へのワーク（加工対象物）投入、取り出し、運搬といった動きが中心であるのに対し、ロボットベンダーは自ら曲げ加工を行う。開発からすでに20年以上、自動車のブレーキチューブやクーラーチューブ、ドアサッシなど多種多様なパイプ部品の加工で活躍している。「今のところ競合は見当たらない」と創業者の與語照明社長は満足げにうなずく。

CNCパイプ加工のパイオニア

オプトンの強みは開発力にある。「これまで量産品は作らず開発にばかり打ち込んできた」（與語社長）と振り返るように、オプトンの歴史は数々の受賞や特許取得の実績に彩られてきた。

もとは自動制御盤を設計製作する専門メーカーとして1963年にスタートした。転機が訪れたのは74年。ある企業から、トラックのブレーキチューブを曲げ加工するためのパイプベンダーの開発依頼が舞い込んだ。そこで、数値制御（NC）技術のノウハウを生かしたパイプベンダーの開発に着手し、76年に「CNCパイプベンダー」1号機を完成させる。これをきっかけにCNC機械メーカーに転身し、製品や技術の開発にいっそう力を入れていった。

コンピューター数値制御（CNC）

代表取締役社長
與語 照明さん

パイプベンダーはパイプ加工業界に広まり、続いて88年にはロボット技術を応用したロボットベンダーを開発した。同ベンダーも製品ラインアップを充実させて販売拡大し、現在はパイプベンダー製品のうちCNCとロボットの販売比率は半々にまで迫っている。

ロボットベンダー開発後も、"パイプ加工"を軸に次々と製品開発

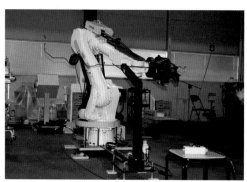

ロボットベンダーの高速曲げ加工は見る人の目を奪う

数々の自動化製品を生み出してきた本社

複雑形状の曲げ加工も難なくクリア

ほとんどの部署がワンフロアに集まる近代的なオフィス

を推し進めていった。曲げ加工後のパイプ形状を測定する需要に応えて、94年に「ニューモアレ式非接触型3Dカメラ」を生みだした。さらに95年には「DDV式油圧サーボポンプ」を開発。自社の大型油圧パイプベンダーを開発する過程で生まれた、騒音や発熱を抑える技術を製品化したものだ。

FA生産ソフトを自動生成

さらに将来の事業の柱として、ファクトリーオートメーション（FA、工場自動化）の常識を覆すCNC装置「APC（オートプログラムコントローラー）」も開発した。熟練プログラマーがかかりきりで数カ月を要するFA生産システムの制御ソフトウエアを自動生成し、機械メーカーにおける制御プログラムの開発期間を数分の1にできる。

與語社長が陣頭指揮を取り、10人前後の専任スタッフを中心に15年前から進めてきたプロジェクトだ。今後、同社のCNCロボットベンダーに搭載して生産現場で実証し、2022年の製品化を目指す。

一般的に、金属の切削や研削をする工作機械やオプトンが生産するパイプベンダーなどの塑性機械は、CNC装置の制御で動く。一方、

その周辺機器の搬送装置や検査装置などは、プログラマブルコントローラー（PLC）と呼ばれるCNCとは別の装置で制御されている。対象装置ごとにPLCが各1台必要だ。APCは加工機械と周辺機器群を1台で制御でき、システム全体を簡素化できる。

開発のカギは、機械動作指示の流れを示し制御プログラムの設計図となるフローチャートだ。PLC用には国際規格「IEC」の公開フローチャートがあるが、CNC装置には公開された規格がない。これが制御プログラムを難しくする一因だった。

これに対し與語社長は自ら、ロボットベンダー用にCNC装置を長年自社開発してきた経験を生かし、独自フローチャート「YOGO（ヨゴ）チャート」を考案した。システム全体を制御でき、作画時間も10分の1程度にできる。さらに同社は、同チャートの内容を制御用の機械言語に自動翻訳する機能（コンパイラ）も開発した。チャートさえ描けば制御ソフトができあがる。

これらにより、例えばパイプ加工FAシステムの場合、人手で2カ月かかった数度のプログラム言語の変換が1分で終了し、4カ月かかったプログラムミスの修正

（デバッグ）もほぼゼロになる。機械メーカーはソフトの開発日数を従来の6分の1の30日にし、制御装置の開発コストを3分の1にできる。「翻訳機能を持つ制御装置は世界初。制御の精度と速度は世界の一流品と遜色ない」と與語社長は断言する。

垣根越え制御装置を世界展開

機械や装置の開発現場では、コンピューターの助けにより本体の開発作業がどんどん効率化する一方、制御ソフトの開発は皮肉にも人手に頼る前近代的な状態が続いていた。難解で時間と手間がかかり、ソフトウエア技術者不足の一因でもあった。同社は自社のパイプベンダーに搭載するだけでなく、装置単体でも供給し、業界の垣根を越えてAPCを広く普及させる方針だ。

APCはすでに数社から引き合いも受け、5シリーズを製品化する予定。発売5年後の2026年に35億円の売り上げを目指す。「35年には制御装置が2兆円の市場になる。シェア5％でも1000億円」と與語社長は未来に向けてチャートを描く。本格展開に向け資本提携、業務提携の相手も募る。若手社員にも活躍の場が広がりそうだ。

株式会社オプトン

理系出身の**若手社員**に聞く

こんなロボットがあるのかと驚き、入社しました

製品保証 松岡 純生（じゅんき）さん
（2012年入社、大同大学大学院機械工学専攻修了）

就職活動中に当社の工場見学でロボットベンダーを見て、衝撃を受けました。大学で触ってきたロボットとはまったく違う速さと精度、さらに曲げ加工を行う点で、こんなロボットがあるのかと驚き入社しました。

現在はベンディングマシンの品質をチェックする部署で、調整や曲げトライ、据え付けを担当しています。曲げトライでは実際にワークを曲げ、お客様の要求通りに加工できているかを確認します。機械から電気までオールマイティな知識を求められるところに、やりがいを感じています。先輩方の知識はとても深く、自分が気付かない点を教えてくれます。

いちからモノを作っているところに魅力を感じました

機械設計 前川 真揮（まさき）さん
（2014年入社、大同大学大学院機械工学専攻修了）

ソフトウエアの開発ができる企業を探していて、当社がソフトウエアや電気関係まで自社で設計していることを知り、入社を決めました。いちからモノを作っているのが魅力です。

今は、新しい機械の設計を手がける部署で働いています。現在の部署へ配属されてまだ1年ですが、出荷間近のベンディングマシンの不具合修正を担当しています。内容は、機械の干渉や、想定通りに動かないなどさまざまです。最近は、新しい機械の設計にも取り組み始めています。そしてちょうど今、僕が設計に携わった機械の組み立てが始まったところです。問題なく動くことを願っています。

社内カンパニーで自主性発揮

新入社員は、入社後は半年から1年間かけて、すべての部署を一通り体験する。さまざまな部署で研修を重ね、その姿を通して各部署の社員が技術センスや人物を見極め、配属先を決定する。求められる人物像はまじめで、何にでも真剣に取り組む人。だが、遊ぶときは遊ぶというメリハリも必要。組織の中においては、自主性を発揮しつつも自分の役割をしっかりと全うするのが理想的だ。

現在は「次世代を育てる段階に来ている」（與語社長）という決意のもと、若手を育てるために大胆な組織改革に挑んでいる。2019年9月、実験的に生産工程ごとに独立性の強い社内カンパニーを設立した。50歳を超えたベテランとそれ以外の若手に分け、各部署を若手だけで構成する独立採算制の社内カンパニーに変更。各カンパニーで「社長」を立て、会社方針を討議し、決算書を作成するなど実際の会社組織のような活動を開始した。

一方、ベテラン勢はカンパニーへ時間給で雇われる「派遣社員」のように働く制度を設けた。ベテラン勢は豊富な知識、技術を生かし、困難にぶつかっているカンパニーへ派遣される形でコンサルティング業を請け負う。

若手らは当初、部署内からベテラン勢が消えたことに戸惑いを隠せなかった。だが今は、半人前の

機械の完成動画を見ると
達成感が得られます

制御設計 平野 雄飛さん
(2015年入社、中部大学第一高等学校電気科卒業)

　ベンディングマシンの制御装置の図面をCADで描く仕事をしています。基本的に手配書の仕様に従って設計します。納入後、お客様から新たなリクエストが入る場合もあるので、コミュニケーション能力も必要です。完成後は写真や動画で機械の記録を残しますが、それを見ると達成感が得られます。

　電気関係の仕事に携わりたいと思ったのが一番の入社理由です。母校の卒業生の採用実績があり、先生からも勧められました。最初は制御装置の製造現場へ配属。なかなか先輩に質問できませんでしたが、先輩の方から声をかけてくれ、作業をやってみせてくれました。若い社員が多いのも心強いです。

自分の組んだ回路で機械が動くのが
面白いです

制御設計 柴田 けえなさん
(2016年入社、名古屋市立工芸高校電子機械卒業)

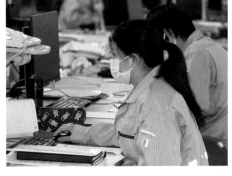

　電気関係の仕事ができる企業を探していたところ、母校に求人が来ており応募しました。別の企業から、女性は採用できないと断られたこともありましたが、当社は女性にも門戸を開いていました。

　ベンディングマシンの制御盤の回路を組んだり、PLCのラダー図を描いたりするのが主な仕事です。制御設計の仕事は、最初は何も分かりませんでしたが、1年経って慣れてきました。特殊な仕様の機械は、実際に自分で操作して動作を確かめます。自分が組んだ回路で想定通りに機械が動くのが面白いです。「変な動き方をして壊れたりしたら」と不安もよぎりますが、うまくいくとほっとします。

　社員が集まってモノを作り上げていくことにやりがいを感じているという。現在、最年少の23歳を含む14人の若手社長らが活躍している。職人芸に頼る従来のやり方から脱却し、"半人前の集まり"でもこなせるよう、作業のマニュアル化に取り組んでいる。

　生まれ変わりつつあるオプトン。新たな体制で自動化ニーズ拡大のチャンスをつかみ、さらなる飛躍を目指す。

会社DATA

本社所在地：愛知県瀬戸市暁町3番地24
設　　　立：1963年11月12日
代　表　者：代表取締役社長　與語 照明
資　本　金：9900万円
従 業 員 数：130名
事 業 内 容：生産設備開発・生産・販売
U　R　L：http://www.opton.co.jp/

株式会社北村製作所

伝統の技がモノづくりの質を高める
──顧客が求める製品にプライドを持って応える工作機械業界随一の老舗メーカー

記者の目

ここに注目！

▶ 社員の自主性を尊重し、各人の個性を伸ばす職場環境

▶ 従業員全員を正規雇用。「人こそが財産」とし、企業の中核人材を着実に育成

工作機械の代表的な製品である旋盤。北村製作所は創業以来、小型精密旋盤を主力とした工作機械メーカーとして日本の製造業発展に貢献してきた。東京に本社を置きながら社員の大半が宮城工場（宮城県亘理郡山元町）に在籍し、近隣の協力企業とも連携しながら純国産製品を提供し続けている。また、近年は高速スピンドルやハイブリッドグラインダー、研削盤などを手がけて業容拡大に着手。伝統の技術に裏打ちされたモノづくり力と徹底した顧客志向によって新たな需要を生み出している。

顧客の要望に粘り強く誠意をもって応える

同社の創業は1893年、現存する国内工作機械メーカーでは最も長い歴史を持つ老舗企業である。精工舎専属工場として服部時計店（現セイコーホールディングス）

代表取締役
稲葉 弘幸さん

の壁掛け時計国産化に向けて旋盤の製造を始めたのが工作機械参入のきっかけとなった。第二次世界大戦後は時計部品で培った精密旋盤のノウハウを生かし、精密自動旋盤、NC旋盤をシリーズ化。国内では宮城県亘理郡山元町に工場を建設し、生産拠点を集約。海外でも中国・西安に合弁会社を設立するなど、小型精密旋盤メーカーとして業界での存在感を高めていった。2004年に5代目となる稲葉弘幸社長が就任してからは旋盤に加え、高周波スピンドルや切削と研削加工を複合化したハイブリッドグラインダー、小径内面研削盤など新たな加工領域へと事業を拡大。自動車分野を主力に光学機器、医療機器など新規顧客を獲得しているところだ。

同社の最大の強みは130年近い歴史で受け継がれてきたモノづくりの伝統である。高精度、高品質の工作機械を生み出すための技術の蓄積は他の追随を許さない。「きさげ」と呼ばれる加工技術もその一つ。金属平面の摩擦抵抗を減らすために微小な窪みを付ける加工法で、機械化が難しく同社でも数人の社員しか手がけられない「匠の技」でもある。同社製品の特徴であるすべりガイド式摺動機構も、リンギングという金属の鏡面同士が固着する現象を避けるため潤滑油を供給する窪みをきさげで加工しており、高精度と高剛性を併せ持つ工作機械の提供を可能に

している。

また、工作機械の主軸であるスピンドルも同社のコア技術。欧米からの輸入品が主流だった時代にいち早く国産化に着手。スピンドルユニットを内製化することで設計の自由度を高め、納期も大幅に短縮してきた。最近では1分間に8万〜15万回転の高周波スピンドルを開発、外販にも乗り出し、基盤技術を生かした新事業展開にも積極的だ。

こうした技術を支える背景にあるのが「顧客の求めに誠心誠意で応える」という企業風土。稲葉社長は「お客様が何を求めているのかを考え、積極的に行動して改善を重ねていくことです。実際に社員は粘り強くお客様に向き合って一つひとつ解決しています。この『誠実』、『真面目』が当社の社風であり、一度取引したお客様からのリピート率の高さがその証です」と顧客満足への思いが同社のモノづくりの原動力であると強調する。また、上司が一方的に部下に指示するのではなく、社員一人ひとりが考え、自発的に仕事に取り組むことを促す職場環境も社員の成長に大きく寄与している。

人こそが企業の財産

近年、同社が力を入れているのが製品のカスタマイズ化である。08年のリーマンショック以降、顧客の自動化ニーズが高まり、それまで販売台数の6割がスタン

ダード製品だったのに対し、現在はカスタマイズ製品が9割以上を占めるという。稲葉社長は「1990年代から自動化への対応は進めていましたが、リーマンショックによる景気後退でその動きが急速に進みました」と当時を振り返る。

稲葉社長が就任当時、6人だった設計部門は20人まで増員。研削盤など新規事業を強化していくためにも今後も拡充していく計画である。設計部門は機械工学科や電気工学科で学んだ社員が多く在籍している。「10年後、20年後を見据えて開発投資は不可欠であり、専門的な知識を学んだ理系学生も幅広く募集していきたい」（同）と期待を寄せる。

現在、社員の9割以上が宮城工場に在籍している。全員正社員として採用しており、地元出身者を中心に東北圏や北海道出身の社員もいてアットホームな雰囲気が感じられる。2011年3月の東日本

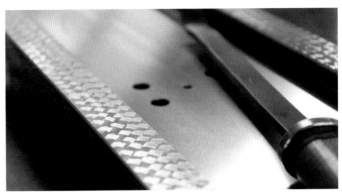

伝統技術「きさげ加工」で高精度・高剛性を両立

大震災では建屋や設備に大きな被害はなかったものの停電は2カ月続き、新規受注は同年9月までストップした。「リーマンショックから立ち直った直後の打撃だけに非常に厳しかった」（稲葉社長）と同社にとって最大の危機を迎えた。とはいえ、「企業は『人』が財産。人さえ残っていれば困難は切り抜けられる」（同）と全社員の雇用を守り、一丸となって乗り

切った。当時、若手だった社員も中核的な人材に成長しており、人を大切にする経営が同社の基盤を形作っている証拠でもある。

今後の課題はさらに「魅力ある会社」を目指すこと。稲葉社長は「それには収益力を一層高め、若い人たちが製造業にあこがれる企業にしていきたい」と会社の成長が日本のモノづくり人材育成につながると意欲を示す。※次頁へ続く

同社を代表する小型精密CNC旋盤KNCシリーズ

旋盤加工と内面研削加工が可能なCNCハイブリッドグラインダー

会社DATA

所　在　地：東京都墨田区太平4-13-4（宮城工場：宮城県亘理郡山元町坂元字原ノ町5）
設　　　立：1951年（創業1893年）
代　表　者：代表取締役　稲葉 弘幸
資　本　金：5000万円
従業員数：110名
事業内容：精密工作機械の製造および販売
U　R　L：https://jknc.co.jp/

株式会社北村製作所

┤ 若手技術者に聞く ├

老舗の看板を誇りに伝統を継承するやりがい

製造部 旋盤円研主軸組立課 課長 櫻井 恵治さん
(福島県立小高工業高校機械科卒業)

　工業高校の機械科に進学。業務用厨房関連の会社を経て当社に入社しました。現在は旋盤円研主軸組立課の課長です。数年前に旋盤、円筒研磨、主軸組立の3部門を集約した部署で、主軸ユニット組立の効率化を進めています。

　新規事業の高周波スピンドルなど、経験のない仕事に携われることも魅力です。当社の小型精密機械には長年のお客様が多く、そうした歴史を崩さないことが目標であり、やりがいにもなっています。

日々異なる課題に挑戦する楽しみ

技術部 ツーリング課 課長 寺島 昇治さん
(福島県立新地高校普通科卒業)

　高校時代に会社見学で汎用旋盤の作業を見て興味を持ちました。入社して旋盤加工を5年間担当し、その後、現在のツーリング課に異動しました。仕事は機械の販売前のテスト加工やお客様の加工品の精度測定、機械納入・立ち上げなどを担当しています。

　テスト加工では扱う加工品や素材の幅が広く大変ですが、その半面、毎日違った課題に取り組めるので刺激的でもあります。先輩方からも加工法や素材の知識を吸収していきたいと考えています。

部品加工をゼロから任され、最適なモノづくりを模索

製造部 フライス平研課 係長 富塚 博之さん
(宮城県伊具高校産業技術科卒業)

　工業高校の機械科で旋盤の面白さを知り、金属加工に携わりたいと考えていました。入社後はフライスの職場に配属され、フライス加工一筋でした。最近では汎用旋盤からマシニングセンタまでを扱うようになり、部品加工をゼロから任せてもらえるのが楽しいです。

　加工方法から治具の製作もすべて自分で考え、加工時間や段取り替えの短縮を工夫できるのがやりがいです。仕事は覚えて初めて面白くなります。最初の辛い時期に楽しさを見つけることが大切です。

イメージ通りに機械を動かし、顧客満足を追求

技術部 電気課 課長 竹内 克さん （東北工業大学工学部電子工学科卒業）

　大学では電気工学を学び、入社してから電気設計を担当しています。工作機械の制御系のハードとソフトの設計です。実際の設計では難しいことが多く、数年は苦労しました。

　制御系は機械を自分のイメージ通りに動かせるところが面白く、それでお客様に喜んでいただけるのがやりがいです。特に電気設計は最初の打ち合わせから納入後の調整まで担当するのでお客様との付き合いも長くなり、それだけに満足してもらえたときはうれしいですね。

自由な風土で個性を生かした設計に取り組む

技術部 機械課 課長 尾崎 晃さん （東北学院大学工学部機械工学科卒業）

　大学の機械工学科を卒業して入社しました。設計部で機械製図を担当しています。お客様との話し合いを図面に反映していく仕事で、自分の設計したものが完成し、先方の手に渡った時には達成感があります。

　最近はお客様の仕様に合わせたカスタマイズ製品の比率が高まり、案件は増えましたが、その分やりがいを感じています。当社は自由に仕事をやらせてもらえる風土があり、個性を生かしながら責任を持って仕事をしたい人には最適です。

部品を完成品へと組み立てていく醍醐味

製造部 組立塗装課 課長 吉田 崇さん （宮城県白石工業高校機械科卒業）

　工業高校の機械科に進学し、旋盤の授業を受けたのが工作機械に興味を持ったきっかけです。入社後は旋盤、フライス、組立を1年ずつ経験して組立の職場に配属されました。

　組立・塗装部門は各部署で加工した部品を完成品に組み立てていく一連の過程に携われるのが醍醐味です。工作機械の組立には各社ノウハウがあり、熟練の感覚が必要な部分も少なくありません。最終工程なので部品が遅れても工夫して納期に間にあった時は充実感があります。

株式会社三共製作所

高度なカム技術で自動化をかなえる
―― ニッチな領域でグローバルトップ企業へ

記者の目

ここに
注目
！

▶ 製造プロセスまでを見せられるソリューション提案型企業へ

▶ 米国など海外生産拠点での仕事にもチャレンジできる

工作機械や産業用ロボットなどを構成する機械要素。中でも、運動の方向を変える役割を担う「カム」は、機械が高速かつ滑らかな動きを生み出すのに不可欠な機械要素だ。三共製作所は創業以来、80年以上磨き続けてきた高度なカム技術を基軸に、特色ある製品を提供してきた。機械的なガタがないゼロバックラッシの精密位置決めユニット「ローラドライブ」や、世界最速の送りを実現したプレス機械用送り装置「バリアックス」をはじめとするオリジナリティあふれる製品群は、自動車・医療・航空機産業など多彩なモノづくり現場を支えるコンポーネントとして広く浸透している。

世界最大規模のカム専用工場

カム機構は紀元前から人類が活用してきた技術とされ、同社のローラドライブに用いられる機構もレオナルド・ダ・ヴィンチが500年以上前にすでにスケッチに描いていた。「当社のコア技術はいわば古くて新しいもの。その長い歴史が示す通り、ITの時代でも決してなくなることはない技術だ」と小川廣海会長兼社長は話す。

同社のマザー工場である静岡工場（静岡県菊川市）は、東京ドーム4個分の規模を誇る世界最大規模のカム専用工場。広大な敷地には、一般的な工場のイメージとはかけ離れた緑豊かな自然が広がる。

静岡工場の入り口に掲げられている「自動化技術サービス」の文言の通り、企業の使命として「顧客の自動化・省力化をかなえる」（小川会長）ことを掲げ、近年は機器単体を提供する企業から脱皮し、自社製品を用いた製造プロセスまでを見せるソリューション提案型企業へと舵取りを進めている。実際、静岡工場敷地内に置かれたグループ会社の生産拠点では、プラスチックごみによる海洋汚染などの環境問題の観点から欧州などで注目が高まるアルミ飲料缶の製造プロセスをグローバルに展開するという理念のもと、世界各国の顧客に飲料缶を作るためのさまざまな設備を提供できる体制

代表取締役会長兼社長
小川 廣海さん

を整えている。

米国や中国、ベトナムなど広く海外にも生産拠点を展開する。「海外の成長を日本の成長に取り込みたい。当然、本人の希望にもよるが、大局的には海外展開していく企業なので入社する人には大いにチャレンジしてほしい」と小川会長は話す。

顧客との関わりの中で成長

新人に求めるのは「よどみなく1つのことをやり続けられる粘り

静岡工場

Variax モータコアスタンピングライン

強さ」（小川会長）だ。特に技術系の職種では、製品のアイデアを具現化するための広い見聞や知識も必要で、高いアンテナを張り、感性を磨くことの重要性を説く。三共製作所の仕事の醍醐味（だいごみ）について、小川会長は「価値共創は顧客の懐の中」と断言する。「その中でのみ人は成長できる。『こんなものがほしかった』という顧客の満足が、自身のやりがいにもつながる」（小川会長）。

2017年からは、京セラ創業者の稲盛和夫名誉会長が提唱する「アメーバ経営」を導入。実際に京セラからの指導を受けながら、全社員が自部門の利益を意識しながら、経営者の視点で業務に取り組む体制を目指している。

同社の製品市場は決して大きくはない。しかし、大きな市場は競合も多く、世界展開を考える上では中国・韓国企業を含めた価格競争に陥りやすい面もある。同社はニッチ（隙間）市場にいることを逆に強みとし、新たな獲得戦力に期待を寄せつつ、今後も「ニッチな領域の中でトップに立てるグローバル企業を目指す」（同）と意気込む。

┤ 理系出身の**若手社員**に聞く ├

やりたいことにチャレンジできることを実感

開発本部 開発部 商品開発2課 マネージャー 髙栁 幸介さん
（2005年入社、日本大学生産工学部電気電子工学科卒業）

現在、溶接機向けの位置決め装置の設計・開発を行っています。入社5年目にちょうど行きたいと思っていた米国オハイオ州の工場へ技術者として転勤することになり、そこで4年間勤めました。技術面、営業面の対応をする人材として現地で揉まれ、時にはメキシコやアルゼンチンなど南米の顧客先に赴き現地対応も行いました。技術面以外にもさまざまな業務を経験したことで、渡米前に比べて視野が広がり、顧客の立場で設計ができるようになれたと思います。やりたいことにチャレンジさせてもらえる会社だと実感しています。

┤ 理系出身の**若手社員**に聞く ├

世の中に自分の手で作ったものを残せる仕事

開発本部 開発部 商品開発1課 佐藤 倫尋さん
（2009年入社、東北職業能力開発大学校生産電子システム技術科卒業）

カム1つで多彩な動きが生み出せるのを目の当たりにして、衝撃を受けたのが入社のきっかけです。今はプレス材料送り装置「バリアックス」を、顧客の要望に応じた仕様で設計・開発する仕事に携わっています。入社4年目ごろに自社製品を組み合わせた大型の送り装置を製造する仕事を経験しました。組み立てや部品管理など他部門と緊密に協調し、皆の協力を得ながら装置を完成させたことが、達成感を強く感じた瞬間でした。世の中に自分の手で作ったものを残したいと思う人にはやりがいが感じられる職場ですね。

▌会社DATA▐

本社所在地：東京都北区田端新町3-37-3
設　　　立：1951年5月
代　表　者：代表取締役会長兼社長　小川 廣海
資　本　金：28億4800万円（グループ）
従 業 員 数：542名（グループ）
事 業 内 容：生産設備向け各種自動化装置、産業用各種自動機械、自動車業界向け加工設備機器、工作機械用搭載機器の開発・製造・販売
U　R　L：https://www.sankyo-seisakusho.co.jp/

サンライズ工業株式会社

業務用熱交換器の専門メーカー
——熱をコントロールするニッチ製品に特化

記者の目

ここに注目！

▶ 熱交換器単体から冷凍空調ユニットまで一貫生産する"黒子企業"

▶ 創業50年の蓄積された技術・ノウハウを持つ業界大手

サンライズ工業は1968年（昭和43年）、中山光男氏が業務用熱交換器の製造を目的に埼玉県越谷市で創業した。商社に勤めていた初代社長が、高度経済成長期においてブームだった家電向け熱交換器ではなく、業務用熱交換器というニッチな分野に目を付け、ニッチを追い続けて今日の業界大手の地位を築いた。現在では本社工場、草加工場、水海道工場（茨城県）の国内3工場のほか、海外は中国・上海にも拠点を持つ。熱交換器一筋の専門メーカーとして、2018年には創業50周年の節目を迎えた。

2代目の中山晃宏社長は初代社長の従甥で、初代社長の急逝に伴い28歳の若さで社長に就任した。同社は「サンライズ」の冠が付いた自社製品は作っておらず、あくまでOEM（相手先ブランド）生産・ODM（相手先ブランドによる設計・製造）を手がける。黒子に徹

代表取締役社長
中山 晃宏さん

する同社が大切にするのは、「サンライズならなんとかしてくれる」という会社のブランド力だ。同社のブランド価値は、熱交換器の製造というコア（核）を軸に、熱交換器や冷凍空調ユニットの企画・設計から試作・量産までを総合的に提供できることだ。さらに、少量・多品種・短納期に対応。板金・配管加工も含め、一貫生産が可能だ。ブランド価値をしっかりと打ち立て、「業務用冷凍空調業界で"サンライズ・ブランド"を確立する」（中山社長）と会社の姿を見据える。

熱交換器とは、熱を交換することで物質や気体の加熱・冷却を行う機器を指す。同社は、大手コンビニエンスストア向けショーケースや、六本木ヒルズ・渋谷ヒカリエ・GINZA SIXといった大型商業施設の空調に使われる熱交換器を手がけている。

その他、冷却など熱交換を必要とする医療理化学機器なども製造。また、東京スカイツリーの地上デジタルテレビ放送用送信機の熱を出すために高所かつ屋外に設置されている空冷式熱交換器ユニットも製造した。同社の顧客は上場企業が多く、彼らの高度な要求に応えることで、技術力を常に磨いている。

自由闊達な社風

こうした強みを支える背景には、自主性や主体性を重視する自由闊達な社風がある。中山社長は大きな方向性を示すのみで、細かい管理や指示は行わない。生産性向上を目的としたロボットやクラウドシステムの活用などは若手社員が中心となって進めており、「（人から指示されたことよりも）自分の興味のあること、やりたいことの方が成果を上げやすい」（中山社長）と語る。

新型コロナウイルス感染症の影響による景況の悪化で採用を控える企業もあるが、同社は設備投資や人材採用の好機とみる。同社では毎年、継続して4〜5人程度の新卒を採用している。また、ものつくり大学の就業体験（インターンシップ）の受け入れも実施。同社に入社すると、3カ月間の座学と現場研修を経て、その後配属が決まる。

理系社員には前向きな勉強を求めており、「彼らの挑戦を全面的に後押しする。もし、失敗しても副産物は残る」（同）と強調する。自己の範囲だけでなく、広い視野を持って積極的に行動する社員を評価する。

食品向けをベースに成長分野に挑戦

コロナ禍で苦難に陥る業界もある中、中山社長は「『食べる』ことが必要不可欠であることを改めて痛感した」と話す。冷凍・冷蔵のショーケースや冷凍・冷蔵倉庫用のユニットクーラーなど同社が得意とする底堅い食品向けを中心

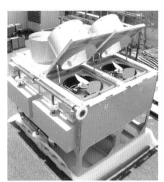

東京スカイツリーに設置された空冷式熱交換器ユニット

冷凍・冷蔵倉庫用のユニットクーラーも開発

本社から見た工場外観

に、コロナ対応の換気機能を組み入れたビル空調、環境試験装置、半導体関連装置など既存事業を成長のベースに位置付ける。

既存事業をベースに、新規事業への挑戦を続ける。中山社長は「温度・湿度のコントロールの必要性は今後も決してなくならない。むしろ、世の中が高機能高精度・快適便利を求めれば、その需要はさらに高まる」と力を込める。今後、第5世代通信（5G）が普及していく中で大幅な需要増が期待されるデータセンター（DC）用空調や、高度な熱管理が求められる燃料電池、超低温での輸送・保管が必要な新型コロナウイルスのワクチン用冷凍庫（OEM製作）、ドライアイス製造装置（同）といった医療理化学機器などの成長市場を狙っていく。

―――| 理系出身の**若手社員**に聞く |―――

部署間の垣根がなく、挑戦できる環境が魅力

技術開発部 課長 阿部 浩之さん（2015年入社）

　大学院では金属の熱伝導や抵抗など機械工学を学び、技術営業の前職を経て入社しました。入社6年目で熱交換器の設計を担当しています。能力計算や製図などデスクワークが中心ですが、工場が物理的・心理的にも近いので、現場のリアルな声やフィードバックを聞きながら現場が「つくりやすい」と思えるような図面を心がけています。

　当社は部署間の垣根がないのが魅力で、他の部署のサポートや新しいことにも挑戦できます。これまで手がけた仕事では、環境に優しいノンフロン（二酸化炭素）冷媒を用いる冷凍・冷蔵庫用クーラーの開発・設計に携われたことが印象深いです。学生の皆さんには今できることに全力で取り組み、周囲を巻き込んだ課題解決能力を身に付けてほしいです。

会社DATA

本社所在地：埼玉県越谷市川柳町2-546
設　　　立：1968年7月
代　　　表：代表取締役　中山 晃宏
資　本　金：8800万円
従 業 員 数：150名（2020年9月）
事 業 内 容：冷凍空調用熱交換器・冷凍空調機器・医療理化学機器の設計、開発および製造
U　R　L：https://www.sunrise.gr.jp/

七宝金型工業株式会社

独自技術でダイカスト金型を革新
―― 金属積層造形でソリューションを提案

記者の目

ここに注目！

▶ 3Dプリンターを活用し金型の新製法を開発

▶ 産学連携を通じて社員の博士号取得を後押し

「技術革新を積極的に行い、グローバルニッチトップになり、みんなが楽しくなる会社になる」。これは、2012年に当時43歳の松岡寛高社長が社長就任時に掲げた「SIPPOビジョン」である。「よそがやっていないことをやろう」と社員に訴える松岡社長が採るのは、あえて難易度の高い独自技術の開発に挑み、グローバル競争を勝ち残る戦略だ。

七宝金型工業は、精密なアルミニウム部品を作るためのアルミダイカスト金型のメーカーである。2020年6月に創業60周年を迎えた老舗で、独立系専業メーカーでは国内有数の規模を誇る。自動車のエンジンやトランスミッション関連の大型金型が主力で、2輪車や船外機、農機具向けも手がける。また、小物・中物部品向けも強化中だ。

金型は、モノづくりの基盤技術

代表取締役社長
松岡 寛高さん

の一つだ。日本の金型産業の高い生産性と品質は、日本の製造業の国際競争力を支えている。特に自動車向けはユーザーとの結び付きも強く、安定経営を続ける金型メーカーは多い。一方、独自性を発揮しにくいとの課題もあった。

金属積層造形でポーラス金型

そんな中、七宝金型工業は独自技術によるダイカスト金型の革新を目指し、3Dプリンターによる金属積層造形（アディティブ・マニュファクチャリング、AM）の開発を進めている。金属微粉末を少しずつレーザーで溶かして固め積み上げる、近年注目の新技術だ。従来の加工技術では不可能な中空の複雑3次元形状も作ることができ、金型業界では金型を急速に均等に冷却する複雑形状の水管成形などに応用されている。同社は15年に最新設備を導入した。

そのAMで同社は、型表面の微小な孔から離型剤が染み出す「ポーラス（多孔質）金型」の開発に取り組む。離型剤は成形品が付着しないよう、成形ごとに金型に吹き付ける潤滑剤である。現在はロボットで行うこの離型剤の吹き付けに、成形1サイクル当たり3、4割の時間、長ければ1分間を要する。金型から離型剤が染み出れば、この時間を削減し生産性を向上できる。

ポーラス金型の開発は、金沢大学、岐阜大学との共同研究であり、さらにトヨタ自動車のアドバイ

ザー参画を受けて進めている。中小企業の高度なモノづくり技術開発を支援する国の制度「戦略的基盤技術高度化支援（サポイン）事業」にも採択された。開発は最終段階で、特許も出願中。「21年3月までに初受注をしたい」（松岡社長）と事業化も目前だ。

この共同開発の七宝金型側の中心メンバーの1人が、入社5年目の掘裕生さんだ。開発と並行して20年10月から金沢大学の大学院にも籍を置き、博士号取得にも取り組んでいる。独自技術の開発と人材育成のため、同社は社員の博士号取得を全面支援している。

同社は今後、ポーラス金型以外にも研究開発を強化する方針だ。ロボットなどを活用する自動化、IoT（モノのインターネット）や人工知能（AI）による生産の高度化・知能化も松岡社長は課題に挙げる。現在4人の研究開発課の拡充は重要な課題で、「特に理系出身の学生には開発で力を発揮してほしい」と松岡社長は期待する。

求む！チャレンジできる人

求めるのは「常識にこだわらず、新しいことに前向きにチャレンジできる人」（松岡社長）だという。売上高の9割を超える自動車業界向けを中心に、業界内での存在感が大きい同社だが、今後獲得を目指すのは「どこにもない独自技術」（同）だ。「大手と違い、すぐに開発の仕事ができる。新しいことに

独自技術開発の中核となる金属3Dプリンターと開発メンバー

3Dプリンターによる成形品の解析設備

挑戦するチャンスも多い」と、松岡社長は同社の魅力を訴える。

近年は工場の効率化にも力を入れ、平均で月20時間以下と残業は少ない。「行きたい人にしか転勤はさせない」（同）前提だが、

タイとメキシコに工場、中国に営業・部品調達拠点を持ち、海外勤務のチャンスもある。

同社は長年、日本の自動車業界の優良企業を顧客に抱え、安定経営を続けてきた。しかし今後の舞台は世界だ。「海外メーカーも今後はライバル。開発を加速し、新技術を発信できる会社に生まれ変わる」と松岡社長は展望を描く。その成長を支える新たな仲間を待ち望んでいる。

━━┤理系出身の**若手社員**に聞く├━━

新機能の共同開発で博士号取得を目指す

研究開発課　堀 裕生さん（2016年入社）

入社5年目です。大学院の医学研究科で細胞培養などの勉強をしており、製薬会社の開発志望でしたが狭き門でした。当社は、導入したばかりの3Dプリンターで自由に開発をさせてもらえるとの話を聞き、業種より開発にこだわりたいと考え、入社を決めました。

現在は3Dプリンターを使い、離型剤が染み出るダイカスト用の「ポーラス（多孔質）金型」を金沢大学と共同で開発しています。開発成果も出始めており、やりがいがあります。予想外でしたが、2020年から会社の支援で同大学の大学院で博士号取得も目指すことになり、うれしく思っています。今は先生に教わるばかりですが、将来は対等に共同研究ができる技術者になりたいです。

▌会社DATA▐

所　在　地：愛知県津島市南新開町1-357
設　　　立：1960年6月
代　表　者：代表取締役社長　松岡 寛高
資　本　金：9888万円
従 業 員 数：90名
事 業 内 容：自動車、2輪車、船外機、農機などのダイカスト金型の設計・製作。金属積層造形（AM）を活用した新しいソリューションの提案
U　　R　　L：http://www.shippo-mold.co.jp/

株式会社新日南

廃棄物処理施設の灰無害化で磨いた混練技術で さらなる社会貢献

──若手エンジニアを積極採用。多くの若い社員で組織が活性化

記者の目

ここに注目！

▶ 独自のセルフクリーニング機構で、圧倒的シェアの高性能ミキサー

▶ 培った混練・技術を応用し、造粒・乾燥など新領域の機械を開発

新日南は、旧日南産業の事業を引き継ぐ形で1994年に設立され、25年以上の歴史を持つ。同社の主力商品は、全国の廃棄物処理施設の灰無害化処理など環境分野に貢献している高性能ミキサー「ダウ・ミキサー」と、電力プラントや化学プラントにおける大型弁、河川の水門の開閉ゲートなどに使用されている遠隔操作型自動バルブ開閉器「ユニハンドラー」だ。

圧倒的シェアを持つ ダウ・ミキサー

ダウ・ミキサーは、これまでに自治体の廃棄物処理施設を中心に、全国2500カ所以上に導入実績がある。中小型のミキサーでは圧倒的シェアだ。高シェアの理由の一つは、同社が開発した二軸不等速セルフクリーニング機構にある。通常こうした処理施設では粉体や粘性物などが混練されるが、

代表取締役社長
倉本 秀城さん

混練を続けると回転軸やパドルに混練物が付着してしまう。このため、オペレーターは付着した混練物を落とす作業を頻繁に行わなければならない。

ダウ・ミキサーは、2つの回転軸の速度を変えることで、回転するたびに互いのロッドやパドルがずれていき、互いの軸に付着した混練物を落とすことができる。オペレーターは付着物を除去する手間から解放されるだけでなく、作業時間も短縮されるため、高稼働率を実現できる。

同社の倉本秀城社長は「高いメンテナンス性だけでなく、混練する内容物に応じ、パドル配列や軸回転数を最適化する混練技術を磨いてきた」と、高い技術力を誇る。その結果、製鉄、電力、化学など他分野プラントでも活躍できる機器へと成長した。

一方のユニハンドラーは、電力・化学プラントにおいて、防爆地域や環境条件の悪い場所にあるバルブを遠隔で安全な場所から操作できることで、引き合いが高まった。移動可能な駆動装置、動力を遠隔伝達するフレキシブルシャフトから構成されているため、既設の弁に組み合わせて対応できることも、導入拡大の理由の一つとなっている。

同社製品は、既製品ではなくほとんどがオーダーメイドだ。「例えば廃棄物処理施設一つとっても、炉のタイプによりストーカー

灰、流動床灰、溶融灰などさまざまな灰が出て、その灰ごとに最適な処理ができるよう使用条件や付属品などを考慮し、設計を変える必要がある」（倉本社長）。納品までは設計はもちろん、適切な業務ができているか、検査を繰り返す。

納入先はIHIや日立製作所、三菱重工業、JFEといった大手メーカーが多い。高いレベルの知識も要求されるが、若手エンジニアが多い同社は、若手でも設計から納品、試運転まで一通り実施させるケースがある。

入社7年目の濱優二さんは、「学ばなければならないことは多いですが、若手が多い会社なので、いろいろ担当させてもらえるチャンスがある。ないものがあれば自分たちで作っていくという意識が高い。意見が反映されやすく、人の成長も速い」と同社の社風を語る。濱さん自身はもともと電気が専門だが、入社後は機械全体が分かるようになったそうだ。

技術を生かす製品開発部発足

2019年、同社は新たに製品開発部を創設。ダウ・ミキサーで培ってきた混練技術・ノウハウを使い、造粒・乾燥など新たな設備機器の開発に取り組んでいる。鶏糞焼却施設から出てきた灰を肥料として再利用する「ダウ・ペレタイザー」や、下水汚泥を燃料化する「ディスク乾燥機」はその一例だ。すでに納品実績もある。

環境保全に貢献する機器「ダウ・ミキサー」

2次元・3次元CADを用途に応じて使用している機械設計業務

横浜を拠点に全国へ製品を出荷している

　同社製品は、廃棄物処理施設にはある程度広まっており、頭打ち感はある。しかし倉本社長は、「老朽化した処理施設の更新を含めてニーズはあり、また技術レベルも

上げる必要がある」とし、その一方で、「我々の技術を活用できる分野はまだまだあるし、余力のあるうちに新たな市場を開拓したい」とこれからの成長に期待する。

　「そのための若い力が必要。特に、失敗を恐れずチャレンジ精神のある人材を歓迎する。一緒に新しい機械と市場を作っていきたい」と倉本社長は話す。

│ 理系出身の**若手社員**に聞く │

若い人が多い活気のある職場を 気に入っています

設計部 電気設計課 濱 優二さん（2014年入社）

　今は、主に機械の制御盤の設計を担当しています。機械の製造は一品一様なので、設計後のテストは重要です。自分が関わった機械が動いた時はやはり感動しますね。私は高等専門学校出身ですが、当社との出会いは、高専生向けの会社説明会でした。社長が来て、自ら説明しているのが珍しいと思い興味を持ちました。

　会社の規模より自分が活躍できるかどうかで選んだので、今の環境は合っています。この数年で会社自体がすごく成長し、僕が入った時の倍以上の規模になりました。大手のような教育制度はないですが、若い社員も多いので、何か新しいことをやりたいと思っている人にとってはいい会社です。

会社DATA

本社所在地：北九州市門司区中町1番17号/京浜事業所：神奈川県横浜市都筑区川向町957-30
設　　　立：1994年3月
代　　　表：代表取締役社長　倉本 秀城
資　本　金：3000万円
社　員　数：31名
事 業 概 要：混練機、混合機、バルブ開閉機、造粒機、乾燥機、供給機など産業機械の設計・製作
U　R　L：http://www.shinnichinan.co.jp/

新日本工機株式会社

大型工作機械のスペシャリスト
──各業界トップ企業にソリューションを提案し、社会にイノベーションを引き起こす

記者の目

ここに注目！

▶ 「顧客目線でモノづくり」を第一に掲げる社風

▶ 若手にチャンスを与え、成長を促す開かれた職場環境

大型工作機械を主力にグローバル展開に取り組む新日本工機。自動車、航空機、建設機械、産業機械など、各業界のリーディング企業をはじめとした顧客のニーズにきめ細かく応えたオンリーワン製品を提供する。これまで、創業120年を超える老舗の工作機械メーカーとして国内外でのモノづくりを支えてきた。そして近年は次世代の機械加工に関して、顧客との技術交流や共同開発も積極的に推進。顧客満足度を高める新たなモノづくりへの追求に情熱を傾ける。

30年の製品ライフサイクルから生まれるイノベーション

新日本工機は1898年に若山鐵工所として創業。1949年から新日本工機に社名変更し、それまで旋盤で培った工作機械のノウハウを基に大型の工作機械を事業の中

代表取締役社長
中西　章さん

心に展開している。一時は経営不振に陥ったものの2016年に池貝の資本が入り、経営を改善。現在は無借金経営に転換し、増収増益基調を維持する。

中核事業である工作機械は門型加工機のパイオニアとして知られ、加工物を置くテーブル長さが2〜10メートルの大型製品を得意とする。顧客とは商社が間に入らない直接取引が基本で、自動車、航空機、建設機械、重工業、一般機械産業などのトップ企業をはじめ、中堅・中小の部品加工企業まで幅広い。大型門型加工機「RB・DCシリーズ」などベストセラー製品群を有するものの、納入する製品の90％以上が顧客仕様にカスタマイズされたオンリーワン製品である。直接取引を基本としているのは、顧客の要望を製品に反映するためであり、大型工作機械特有のライフサイクルの長さにも関係している。

同社が扱う大型工作機械の製品寿命は約30年。導入後も顧客との改善活動やメンテナンスを通じ、ブラッシュアップを図り、さらに次世代機種の検討も進めていく。あまり例を見ない息の長い事業形態であるが、「納入後に10年以上かけてお客様と改善活動を継続し、その中で得た課題に対して新たなイノベーションを起こして製品提供する。この繰り返しが当社の強みの根幹となっています」と中西章社長は語る。実際、自動

車分野などで60年来の顧客も少なくない。長い年月をかけてリピートする顧客が大半を占める。

こうしたビジネスを可能にする背景にあるのが、徹底した顧客志向だ。「これまで国内外の1000社以上のお客様を訪問して、当社の製品と社員に対する評価を聞いてきました。日々変わる課題に対して真摯に対応し、解決の糸口を見つけ出す。この積み重ねがお客様との信頼関係を築き、結果として『新日本工機でなければ』と選んでいただけていると確信しています」（中西社長）。

最近では、長年培ってきた設備導入のノウハウを生かして、顧客の新工場や新ライン導入の検討段階から関わることも増えてきている。海外7カ国の営業サービス拠点との連携も強化し、グローバルなサポートを行う体制構築に取り組むことで、さらなる顧客満足度の向上を目指している。

ダイナミックな舞台で若手が活躍

同社ではここ数年、新卒の定期採用を継続し、若年層の割合を引き上げている。2020年4月からは研修用のモノづくり道場を設け、新人を中心にハンマーの叩き方やきさげ作業などの基本から門型工作機械の組み立てまでを、1カ月間にわたって経験させる取り組みを始めた。また、配属先を自分で選べる制度も実施している。

本社・信太山工場外観。開発から製造まで一貫して手がける

新製品の門型5軸マシニングセンタ「RB-F Ⅱシリーズ」

大型ワークのあらゆる加工に対応する世界最大クラスの門型加工機「HFシリーズ」

各部署がプレゼンテーションを行い、新入社員が選択するユニークな取り組みだ。「私自身、『やりがいがある仕事で輝く』ことを目指して働いてきました。社員にもやりたいことに全力で取り組んでもらいたい」との中西社長の思いがある。

若手の抜擢も目立ち始めてき

た。入社10年に満たない社員が大手メーカーの海外工場駐在として派遣されるケースもある。「若いうちから世界トップクラスのお客様と仕事ができる、こんなダイナミックな職場はそうありません。当社では理系出身者の活躍の場は多く、さまざまな業種のお客様と価値ある仕事ができる。マ

ザーマシンと呼ばれる工作機械の面白さを知ってもらい興味を持ってほしい」（中西社長）。

中西社長は、メカニック、電機、制御、ソフトが一丸となったオンリーワンのモノづくりを担う若手の力に、大きな期待を寄せている。

│ 理系出身の**若手社員**に聞く │

モノづくりを支える工作機械に携わり、価値ある仕事にやりがいを感じています

第一技術部 主軸センシング開発係 奥野 聡介さん
（2019年入社、大阪工業大学工学部機械工学科卒業）

工作機械の心臓部である主軸のアタッチメントの開発設計を手がける部署で、現在は簡単な部品の設計と納入機械の実力値の検証を担当しています。学生時代から工作機械に興味があり、地元での就職を希望していたことと高精度な大型工作機械に魅せられたのが入社の理由です。

豊富な知識を持ったユニークな先輩が多く、刺激的です。最近、自分が検証した加工品がお客様に認められ、商品化に向けて動きだしたと聞きました。1年目から責任ある仕事を任されプレッシャーが大きい半面、やりがいも感じています。お客様に満足いただける提案ができるようになるのが今の目標です。

会社DATA

本社所在地：大阪府堺市南区高尾二丁目500番地1
設　　　立：1949年
代　表　者：代表取締役社長　中西 章
資　本　金：1億円
従業員数：連結820人（2020年4月1日）
事業内容：工作機械・遠心力鋳造管・産業機械の製造販売
U　R　L：https://www.snkc.co.jp/

杉山重工株式会社

粉体技術で世界をリード
——微小な粉体が秘める大きな可能性をけん引

ここに注目！

▶ さまざまな性能を引き出す粉体のプロ集団

▶ 一品一様のモノづくりで、オールラウンダーを育成

「砂場の砂遊びでどうやってトンネルを作ろうか、山を崩さずに穴をあけてみよう。たとえるならそんなイメージで、モノづくりを存分に楽しんでほしい」と語るのは杉山重工の杉山大介社長。

あらゆる産業分野において欠かせない粉体生成技術。杉山重工は計量から混合、粉砕、成形、乾燥、貯槽まで、製品に至るさまざまな工程で、蓄積したノウハウや技術を提案する粉体のプロ集団だ。顧客の計画段階から参画し、製品の機能特性を左右する粉粒体の粉体機器やプラント設備の設計から製造、施工まで一貫して行う。粉体生成技術で世界をリードし、2019年に創立60周年を迎えた。

一言で粉体と言っても、金属から化学、セラミックス、医薬品など原料は多岐にわたる。製品の出発材料となる粉体を作っているため、取引先は自動車からエネルギー、半導体など幅広い。

高性能な製品開発には、その1次原料となる粉体の性能向上が不可欠だ。同社は真空や高温、特殊ガスなどのさまざまな雰囲気制御に強みを持つ。高い技術力に定評があり、2017年には世界初となる真空セラミックロータリーキルンの開発にも成功している。

近年はハイブリッド車（HV）や電気自動車（EV）に使われる二次電池用材料や希土類のネオジム磁石、機能材料のセラミックスや触媒に関連した受注が旺盛だ。機能特性を左右するさまざまな粉粒体に付加価値を付けるための装置を製造し、次世代技術開発の一翼を担っている。

粉体性能が次世代技術のカギを握る

例えば自動車向けでは、もともと内燃機関向けのスパークプラグ用の高品位のセラミックス材料や燃焼を管理する酸素センサー、排

代表取締役社長
杉山 大介さん

ガスを軽減する排ガス触媒などの材料設備を手がけてきた。車の電動化が進むと、これら内燃機関で駆動するガソリン車向けの受注は減少する懸念がある。

その一方で、電動車が増えれば、その性能を左右する車載用電池の電極部分やモーター用ネオジム磁石などに関連した受注が増加する。さらにその先には究極のエコ

愛知県瀬戸市の本社・本社工場

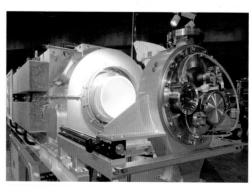

世界初の真空対応セラミックロータリーキルン

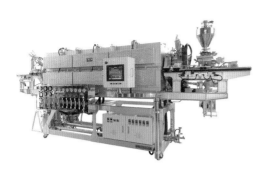
難しい雰囲気での粉体処理に強み（真空／水素反応対応ロータリーキルン）

次世代自動車向けにニーズ高まる（2次電池陽極材の計量粉砕設備）

カーと呼ばれる燃料電池車が加わってくる。時代の変遷とともにその比率が変わっても、世界的に見れば自動車はまだ成長市場。粉体需要は大きく減少することはなく、むしろ付加価値が高まって同社の存在感はますます大きくなると予想される。

同じモノを大量に作る量産品と異なり、取り扱う粉体は千差万別。毎回、顧客ニーズに応じて一品一様の設備を作り込み、据え付けまで一貫して行えるのが強みだ。営業、技術、製造などあらゆる部門で「ほとんどの設備が世界初。毎回、分からないことが出てきて、その都度、勉強しながらいろいろな事を覚え学んでいく」（杉山社長）ことが同社の仕事のスタイルであり、醍醐味と言えよう。

顧客から新しい案件が舞い込むと、担当者が知恵とアイデアを出し合って、自社のテスト工場で実際に検証しながら顧客と共同で製品を作り込んでいく。「まるで夏休みの宿題の工作を作るような工房的な楽しさ」と杉山社長は目を輝かせる。

オールラウンダーを じっくり育成

求める人材は「工作、モノづくりが好きな人に尽きる」（杉山社長）。現社員も「基本的にモノづくりが好きで、こだわりを持っている人が多い」（同）という。同社の技術者は顧客の要望や開発テーマに沿ってイメージを膨らませ、創意工夫をして課題をクリアしていく。このため技術者には、その土台となる基礎知識に加え、自由な発想と独創性が求められる。

粉体、というと専門的で難しいイメージもあるが、「実は粉体を扱う業務は"経験工学"とも言われている」（同）。粉体は同じ物質でも粉粒の大きさや温度、水分など環境や状態によってさまざまに変化していく。それらを扱う技術者は、現場の経験と机上の理論の両方を併せ持つオールラウンダーが理想。「基本的な知識を身に付けたら、あとは砂場で穴を掘ったり、トンネルを作ったりして遊ぶイメージ」と杉山社長は話す。

実際、同社の技術者たちも、もともと粉体の専門家というわけではない。機械系や物理系など、さまざまな分野で学んだ学生が入社後、努力と経験を積み、スキルを身に付けていく。

本社にある資料室には、粉体はもちろん、幅広いジャンルの工業専門書がずらりと並ぶ。若手社員には、定期的に業界団体の粉体セミナーなどに参加させ、粉体に関する基礎知識を学ぶ機会も与える。また、「他社の技術や顧客の声を肌で感じてほしい」（杉山社長）と、粉体関連の展示会にも積極的な参加を促す。

資格取得の支援も手厚い。ISOや安全管理、技術管理、電気工事士など業務に関わるような国家資格や技能免許には、必要な費用を会社が負担し、取得をサポートしている。

「一人前になって巣立つまでに短くて3年」（杉山社長）と人材は長い目で、じっくり育てる方針だ。家電製品のようにカタログを手に営業するスタイルではなく、一品一様の設備を扱う性質上、顧客に良い提案をするには、粉粒や設備に関する専門知識と経験値が問われる。経験が浅いと本人の不安も募り、顧客の要望とのミスマッチにつながりかねない。

このため、新入社員は必ず先輩社員と同行営業する。3〜5年かけて経験を積み、スキルを身に付けたら一人で顧客にコンタクトできるようになり、独り立ちする。

評価の基本は能力給だが、努力の課程もきちんと評価される。例

杉山重工株式会社

えば、粉体に関して一生懸命に質問してきたり、休日に関連書籍を読んだり、溶接の勉強をしたいと自発的に製造現場を訪れたり。そういうやる気のある社員に対しては、きちんと査定し、給料や賞与に反映させている。従業員は約60人。「今はほぼ全員を見渡せるちょうど良い規模」（同）という。

部門間の風通しも良好だ。製品は一品一様だが、「似たようなケースではこうだったよと先輩が教えてくれる」（若手社員）というアットホームな雰囲気。スタッフ同士のディスカッションや勉強会も活発に行われる。

次世代技術にも携わり、安定性と成長性を両立

技術者にとって、同社の魅力は「前例がない、さまざまな引き合い案件に常にチャレンジできるところ」（杉山社長）だ。大手の下請けでなく、量産メーカーのように同じモノをひたすら生産し続けるわけでもない。仕事は顧客の困り事や「こんなモノ作れないか」という相談から始まり、そこからアイデアが生まれ、新装置や設備の図面を描く。次に顧客と共同で実証実験を行い、双方の技術供与を通じて、検証を重ねながら最終的にモノが出来上がっていく。

「最初のアイデアから装置、設備の製作と据え付け、最後は撤去まで、一連の工程を全て自分たちで担えるのが誇り」と杉山社長は胸を張る。取引先には大手の一流企業が名を連ねるが、粉体に関しては、ともに課題を解決する対等のパートナーだ。

付き合いの長い会社に若手社員が訪問すると、その社員が生まれる前から備え付けてある装置がいまだに現役で活躍している。エンジニアがそうした現場を目の当たりにすると、長期にわたって顧客の事業を支える設備に携わるという責任感に、身の引き締まる思いがするに違いない。

社是は「手を汚して勉強し、社会に貢献する」。粉体の加工は、現場によっては汚れることもあるが、「それで加工した粉粒体が、最終製品の性能を左右すると考えれば、達成感があるはず」（杉山社長）とやりがいを強調する。

現在の売上高は約30億円。「それを10年先に40億円、中長期的に50億円に伸ばしたい」と成長戦略を描く。取引先の業種が幅広く、次世代技術にも携わっていることから、安定性と成長性の両立が見込める。強固な財務基盤も自慢だ。粉粒体に特化したオンリーワン技術により、高い収益力を誇っている。調査会社のデータによると、愛知県に約7万5000社ある中小企業で、営業利益率は75位と上位だった。

働きやすさでは、愛知県と地元、瀬戸市のワークライフバランス企業にも認定された。必要に応じて残業もあり、休日でも顧客先でトラブルが発生すれば出勤するケースもある。それでも離職者はほとんどおらず、高い定着率を維持している。

川底にキラリと光る粒を探す

自動車関連を中心にモノづくり企業が集積する愛知県は、技術者の採用が厳しい状況。同社も採用には苦労しているが、それでも「学生の考え方に迎合するつもりはない」（杉山社長）とキッパリ。「当社やモノづくりに興味がある人と一緒にやっていきたい。川底に網を入れ、キラリと光る粒を探したい」（同）と少数精鋭を貫く。

同社の営業技術の担当者は一人で電気から機械、粉体、製作、据え付けまでの知識とノウハウを身に付けている。このため、受注で大手と競合しても「相手は担当者がそれぞれ分業しているため、顧客の質問に即答できないことが多い。これに対し、当社の担当者はその場で答え、問題を解決する提

設計から製造、据え付けまで一貫で行う

なんでも相談できるアットホームな社風

案もできる」と杉山社長は誇らしげに語る。

　トラブル発生時の対応も迅速だ。ある四国の顧客の工場でトラブルが起きた時は、すぐさま部品を作って車を走らせ、翌日には設備が動くようにした。下請けに発注している大手では、そこまで迅速に対応できないだろう。こうした積み重ねが顧客の信頼につながっており、リピート率の高さがそれを証明している。

　「技術的には業界をけん引していると自負している」と杉山社長。従来は普通の大気中で扱ってきた粉体処理を、同社がいち早く高温や真空など特殊な雰囲気の中で反応させた。「今後も粉を相手に、新しい条件下でさまざまな処理にチャレンジし、活路としたい」（杉山社長）と意気込む。微小な粉体が秘める大きな可能性を求め、世界の先頭を走り続ける。

┤ 理系出身の**若手社員**に聞く ├

独り立ちして大型案件を受注

営業技術部 花田 郁久さん
(2017年入社　同志社大学大学院機械工学科修了)

　和歌山県出身で、生まれも育ちも関西です。愛知県には縁がありませんでしたが、当社は就職活動中に自分で調べて知りました。まず面白いと思ったのは、車や家電などの量産品でなく、顧客の仕様に合わせて一品一品オリジナルの製品に挑戦できることです。リピートを除けば、まったく同じ製品は二つとなく、同じ混合器でも顧客によって仕様が異なります。一品一様のモノづくりに興味を惹かれました。

写真中央が花田さん

　職場は自由にアイデアが出せる雰囲気で、働きやすいと感じています。困っていると必ず経験豊かな先輩が助けてくれます。研修や勉強会も抽象的な内容でなく、顧客が求めるテーマに関する情報共有やレクチャーが多く、合理的だと思います。自身が関わった粉体が何に使われるかは後から知ることも多いですが、次世代技術の開発を担っているという喜びとやりがいを感じています。

　入社当初は営業技術部に配属され、はじめの3年間は先輩社員について顧客を訪問しました。今は独り立ちして、最近では化学系の大型案件を受注することができました。顧客に1期工事での使い勝手の改善点や配置の変更を提案したところ、2期工事分を受注できたのですが、その時はうれしさがこみ上げました。

　顧客が希望した納期に間に合わせ、試運転して問題なく引き渡せると一安心です。その時に「良かったよ」と、顧客に喜んでもらえるのが最もうれしい瞬間です。今後、さらに研鑽を積み、顧客から「杉山に声をかければやってもらえる」と信頼してもらえるようになるのが目標です。大型2輪の免許を取得し、休日は愛車「ハーレー」でツーリングを楽しんでいます。

■ 会社DATA

本社所在地：愛知県瀬戸市穴田町970-2
設　　　立：1959年11月11日
代　表　者：代表取締役社長　杉山 大介
資　本　金：2000万円
従業員数：60名
事業内容：各種粉体加工用設備やプラントの設計、製作、設置
Ｕ　Ｒ　Ｌ：http://www.e-sugiyama.co.jp/

スターテクノ株式会社

工場自動化のスペシャリスト
——食品容器から自動車部品まで多種多様な産業で実績

記者の目

ここに注目！

▶ ジョブローテーション制度で多様な能力を引き出す

▶ 自ら考え動けるように新人を支える、「とにかく技術が身に付く」環境

労働人口の減少を背景に、昨今の製造現場では加工、搬送、検査、梱包など、さまざまな工程が自動化されている。スターテクノは、こうした自動化を実現するスペシャリストだ。ロボットの導入を手助けするロボットシステムインテグレーター（Sler）の仕事を含め、多様な自動化システムの構築、導入を請け負っている。

その中でも、得意とするプラスチック加工設備の実績は、食品容器から物流用パレット、自動車部品、航空機部品まであらゆる産業分野に及ぶ。一方で、溶接をはじめとした金属加工設備も扱うなど、対応範囲は広い。本社敷地内にはロボットセンター「スターテクノラボ」を設け、ロボットの実践的なテスト加工や人材育成にも対応している。

企画設計から製造まで一気通貫

スターテクノのメイン顧客は自動車産業だ。自動車のバンパー、ドアトリム、インパネ（インストルメントパネル）といったプラスチック部品の製造設備を数多く手がけている。プラスチック特有の性質を熟知しているスターテクノにとって、近年の軽量化要求の高まりによるプラスチック需要は強い追い風となっている。同様に、航空機産業でも炭素繊維強化プラスチック（CFRP）の加工設備の実績を積み重ねている。

同社の従業員数は100名と、同業種の中で比較的規模が大きい。この大所帯で、自動化システムの企画設計から製造まですべて自社で請け負えるのが大きな強みだ。だが、自社で全工程を担うには、多様な能力を持つ人材が必要になる。そのために導入しているのが、ジョブローテーション制度である。

新入社員は、入社後は1年間、基本的に希望部署へ配属される。そして次の1年間は、会社がその社員の成長のために必要と判断した部署に転属される。翌年は、再び本人の希望を基に新たに配属を決める。こうしたローテーションにより、他部署の苦労を実感することで広い視野を獲得、それまでの部署を俯瞰（ふかん）できるようになる。また、自覚していなかった適性に目覚め、新たな個性の発見をも促すことができる。そうした中で、顧客に認められる成功体験に恵まれると、期待以上の成長が見られるという。全工程を把握しつつ、一芸に秀でた人材を育成する狙いもある。

幅広い能力を獲得するため、社員の多様化にも意欲的だ。定年後の継続雇用制度を整えたほか、女性や外国人の採用にも積極的に取り組む。社員同士の風通しが良く、幅広い年齢層の社員がのびのびと過ごしており、夏に本社敷地内で行う納涼祭は文化祭のようなムードが漂う。

大きな裁量にやりがいと成長

自動化のプロジェクトは、営業が案件を受注し、部署横断のチームが立ち上がった時点で始動する。まずは、機械と電気系統の設計。次に機械加工、資材調達。さらに組み立て、電気配線、プログラミング、試運転、ロボットティーチングと進み、晴れて納入となる。

司令塔であるプロジェクトリーダーがチームを引っ張るが、各部署と部員らにも大きな裁量を与えるのがスターテクノのやり方だ。これが、やりがいと成長につながる。「20代は苦労すれば全部、実になる。20代のうちに真剣に仕事に打ち込めば、生涯食うに困らないスキルが身に付く」（瀬川裕史常務）との考えから、新人でも自ら考えて決め、動けるように周囲が支える。瀬川常務はこうした社風を「とにかく技術が身に付く会社」と表現する。

基礎的な研修も丁寧に行う。ス

常務取締役
瀬川 裕史さん

ロボット加工やデモが行える「スターテクノラボ」

設備の設計から製造まで、全工程を自社で対応可能

ターテクノラボ内で実施している「技能安全道場」では、基本中の基本であるボルト締めから指導する。資格取得のための勉強会も定期的に開き、合格した場合は会社が受検費用を負担する。また、技術と同様に技術者倫理の教育にも注力する。目先の利益に惑わされ

て、「人を幸福にする」という大きな目的を忘れないよう、経営側から社員へ繰り返し啓発している。

今後は国内市場の縮小を見越し、今以上に海外へ積極的に打って出ていく。平時なら社員の海外出張が多いため、渡航制限がなく

なれば活躍のチャンスはさらに広がっていくだろう。技術面では、「誰よりも先を走っていたい」（瀬川常務）との思いを原動力に、例えばサービスロボットといった新たな自動化分野を開拓することで、一般的なロボットSIerのさらに先を走る。

┤理系出身の**若手社員**に聞く├

なんにでも挑戦してみるべきと、 昔の自分に言いたいです

CS部 制御課 宮島 拓也さん（2017年入社　中部大学機械工学科卒業）

お客様の工場設備のプログラムを作成していますが、現場での立ち上げに関わる機会もあります。営業がお客様と打ち合わせて決めた仕様を基にプログラミングしますが、基本的に最初はうまく動きません。考えることが好きなので、なぜうまくいかないのか、その原因を探っていく作業に興味とやりがいを感じます。

入社の決め手となったのは、仕事内容の幅広さです。最初の1年間は大学で専攻した機械設計の部署で働き、2年目にジョブローテーション制度で現在の部署へ来ました。学生のころは難解で逃げていたプログラミングですが、思いのほか楽しく取り組めています。当時の自分に助言できるなら、「なんにでも挑戦してみるべきだよ」と言ってあげたいです。

　会社DATA

本社所在地：愛知県岩倉市西市町田羅々23
設　　　立：1972年8月
代　表　者：代表取締役社長　塩谷 陽一
資　本　金：6000万円
社　員　数：100名
事 業 内 容：産業用自動化・省力化機器の開発・設計・製造・販売、ロボットシステムインテグレーター
U　R　L：https://www.startechno.com/

株式会社ソーゴ

21年連続黒字の大手パネルメーカー
――食品から半導体まで、製品の品質を守る「影の立役者」

記者の目

ここに
注目
！

▶ 「お互いさま＝ソーゴ（相互）」で社会とつながる誠実な社風

▶ 「仕事の失敗は、仕事で取り返せ」― 他人に積極的に学び、恐れずにチャレンジ

ウレタンなどの発泡材を、鉄板で両側からサンドイッチのように挟んだ断熱パネル。全国のコンビニエンスストアのジュースケース（扉式冷蔵庫）に使われている、断熱パネルの製造で国内3強の一つに数えられるメーカーがソーゴだ。

ソーゴのパネルは熱を伝えにくく、組み合わせることで建物の中に気密性の高い空間を短い工期で容易に作ることができる。このため、食品工場、物流倉庫の低温室・冷凍室、半導体工場のクリーンルームなどにも欠かせない。食の安全や先端産業の品質を守る「影の立役者」だ。

強みは人柄を応援する社風

1968年設立のソーゴは、断熱パネル業界では比較的若い会社だ。急成長した背景には2つの強みがある。

代表取締役
佐藤 重雄さん

第一は高い信頼性。冷凍機部品の商社として出発したため、営業担当者も技術的な知識を持っており、幅広い提案ができる。そしてそれを支えるのが、パネルの開発・設計から製造・施工まで、顧客の多様な要望に対応できる体制だ。冬のシベリアに匹敵する低温空間、山手線の内側に小さなビーズが1粒あるのと同水準の清浄空間など、顧客が要求するさまざまな「空間」を創ることがソーゴの仕事だ。

第二は拠点の多さ。全国に6つの製造工場と19の営業拠点を持つのは業界でも同社だけだ。顧客との距離を縮めてきめ細かなサービスやコストダウンを実現し、市場拡大の追い風を味方に、21年連続で経常黒字を達成した。

これらの強みの根本には、"人間的"なソーゴの社風がある。顧客のために何ができるかを最優先で考え、他部署の依頼に柔軟に応えようと行動する社員が多い。社名の由来「相互（お互いさま）」の精神が浸透しているのだ。

佐藤重雄社長は「相互とは、自分がされて嫌なことは他の人にもしないこと」と言い、社員も「チャレンジさせてくれる雰囲気がある。責任範囲が広く、のびのびやれる」と話す。

パネル空間はオーダーメイド品のため、ベテランでも仕事上の壁にぶつかることがある。だが、社員全員が「失敗を恐れるな、仕事

の失敗は、仕事で取り返せ」の社訓を胸に前向きに取り組む。挑戦した結果としての失敗は許し、誤りをごまかさない姿勢や、挽回のための取り組みを評価する企業風土が成長の原動力だ。

達成感を感じられる設計職

ソーゴの設計職は、パネルや扉の設計図や、営業が顧客と打ち合わせする際などに必要な図面を描く。他にも技術的な問い合わせへの対応や、新製品・技術の企画など、仕事内容は幅広い。必要となる知識は研修と実地でしっかり教え、5年くらいのゆっくりとした長い目で各人の成長を見守る。

製品の作り方や設計の基礎、CADソフトの動かし方など、学ぶ事柄は多いが、研修は個々のペースに合わせ、段階を踏んで行っていくため心配はない。建築士など資格取得の支援制度もある。

同社の設計職の魅力は、社会に貢献できるオーダーメイドの製品を設計でき、それが形になること。例えばスーパーの配送センターの心臓部であるセントラルキッチンの設計では、野球のグラウンドほどの広さの空間に、冷凍冷蔵庫や低温作業室、クリーンルームなどを配置し図面にしていく。パネルをどう組み合わせて部屋を作るか、扉にどんな機能を持たせるか。ロジックと感性を総動員しつつ、営業や顧客と一緒になってゼロから作り上げるのが醍醐味だ。

コンビニの飲料用冷蔵庫に使われているパネルも、ソーゴの技術を詰め込んだ製品

ソーゴのクリーンルーム

完成した冷凍冷蔵庫やクリーンルームを目にすれば、さらに大きな達成感を感じることができる。

今後は市場シェアをさらに1～2割引き上げるため、大手顧客を中心に取引の拡大を目指す。研究開発も「将来の投資」と考え、基礎データを収集したり、一定の条件下で製品がどう変化するかを調べるための『ラボ・ファクトリー』も完備した。

また、"環境"を中心に据えて、産業廃棄物の循環を見直すなどSDGs（持続可能な開発目標）の達成にも取り組む。

佐藤社長は「技術的な部分を補ってもらい、社会に安心できる良いものを届けたい」と話し、応募を待っている。ソーゴでは、自分の成長が会社の成長につながっていると実感できるはずだ。

─┤ 理系出身の**若手社員**に聞く ├─

世の中で自社製品が役立っており、やりがいを感じています

工場設計課 長谷川 優希さん（2018年入社、日本大学工学部卒業）

営業がお客様との打ち合わせなどで使う、承認図という図面を作っています。就職活動をする中で、設計の仕事に興味を持ったこと、ソーゴがコンビニの冷蔵庫を作っていると知り、私自身もコンビニでバイト経験があったため親しみを感じたことなどが入社の理由です。

大学の専攻は設計とは異なる分野でしたが、先輩に丁寧に教えていただいたので不安を感じることはありませんでした。ソーゴの製品は大手企業や友人が勤めている企業で使われており、仕事にやりがいを感じます。今後は、もっと大規模な案件や複雑な仕様を求められる図面に挑戦したいです。皆が助けてくれるので心配しなくて大丈夫。とにかく何でも質問して、スキルアップしていくことをお勧めします。

会社DATA

本社所在地：新潟市北区白勢町字上大曲69-14　工場（全国6工場）、支店・営業所（全国19カ所）
設　　　立：1968年9月
代　表　者：代表取締役　佐藤 重雄
資　本　金：9880万円
従 業 員 数：232名（2020年3月）
事 業 内 容：冷凍冷蔵設備・クリーンルーム用間仕切パネルの製造・施工
U　R　L：http://www.sg-sogo.co.jp/

大同機械製造株式会社

粘性液体用ポンプで大手顧客から評価
——培ってきた実績こそが自社の最大の強み

ポンプで社会貢献を果たす

大同機械製造は 1947 年創業で、「内転歯車ポンプのパイオニア」、そして「流体のスペシャリスト」として、世界中のさまざまな産業分野に革新と信頼を送り出し続けてきた。具体的には、内転歯車ポンプの製作から始め、改良を重ねて新機種を開発し、「大同内転歯車ポンプ」のブランドで石油化学や医薬品、食品など各種産業分野の液体移送で数多くの納入実績を積み重ねている。大同内転歯車ポンプのほかにも往復動式真空ポンプ、ベーンポンプ、ロープポンプの製造・販売も手がける。いずれも顧客の要望に応じた最適なポンプを提案している。

2017 年、4 代目トップに就いた大田龍一郎社長は「当社は特殊なポンプに強みがある」と強調する。ポンプ市場は約 9 割が水ポンプとされるが、同社が狙うのはそれ以外の 1 割となるニッチ分野だ。「粘度のある液体を送るポンプ」と、大田社長は照準とするポンプを説明する。粘性液体はオイル、樹脂、塗料、ゴム原料、粘着剤のほか、チョコレートといった食品関連などもあり幅広い。種類ごとに粘度も異なるそれらの材料には、容積の変化具合を利用して流量を調整する容積式ポンプが必須、中でも同社は内転歯車ポンプの専門メーカーとして強みを持つ。

すべて受注生産で手がけるポンプは約 500 種類に及ぶ。「誇れることは培ってきた実績」と大田社長。国内納入先に一部上場会社が多いのは、技術と信頼性への評価の表れだ。

大田社長は「プラントに粘性液体をポンプで送ることはモノづくりの観点からも重要になる」とするが、粘性液体の種類自体は、それこそ星の数ほどある。そのさまざまな液体に挑戦し、成果、実績を重ねてきた。「中小企業だが、社会的責任、世の中への貢献度は非常に高いと自負している」と大田社長は力を込める。

サービス対応の充実にも活路

ニッチ分野の製品だけに、アフターサービスにも力を入れるのが同社の特徴だ。海外勢を含む他社製品の修繕も請け負っており、メンテナンスを請け負った上で、改善して顧客に届けることをモットーにしている。サービス担当者は専任で 3 人を配置し、必要であれば全国に派遣できる体制を敷いている。海外向けも中国・上海に現地法人を持つほか、代理店も十数社抱えており、きめ細かいサービスを誇る。

こうした各種ポンプの製品・サービスを支えるのが、同社の人材だ。大田社長は「景気によって左右されるが、基本的には年 2 〜 3 回の賞与を支給している」と話す。黒字の時は「決算賞与」として、年度末の 3 月に支給することもあるという。

また福利厚生も充実しており、今年は新型コロナウイルス感染症の影響で見送ったが、例年は年 1 回の従業員向けの旅行を実施している。従業員は月 1,000 円ずつを積み立てるが、それ以外の費用は会社負担で、金曜から日曜の 2 泊 3 日で行くことが多いという。その場合の金曜は一斉休業になる。過去には海外旅行もあり、「どうしても飛行機に乗るのが怖い人や介護など家庭の事情がある人を除き、参加率は 9 割程度」（大田社長）と、全従業員が楽しみにする一大イベントだ。その他にも従業員向けの会食会なども実施している。

大田社長は「理系出身社員に求めるのは『正確性、スピード、発想力、チャレンジ精神』、従業員全体に共通して求めるのは『素直さ』」と強調する。ただ「チャレンジとひと口に言っても、『失敗

代表取締役社長
大田 龍一郎さん

電動機側防音カバー取り付け

減速機は省スペースタイプ

API682/PLAN53A リザーバータンク付

しても良いから』というのはなかなか難しいこと」とも指摘する。評価は、年2回のコーチングにより、成果報酬の制度を導入している。19年からは総額100万円の枠で社長賞も創設。従業員のモチベーションを高める取り組みに余念がない。

今後は、グローバルに活躍できる人材の育成に力を入れる。IoT（モノのインターネット）、AI（人工知能）なども積極的に活用し、新製品開発、生産技術の向上につなげる考えだ。

|理系出身の**若手社員**に聞く|

自分で図面を描いたポンプが完成品になり、形として残るのは感慨深いです

技術部 設計課 小川 隼平（じゅんぺい）さん（2014年入社）

　主にポンプの図面作成に携わっています。お客様の配管や施工に必要な寸法を記載したり、ポンプの部品構成を盛り込んだ断面図も作成します。図面は、ポンプの修理の際にも必要になるとても重要なものです。

　入社を決めたのは、モノづくり企業として技術力があり、社会に役立つ仕事ができる点が魅力でした。自分で図面を描いたポンプが完成品になり、形として残るのは感慨深いもので、さらにモチベーションも高まります。当社には仕事に打ち込める社内環境があります。19年には社長賞も受賞し、ますます頑張ろうという思いを強めています。

会社DATA

本社所在地：大阪府高槻市深沢町1-26-26
設　　　立：1964年6月
代　表　者：代表取締役社長　大田 龍一郎
資　本　金：5200万円
従 業 員 数：62名
事 業 内 容：化学薬液、高粘性液、高低温液、食品関係、石油関係（LPG）用向けの内転歯車ポンプの製造・販売など
U　R　L：http://daidopmp.co.jp/

67

大和機工株式会社

多用途な機械を提供する総合技術商社
──建設機械リースから無線操縦の水陸両用車開発まで

ここに注目！

▶ 部署異動はほぼなく、入社時から専門性を追求

▶ 多くの社員が国家資格を取得

名古屋市の南、知多半島の付け根に位置する大府市。この大府市に本社を構える大和機工の敷地には、クローラークレーンや油圧ショベルなど、巨大な建設機械が立ち並び、その光景には圧倒される。早川安博取締役は、「ボタン一つで、こんなに大きな機械を動かせるのは面白い、と思う学生には喜んでもらえる職場だ」と顔をほころばせて快活に話す。

メンテナンスで創業

大和機工は1954年に日本輸送機（現、三菱ロジスネクスト）のアフターサービス工場として創業した。その後、川崎重工業やIHIなど各機械メーカーの整備工場としての機能を追加。加えて、建設機械用の無線遠隔操作装置や基礎機械などの自社開発の製品も手がけるようになった。

現在、大和機工には20以上の

取締役
早川 安博さん

部署が存在する。産業機械では非常用電源から水処理設備、油圧設備、空圧設備、破石設備など、建設機械では油圧ショベルから各種クレーン、コンクリートポンプ車、サイレントパイラーなどで、各部署でまったく異なる機械を取り扱っている。そのため専門性が高く、部署の異動はほぼない。早川取締役は「最近では同じフロア内の隣同士のグループ間で3件の異動があっただけ」と苦笑する。この異動も、職種や仕事内容が変わる訳ではなく、同じ顧客を一人の担当者が兼務するためのものだという。

顧客の要望に応え続ける "スーパーご用聞き"

社員には、専門性を高めるために国家資格の取得を推奨する。例年9月、1年間の教育計画を立て、「電気工事施工管理技士」「管工事施工管理技士」「土木工事施工管理技士」や「建設機械施工技士」「建設機械整備技能士」「クレーン運転士」といった資格取得に取り組む。国家資格取得者には毎月、給料に資格手当が付く。その他にも、各社機械メーカーごとの取り扱っている機械に関する研修などを実施しており、まさに、"手に職を付ける"仕事といえる。

専門性の高い技術者集団だからこそ求められるレベルも高いが、早川取締役はそれを「私たちはスーパーご用聞きだ」と表現する。

ニッチな市場で戦いながら、大和機工しかできない機能を持つようになったのは、長年、顧客の要望に応え続けた結果なのだ。そのため、「私たちはメーカーよりも機械に詳しい」と早川取締役は胸を張る。実際、大和機工には50年といった付き合いの長い顧客もいる。このように、長く濃い付き合いができるのも同社ならではだ。

同社が新しい人材に求めるのは、「入社後に勉強を続ける努力と忍耐力。そして、お客さまの意向をくみ取る力」（早川取締役）だ。ただ、顧客の要望を聞いてうのみにしていてはスーパーご用聞きにはなれない。「顧客の意向をどれだけくみ取り、ニーズに即した提案ができるか」（同）。大和機工が求めているのはそういう人材だ。このフレーズだけ聞くと響きが良いが、基本は「現場の仕事」。実際に手で触れる機械は巨大で、重たく、汚い。どうしても手が汚れる仕事だ。早川取締役は「これだけは覚悟して入社してほしい」と念を押す。

一方で、"若者がいて、元気で、国家資格保有者がいる"会社はまれな存在になっている。大和機工の平均年齢は38歳。業界内では少子高齢化の傾向が顕著で、協力会社の技術者は「若くても50歳は超えている」（早川取締役）という。

今後の方針について早川取締役は、「よりおのおのニッチな分野を伸ばしたい」と語る。大企業と

愛知県大府市に本社を構える

災害時に大活躍する水陸両用車

ダイワテレコン572型。2020年11月に稼働した新工場「常滑工場」で生産を強化

競合するのではなく、強みをさらに伸ばす方針だ。また事業拡大を目的に、2020年11月には愛知県常滑市に新工場を建設。自社商品の開発拠点として、またリース機の駐機場としての利活用を考えている。

同社は社会貢献活動にも積極的だ。19年、本社のある大府市内の公立小学校9校で、エアコン工事を実施。また、新型コロナウイルス感染症の拡大で休校となった小学校の放課後クラブへも、弁当を無償で提供した。その結果、大府市から、同市に新設された歩道橋と防災学習センターのネーミング

ライツパートナーに選定された。

また、福利厚生面では2年に1回、海外への慰安旅行を実施。その他にも、若手社員が中心となって活動する親睦会があり、ボウリング大会や東京ディズニーランド旅行などを実施し、社員同士の絆を深めている。

— 理系出身の**若手社員**に聞く —

社会貢献度が高く、やりがいのある仕事

産業機械部 システム営業グループ 清水 裕文さん

　所属は産業機械の営業部門で、日々の主な業務はコンプレッサーや電源装置などをお客さまへ提案しています。納品する際に必要となる施工管理も私の仕事で、その際には客先へ出かけています。

　今まで携わった業務の中で思い出に残るのは、半年間の社内横断プロジェクトで愛知県大府市内の小学校9校にエアコンを取り付けた仕事です。社会貢献度が高く、やりがいを感じました。また、同じお客さまと長い付き合いができることも当社の大きな魅力です。時間をかけることで関係を深めることができ、よりニーズに合った提案もできるようになりました。

　後輩となる皆さんには、ぜひ元気いっぱいに入社してきてほしいですね。

会社DATA

本社所在地：愛知県大府市梶田町1-171
設　　　立：1954年5月
代　表　者：代表取締役社長　小森谷 尚久
資　本　金：2億4800万円
従 業 員 数：145名（2020年9月）
事 業 内 容：産業機械・建設機械の修理、改造、開発製造、販売、リース、プラント設計
U　R　L：http://www.daiwakiko.co.jp/

テイ・エス テック株式会社

「座る」技術を追求したシート製品群を展開
――部門の垣根を越えて社員が交わり、知恵を結集

ここに注目！

▶ 自動車・二輪車の安全・安心を支える製品をグローバルに供給

▶ 完成車メーカーに引けを取らない、最新の開発・製造設備を導入

常に先を見据えた研究開発

二輪車用シートや四輪車用シート、ドアトリムなどの開発と設計、製造、販売を一貫して手がけるテイ・エス テック。四輪車向けでは、ホンダが世界で生産する自動車の約6割にシートを供給している。二輪車向けではホンダ、スズキ、ヤマハ、川崎重工業ら国内大手の全メーカーにシートを供給し、国内シェアのトップを誇る。ハーレーダビッドソンやフォルクスワーゲンなど海外メーカーの製品も手がけ、グローバルで事業を展開する部品サプライヤーだ。一方で、主力製品のシートで培ったノウハウをもとに、医療用チェアやさまざまな場面で使用されることを想定した「座る」に関する製品を提供し、顧客と事業分野を広げている。

シートはユーザーが直接触れる製品であり、安全性やデザイン性、

取締役 開発・技術本部長
小堀 隆弘さん

また快適性など妥協は許されない。開発から製造に至るさまざまな工程で、最新技術を積極的に導入してきたことが、国内外の大手メーカーから信頼を寄せられる同社の製品供給を可能にした。例えば、安全評価解析に関しては、2004年に「ダイナミックスレッド試験機」を日本で最初に導入。国内に2台、北米に1台を保有する。人体ダミーを使用して衝突時の衝撃を正確に再現し、このデータをシミュレーション解析（CAE）することで、より高度な安全性を追求する。製品の強度や座り心地、しわの発生といった素材特性、内装照明の光り方などもCAEを活用し、開発の精度向上と短期化に取り組んでいる。

他にも、乗車時の揺れを忠実に再現する6軸加振機やモーターの稼働音質を正確に測定するための半音響室などを保有し、細部にわたるさまざまな項目を検証。外観品質や耐久性向上、軽量化を目指した素材研究も行い、常に「今を超える」"安全性と快適さ"を実現する製品開発を進めている。

また、より安定した品質とより効率的な生産体制を実現するため、金型製作や自動化など、製造技術の開発にも積極的に取り組んでいる。製造技術を蓄積し、開発から量産に至るさまざまな工程でリードタイムの短縮を図っていることが、製品をより安く提供する同社の競争力の源泉になっている。

アイデアの創出に向け、部門横断で知恵を結集

テイ・エス テックは、開発・技術、営業、購買、品質管理など機能別組織制でありながら、製品開発やプロジェクトなどを部門横断で効率的に進める体制を敷く。最新の技術を積極的に導入し、高機能な製品の開発と効率の良い生産体制を構築するとともに、機能別組織と部門横断の良さを生かしながら会社の将来を担う人材育成にも戦略的に取り組んでいる。

開発・技術本部長の小堀隆弘取締役は、「当社は"人材重視"を企業理念として掲げています。部門横断型で仕事を進めることで、多様な考えに触れ、社内のネットワークが広がり、経験を積み、成長しています」と説明する。階層別研修や選抜研修などの制度に加え、OJTを通じた独自の仕組みでも社員のリーダシップや仕事への意欲を引き出す。

そうした仕組みの1つに、さまざまな部署から社員が集まって「座る」を哲学し、研究する取り組みがある。営業や製造など異職種の社員が交流し、さまざまな専門知識や経験を結集させ、常識にとらわれないアイデア創出を目指す。アイデアの製品化に向けて、開発部門とも連携して研究を行う。その一部を具現化し、東京モーターショーに展示するなど、将来につながる技術を生み出している。

第46回東京モーターショー2019に参考出品した次世代の車室空間「INNOVAGE」（イノヴェージ）

ダイナミックスレッド試験機での試験前準備

　また、同社では、地域の子どもたちへの教育や啓発に関する活動にも積極的に関わっている。そうした場に社員が参加することで、思わぬ才能や適性が見つかることもあったと小堀取締役は語る。「社員が日常業務とは違う環境に身を置き、人と接することで意外な才能を発揮することがあります。良いところを積極的に見つけて、チャレンジを促して輝かせたい」（小堀取締役）

　若手社員の育成方針については、「製品開発をしていると、うまくいくこともあればいかないこともある。失敗が悪いのではなく、困難に対してどのようにアプローチして、製品化に導いていくか。その場しのぎではなく、本質を見抜ける社員を育てたい」と小堀取締役は説明する。多様な人材とその良さを認め、背中を押すことで成長を実感できるように、マネジメント層も知恵を絞り続けている。

| 理系出身の**若手社員**に聞く |

自分を磨くチャンスが多くあり、やりがいを感じる

開発試験部 衝突安全課 二係 小曽戸 誠知さん
（2016年入社、筑波大学大学院修了）

　製品の安全性を検証する部署に在籍しています。衝突を想定した試験を行い、CAEの結果と実機の試験結果を比較して安全性能を実証し、さらに安全性を高めることが主な業務です。安全な製品づくりと関わりが深く、やりがいを感じます。衝突試験と言うと派手な仕事に見えますが、試験は一瞬で終わるので、間違いがないように慎重に準備する必要があり、地味な作業も責任感を持って臨んでいます。

　学生時代は燃焼に関する研究を行っていました。就職活動中に当社に出会い、内燃機関とは違った可能性を知り、魅力を感じました。当社は他部門の人と関わったり、地域のイベントに参加したりする機会もあり、自分を磨くチャンスが多くあります。挑戦を奨励し、頑張ったことを適切に評価してもらえるのは、モチベーションアップにつながります。

会社DATA

本社所在地：埼玉県朝霞市栄町3-7-27
設　　　立：1960年
代　表　者：代表取締役社長　保田 真成
資　本　金：47億円
従 業 員 数：（単独）1715名（連結）1万5960名（2020年3月）
事 業 内 容：四輪車用シート、四輪車用内装品、二輪車用シート、二輪車用樹脂部品などの製造販売
U　R　L：https://www.tstech.co.jp

株式会社ティー・エム・ピー

柔軟な発想で自動化装置を開発
——ロボットから食品まで単品モノで幅広く受注

ここに注目！

▶ 提案型のモノづくりで成長

▶ 主体的に仕事に取り組む技術者を育成

ティー・エム・ピーは、部品供給機のパーツフィーダーをはじめとした自動化装置の製造を手がける。工場の生産設備の自動化や省力化に貢献する装置を受注生産しているが、近年は取引先の業界の幅が拡大しており、食品製造や医療機器などさまざまな分野に製品を供給。柔軟な発想力と技術力を基に、提案型のモノづくりで成長する中小企業だ。

日本全体で生産現場の人手不足が顕著となる中、自動化に関する需要が高まっている。そこで求められるのが、従来は手作業で行われていた作業を代替したり、人間では困難な微細な作業を実現したりする機械装置。これを開発して製造するのが、同社の主な仕事となっている。

創業は1982年。日立製作所の企業城下町として知られる茨城県日立市周辺の工場から生産設備関連の仕事を請け負う事業からスタートし、自動化に必要な要素部品の製造・販売、自動化装置全体の設計・製造などに業容を拡大してきた。今では取引先は全国に広がり、自動車や工作機械、ロボット、医療、食品など、幅広い業界から自動化装置の製作依頼を受けている。例えば食品関連では、超音波を使って冷凍ケーキを切断する装置の開発など、新技術に取り組んでいる。

異業種・異分野の技術をクロスオーバー

「モノづくりの入り口から出口まで、すべて自社内で行っている」と高橋一雄社長が説明するように、自動化装置の機械設計や電気設計、部品の加工、組み立てまでの一連の能力を備えているのが同社の特徴だ。これに加え、柔軟な発想力を持ってモノづくりができる点が大きな強みとなっている。

「取引先の業界の幅が広がった分、それぞれの業界で求められる自動化や高度化の要素は異なる。そのため、柔軟性がないとついて行けない。そこに対応し続けたことで、異業種・異分野の技術をどんどんクロスオーバーさせながら、新たなモノづくりができるようになった。今では、顧客の生産現場に最適な自動化装置を提案するようなビジネスができている」と高橋社長は話す。

同社のビジネスは、基本的には単品モノの受注生産だ。「この作業を機械で実現したい」といった顧客の要望を聞き取り、複数の技術を組み合わせて一つの装置を作り込んでいく。顧客の要望を実現する手段は、現実にはさまざまであり、その中から最適な手段を見つけて装置を開発して顧客を満足させるには、技術者の知識と経験が重要になってくる。

同社では、顧客との打ち合わせには、装置開発の担当者が直接対応する。そして、一人の技術者の担当分野をあえて固定化しない方針を採っている。工作機械分野の仕事が終わったら、次は食品分野や医療分野を担当するかもしれない。「この仕事ならあの人」といった専門を作らず、社内の組織の壁を取り払い、さまざまな仕事に挑戦する。こうした取り組みにより技術レベルを引き上げ、主体的に仕事に取り組む技術者を数多く育成している。

代表取締役社長
高橋 一雄さん

部品供給機のパーツフィーダー

超音波ケーキ切断装置

設計と製造が連携して装置を製造

個性重視でじっくりと
人材育成

　理系人材に関しては、入社前の専門分野は問わない。「モノづくりが好きで、さまざまなことに挑戦する意欲がある人を求めたい」と高橋社長は言う。

　入社後は、最初に部品の加工部門などモノづくりの基礎を経験した後、個人の特性や希望に応じて配属先を決めることが多い。個性を重視してじっくりと人材育成を行っている。

　社員一人ひとりが高いモチベーションを持って主体的に働くという、中小企業の良さが同社にはある。「取引先は大手企業が大半だが、提案型のビジネスの実践により、モノづくりに関しては当社が主導権を取りながら仕事を進められる面白さがある」と高橋社長は話す。

　自動化や省力化は今の日本の製造現場に不可欠な要素だけに、同社が活躍できる領域は今後ますます広がっていくだろう。

┤ 理系出身の若手社員に聞く ├

モノづくりの入り口から出口までを
自分の目で確認

設計グループ 石川 達也さん（2014年入社）

　設計グループとして、顧客の要望を反映した概略構想を踏まえ、具体的な機械装置の設計を行う業務を担当しています。担当する装置のジャンルは、食品や一般機械などさまざまです。設計した図面は製造部門に送り、部品加工、組み立てを経て装置は完成します。完成後も検査や試験で微修正が入ることがあります。それが終わり、装置が設計通りに稼働するのを確認できた時にはじめて、大きな充実感を得られます。行き詰まっても折れない強い心が必要ですが、モノづくりの入り口から出口までを自分の目で確認できるのは、当社の仕事の醍醐味です。

会社DATA

本社所在地：茨城県日立市大和田町645
設　　　　立：1982年4月
代　表　者：代表取締役社長　高橋　一雄
資　本　金：5000万円
従 業 員 数：38名
事 業 内 容：自動組立装置など産業用機械の設計・製造
U　R　L：http://www.tmp-jp.com/

株式会社東海機械製作所

大型部品を一貫生産できる中小企業
──造船で培ったノウハウを大型産業機械へ展開

ここに注目！

▶ 大型部品加工からロボット SIer 事業まで幅広く事業展開

▶ 多種多様な職種から自分の輝ける仕事を探せる

東海機械製作所は大型の機械部品や機械装置の製造を手がける。トンネルを掘削する巨大なシールドマシンの部品をはじめ、"Bigなモノづくり"の豊富な実績を誇る。これらの仕事は縁の下の力持ちとして、目には見えない形で社会を支えている。

例えば、いまや生活の必需品であるスマートフォンを作り出す過程にも、東海機械製作所の技術が生きている。スマホの構成部品として欠かせないのが電子基板だが、これを製造するための産業機械の部品は東海機械製作所の主力だ。また、近年はタイでロボットシステムインテグレーター（SIer）事業を継承。製造現場の自動化も手がけている。

時代に沿って事業内容が進化

東海機械製作所の強みはスケールの大きな事業展開にある。加工

取締役社長
近藤 盛仁さん

対象の大きさもさることながら、中国とタイに築いた海外2拠点にまたがるグローバルな活躍、さらには大型部品の溶接から機械加工、組み立てまで一貫生産できる点などで存在感を発揮している。愛知県内の中小企業で大型部品の溶接や機械加工のみを請け負う企業は少なくないが、大型部品の組み立てまで一貫生産できる企業は数えるほどしかないという。加えて大型部品や機械装置の設計も手がけられる中小企業となると、東海地方でも貴重な存在だ。この強みを生かした自社ブランドの機械装置は国内外に多くの納入実績がある。

こうした幅広い事業展開を可能にしてきたのが、時代のニーズへ柔軟に対応する企業姿勢だ。約70年にわたる東海機械製作所の歴史は造船産業から始まった。時代は下って同産業のピークが過ぎると、培った大型部品加工のノウハウを受け継ぎつつ、これを生かして先端分野の半導体産業に参入。現在は半導体産業で使用される産業機械のベース部を主力としている。

同部品は一般的に大型に分類されるが、超大型部品の経験が豊富な東海機械製作所にとっては中型程度。従来の仕事で使用してきた加工可能範囲8メートルの5面加工機に同部品を三つ並べて加工し、量産する方法を編み出した。

一方でこのベース部に、最小で約2ミリメートル角という多数の部品を組み付ける作業も手がける。ネジを一つ締めるごとにガイドの直進性を厳密に計測しながら組み立てる。得意な技術を軸に新たな技術を習得し続けることで、幅広い産業の顧客を開拓している。

広い視野で楽観的に挑戦を

新入社員はビジネスマナーなどの外部研修を経て現場を体験し、適性を見極め部署配属される。配属後はクレーン操作や溶接など、各部署で必要な資格を取得。そのための実技練習は各部署が支援する。

どの部署でも「これしかできない」と固執することなく、なんにでも柔軟にチャレンジする人材が求められる。仕事内容はダイナミックな大型部品の加工から精密な部品組み立てまで幅広い。設計業務もあれば海外勤務もありと、多様な活躍の可能性に満ちている。そのため、最初に配属された部署で伸び悩んでも問題はない。

「部署を変わって急に輝き出す例もたくさん見てきた」と近藤盛仁社長は振り返る。「楽しく仕事をしてほしいし、自分が一番輝ける仕事を見つける後押しをしたい」（近藤社長）と熱意を語る。

社員からも一昔前の"背中を見て覚えろ"といったやり方を意識的に排し、丁寧に教えようという思いを感じるという。「自分はど

大型部品をはじめとした"Bigなモノづくり"が得意

近年はタイでロボットSIer事業を拡大中

ちらかと言えば運がいい方だと考えているような、少し楽観的なくらいでいい。ピンチの時も『こうすればうまくいくかも』と、切り抜ける方法をひねり出そうとする姿勢が大切だ」（同）と笑顔を見せる。

今後は国外に量産品を集約し、国内で付加価値の高いものを生産する体制を整える。また、タイで事業継承したSIer事業もさらに拡大し、将来的には国内に移管するのが目標。同プロジェクトに手を挙げてくれる人材は、特に大歓迎だ。

大型部品加工で培ってきた頑固なモノづくり精神はそのままに、新境地に挑み続けていく。

| 理系出身の**若手社員**に聞く |

機械加工の意外な楽しさを知りました

機械チーム 内藤 翔（しょう）さん
（2016年入社、岡崎工業高校機械デザイン科卒業）

産業機械のベース部を加工する機械オペレーターの仕事をしています。もともと興味があったのは溶接でした。在学中の職場体験で東海機械製作所を訪れ、溶接技術を教えていただいたのが入社のきっかけです。みんな優しく、親しみやすかったのが印象的でした。

入社後は溶接を担当してきましたが、ある時お客様の製造現場に応援で入り、機械加工を体験しました。苦手意識を持っていた機械加工でしたが意外に楽しく、お客様も応援期間を延長してくださいました。戻ってからは機械加工チームへの異動を希望。どの部署の先輩もできるようになるまで丁寧に教えてくれます。

会社DATA

本社所在地：愛知県岡崎市藤川町字北荒古32番地
設　　　立：1953年4月
代　表　者：取締役社長　近藤 盛仁
資　本　金：5000万円
従 業 員 数：100名
事 業 内 容：油圧機械ならびに周辺機器の設計・製作、大型産業機械の受注・製作、電子機器関連部品の受注・製作、船舶用機械の受注・製作、大型精密切削加工および研磨加工、一般産業機械および部品の製造
U　R　L：http://www.tokaikikai.co.jp/

トライエンジニアリング株式会社

常識を超えるロボットで新加工を次々と実現
──これから何を学ぶかに期待

記者の目

ここに注目！

▶ 職場研修ローテで最適職種を会社と一緒に考える

▶ 学びながら成長し、会社を一緒に盛り上げていく

2019年10月に名古屋市港区で開催された工作機械の展示会会場。企画展示コーナーに黒山の人だかりができていた。産業用ロボットのアームの先端にドリルなどの工具を持たせて金属を加工する「ロボットマシニングシステム（RMS）」のデモンストレーションが行われていたのだ。ロボットが加工対象物（ワーク）を削ると、来場者から「おおっ」と感嘆の声が上がる。この新しいシステムを、ロボットや工具のメーカーとともに構築したのがトライエンジニアリングだ。

今や、産業用ロボットは世界のさまざまな分野で活躍している。そして、日本のロボット産業は世界でも高い競争力を持ち、今後の日本経済をけん引する産業の一つと期待されている。ただし、一部の分野を除き、用途の大半はモノの搬送や投入・取り出しに限られる。

トライエンジニアリングは、メーカーの汎用の産業用ロボットを核として、目的に合ったシステムに組み上げ、実際に使えるよう最終調整まで責任を持つロボットシステムインテグレーター（SIer）だ。そのユニークな加工システムの開発は、業界内でも異彩を放つ。経営理念のミッションとして「お客様の『常識を超える』製品をチーム一丸で実現し、お客様と共に喜ぶ運命共同体であり続けます！」を掲げる。

世界初のロボットシステム

創業は1974年。当初は、機械や金型の設計、溶接設備の製作などを手がけていた。ロボットシステムの開発は、職人による手作業だったプレス金型の調整作業をデ

代表取締役社長
片山 誠二さん

ジタル化し、容易にすることを目指したのが最初だ。ロボットがローラーを押し付け、板金を曲げて加工するシステム「ロボットヘミングシステム（RHS）」である。世界に先駆けて1991年に開発し、翌年に初号機をトヨタ自動車に納入した。

RHSは自動車のドアやボンネットの外周部の加工に採用が広がり、業界のスタンダードとも言える技術となった。現在は同社の主力事業だ。基本特許は切れたが、「真似をされてもさらに先を行く」と片山誠二社長はパイオニアとしての自信を見せる。現在も、「最新のRHSを勉強したい」と大手メーカーの技術者が同社に日参する。

2000年代からは、ロボットによるRHS以外の新たな加工システムの開発も本格化した。「本来、ロボットが何かに接触しながら駆

本社社屋

動するのは異例のこと。RHSが振動や反力を抑える駆動制御技術の塊（かたまり）であり、他社にない自分たちの価値」と片山社長は説明する。試行錯誤を繰り返し、冒頭で紹介したRMSを2014年に完成させた。切削専用機やコンピューター数値制御の工作機械（マシニングセンター）より格段に低価格で、生産現場の変更にも対応しやすく用途は幅広い。現在は年数台を受注し、事業の柱の一つに成長しつつある。

さらに、ロボットに研磨をさせる「ロボットポリッシングシステム（RPS）」も開発した。ベテラン技能者が経験や勘を頼りに電動工具を手にして金属表面を磨く「サンダーがけ」を自動化するシステムだ。人工大理石の加工用など、同社が予想もしないところからも引き合いがあるという。

広がる連携と用途開発

他にもさまざまな加工システムを開発した。摩擦熱でワークを溶かして接合する「ロボット摩擦かくはん接合システム（FSW）」では、新たに炭素繊維強化プラスチック（CFRP）とアルミニウムの接合など、従来は困難だった異なる素材同士の接合などにも挑んだ。線材やパイプを任意の3次元の曲線形状にできる「ロボットロールフォーミングシステム（RRF）」、レーザーを持たせて板材などを切断する「ロボットレーザーカッティングシステム」なども製品化した。

社外との連携も広がっている。自動車メーカーと共同で、高価な専用機か人手に頼っていた自動車内装材の樹脂表皮の処理作業をロボットで自動化する「ロボットローラーラッピング」も開発した。内装材の母材となる樹脂部品に貼った樹脂表皮の端を、ヘラとローラーで内側に折りながら、100～150℃の熱風を表皮に当てて溶かし、樹脂部品に接着する。また、自動車部品メーカーの豊臣機工、機械商社の進和と共同で、自動車部品生産用に開発したロボットでのシール貼り付けシステムを製品化し、販売を始めている。大手ロボットメーカーからも頼りにされ、ロボットの新機能や関連ソフトウエアの共同開発にも取り組んでいる。

顧客は東証1部の大企業から中小企業まで幅広く、世界の名だたる巨大企業とも先端技術で渡り合う。主力の自動車向けに加え、航空機や機械、電機、鉄鋼などを中心に、非自動車向けの売り上げも現在では2～3割に伸びた。新分野の引き合いも年に20～30件ある。

現在の社員は39人。「すべての引き合いに対応しきれていない。早く50人体制にしたい」と片山社長は課題も打ち明ける。そして「ヘミングシステムに次ぐ第2、第3の経営の柱を作り、会社を大きくしたい」と将来像を描く。

挑戦できる気持ちこそ大事

求めるのは「新しい事を学びながら成長し、一緒に会社を盛り上げていける人」（片山社長）だ。同社は世界で最先端の技術を用い、世の中にないまったく新しい生産システムを開発する。問われるのは、大学や高校で何を学んだかではなく、これから何を学ぶのかだ。「挑戦できる気持ちこそ大事」と片山社長は説く。文系の学生にも広く門戸を開き、現在の設計担当者6人中、2人は文系出身だ。同社を知ってもらうため、1日単位のインターンも積極的に受け入れている。

入社後の人材活用法もユニークだ。入社時の新入社員の配属先は、本人から一応希望は聞くものの入社時はまったくの白紙。4月から10月まで約半年をかけて、営業から設計、製作、施工、開発まで一連の仕事の流れをそれぞれ1カ

「ロボットマシニングシステム」は展示会場で注目を集めた

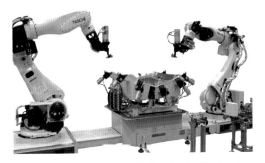

世界に先駆けて開発した板金曲げ加工用「ロボットヘミングシステム」

トライエンジニアリング株式会社

さまざまなロボットシステムをテストできるショールーム

月単位ぐらいで経験してもらう。その後に本人と会社が一緒に考えて配属先を決めていく。

「SIerがどんな仕事か学生の人には分からないし、本人が希望した職種でも『実際にやってみたらイメージと違った』ということもある。本人がやりたいこと、会社がやってほしいことを双方が理解した上で一緒に仕事をしていきたい」と岡丈晴営業部長兼開発部長は話す。各部署でどんな仕事をしているか、どんな楽しさや難しさがあるのかを経験してもらうのも狙いの一つだ。

各部署での研修修了後にそれぞれ、管理職に向けて新人たちの発表会を開いている。各部署での研修で何を思い、何を学び、その経験を次の部署でどう生かしたいかを新人と管理職で共有する。各部署は、自分の職場に来てほしいので一生懸命楽しさを伝えようとする。一種のリクルート活動だ。

人材育成も柔軟だ。営業担当の予定でも最初の2年は製造に配属したり、開発を担当させる前に設計の仕事に就かせたり、将来の成長を見越して他の仕事も経験させる。ロボットを専攻した新入社員であっても、最初の半年のローテーション研修は必須としている。

社員一人ひとりがNo.1に

同社は社員の自主性を積極的に後押しする。自己申告の社外研修も会社が認めれば費用は会社が負担している。「『この研修に行け』という指示はしない。仕事では、結局最後は一人でお客様と対等に向き合わないといけない。コミュニケーション力も必要で、自立してもらわないといけない」と片山社長は若手社員の自主性を重んじる。同社の経営理念のビジョンは「常に世界No.1に挑戦し続けます!」であり、「製品だけでなく社員一人ひとりがそれぞれの仕事でナンバーワンでいてほしい」(片山社長)という思いからの戦略だ。

社員が相互理解にかける時間も大切にしている。一例が、毎日全員で行う朝礼だ。ラジオ体操の後、全員が一人ずつ、今日行う業務内容を一言で発表する。さらに新人も含めて、輪番で1日に一人、1分間のスピーチをする。内容は「ダイエットのために走っている」などなんでもよい。共感を得られるように人前で話す訓練も兼ねているが、スピーチを通してその人の人柄を社員全員で共有したいという目的もある。こうして、風通しの良い職場が熟成されていく。

業績や個人の業務内容を反映した待遇は、「年功序列ではなく、かなりの実力主義。頑張った人が報われる評価制度」(同)だ。黒字決算の場合は期末賞与も出している。2019年度は、期末賞与を含めると年間6カ月を支給した。「処遇は大企業並みだと思う」と片山社長は胸を張る。また、管理職登用も実力本位で、20代で課長に就任した人もいる。

一方で、ワークライフバランスも大切にしている。完全週休2日制で年末年始やゴールデンウィーク、お盆には連続で7~9日間の連休がある。年間の休暇は125日だ。有給休暇の消化も奨励しており、消化率は平均で60%以上だ。「休むときは休み、仕事の質を上げる」(同)がモットーだ。

同社の現在の顧客は自動車関連が約8割だが、これからは非自動

新開発の「ロボットスポンジシーリング」

車が増えると見込んでいる。医療・福祉・健康機器の製造用や、手術用の新ロボット技術の開発も本格化する方針だ。名古屋市が医療・福祉・健康関連の研究開発拠点を誘致するために開発・分譲する名古屋市守山区の工業団地「なごやライフバレー」（なごやサイエンスパーク・Bゾーン）に、研究開発機能を兼ねた新工場を22年4月に完成させる。片山社長は、「今後、入社してもらう人は最先端の産業に触れるチャンスが増える。まったく新しいことに挑戦するため、教科書に書いてあることを疑える人、従来の社員とは違うタイプの人も歓迎する」と呼びかける。

わが社初の高難度プログラムを完成させました

製造部 製造技術2課 常松 綾乃さん（2017年入社）

入社4年目です。大学ではバイオテクロノジーを学びました。就職を希望していた地元にバイオ系の会社は少なく、次善の策としてモノづくりに携われる会社を考えました。産業用ロボットの知識は皆無でしたが、当社の見学会に参加してみたら、面白そうかなと。

研修後に製造部に配属され、最初は部品の組み付けをしました。途中で「オフライン」に触れ、「意外にできそう」と言われたことから、担当になりました。これは、パソコン上

でロボットの動作をシミュレーションし、ぶつからずスムースに動くようプログラムを作る仕事です。

プログラミングは未経験でしたが、ゼロから組むのではなくパッケージソフトウエアを使います。先輩に教えてもらったり、手順書を読み込んだりしながら、お客様への納入プログラムを1年目の冬に初めて組みました。

今回、あるまったく新しい生産ロボットシステムで、初めてプログラミングとセットアップの責任者になりました。各部署の担当者でチームを組むのですが、製造から私1人で参加したのは初めてのことでした。「（ロボットを動かし動作を教える）ティーチングなしで使えるシステム」がお客様の要望でしたが、難易度が高く、会社でも初の試みでした。心配はありましたが、先輩に教えてもらいながら完成しました。

まさか自分がプログラマーになるとは思ってもいませんでしたが、今は「意外に面白いな」と感じています。今後は経験を積み、新しいソフトも使いこなし、仕事の幅を広げたいです。

■ 会社DATA

本社所在地：名古屋市守山区花咲台2-601
設　　　立：1974年2月1日
代　表　者：代表取締役社長　片山 誠二
資　本　金：9500万円
従　業　員：39名
事 業 内 容：加工ロボットシステムの開発・製作
U　R　L：https://trieg.co.jp/

永田鉄工株式会社

精密歯車一筋、ミクロン精度で存在感
——ライバルを圧倒する高精度、短納期製造

記者の目

ここに注目！

▶ **ノルマなし、自由な発想で開発に没頭できる**

▶ **極小歯車の大きな可能性、次世代技術開発に寄与**

「派手さはないが、歯車はありとあらゆるものに組み込まれている。歯車が使われる領域は多岐にわたり、自動車や工作機械、ロボットなどの主要産業を下支えしている」。林臣充社長は小さな歯車が果たす大きな役割を強調する。永田鉄工は1946年の創業以来、精密歯車の生産一筋。「数や規模で勝負しない」（林社長）と、高精度と短納期で競合他社と差別化を図っている。

世界最高峰と評されるスイスのライスハウアー製の歯面研削盤がずらりと並ぶ本社工場の光景は圧巻だ。ライスハウアー製歯面研削盤の保有台数は、全国の歯車専業メーカーで随一。直径3～800ミリメートル、0.2～8モジュールまで、約1000種類の歯車を多品種少量生産する。産業機械や工作機械向けの大型歯車からOA機器、光学機器、家電製品などの超

代表取締役社長
林　臣充さん

精密歯車、駆動系部品用まで、産業界の幅広いニーズに応えている。

「品質は良くて当たり前。顧客が求める製品公差の半分が社内目標」（同）と精度に妥協はしない。誤差1マイクロメートル（マイクロは100万分の1）以下の精密歯車加工や鏡面仕上げのポリッシュ加工のほか、バイアスコントロールなど最新加工方法も得意としている。納期の目標もライバルの半分。これを実現するために積極的な設備投資を行っており、2019年夏には約7億円を投じ、本社工場敷地内に歯研専用工場を稼働した。

歯車のプロ集団

そんな同社が求める人材は、「現場、モノづくりが好きな人に尽きる」（林社長）。歯車は、一般消費者が直接見たり触れたりする機会は少ないが、機械やロボットなどありとあらゆるモノに組み込まれている。「好奇心旺盛でモノづくりが好きな人なら、歯車製造の奥深さや面白さを感じられるはず」（同）と魅力を語る。

職場の雰囲気は「かなりフリー」と林社長。顧客の求める歯車をいかに高精度に、効率良く作るか。その裁量は技術者にあり、オリジナリティーを発揮することができる。過去にはナットなしで、ワンタッチで脱着できる画期的なホブ盤の治具を生み出した技術者もい

る。「縛りもノルマもないから、没頭して良いアイデアが生まれる」（林社長）という自由な雰囲気。技術と製造など、部門間の風通しも良好だ。

モノづくり産業が集積する愛知県にあり、技術者の採用環境は厳しいが、「ウチは営業部門でも図面を読み、工程を組み立て、見積もりまで出せる技術営業のレベルでないと難しい」（同）と数ありきの採用はしない。"少数精鋭"を貫く。

新入社員教育は、OJTが中心。基礎的なことを社内で学びながら、先輩の指導を受けて技術をしっかりと身に付けていく。国内でもレベルの高い誤差1マイクロメートル以内の高精度研削は、「顧客からのニーズに一つひとつ対応してきたから行き着いた技術」（同）だ。製造の完全自動化は難しく、職人の技能やノウハウに頼る部分も大きいことから、今後はノウハウの数値化や標準化を進めていく考えだ。

世界最小レベルの精密歯車

自動車の電動化の流れにより、今後歯車の全体量は減少する可能性がある。一方で、電気自動車（EV）や燃料電池車（FCV）などの次世代自動車には、小型軽量で騒音や振動が少ない高精度、高性能な歯車が求められる。産業用ロボットも各関節部に高精度な歯車がなければ、狙った場所にピンポイント

2019年に稼働した新歯研工場

大きな可能性を秘める極小精密歯車

本社工場外観

で作業することができない。歯車の全体量が減っても、ミクロンの世界で勝負してきた同社の存在感はますます大きくなるだろう。

さらに、「今後、楽しみなジャンルであり、次世代の柱にしたい」と林社長が注力するのが、直径3

ミリメートル、0.2モジュール程度の極小歯車だ。製造業ではあらゆる部品の小型、軽量化が進む。世界的なエネルギー問題も背景に、極小歯車の開発が今後の成長戦略のカギを握っている。

海外工場を持たず、取引先も

100％国内企業。歯車1個から量産品まで対応し、高精度と短納期は絶対に譲らない。ブレない信念を掲げ、「豊川から世界を驚かせるような製品をコツコツ作っていきたい」（林社長）と愚直なまでに深く、歯車作りを追い求める。

┤ 理系出身の**若手社員**に聞く ├

知れば知るほど面白い歯車の技術
他に負けたくない気持ちが
年々強まっています

技術部技術課 生産技術係長 山本 明正さん
（2010年入社、琉球大学工学部機械システム工学科卒業）

入社当時は、今思えば突拍子もないと思える提案もあったと思いますが、どれも否定されることなく挑戦させてもらえました。入社の決め手となったのが、その"チャレンジできる社風"でした。

少量多品種生産のため、新しい仕事が多く、経験を積める機会は多いと感じます。印象に残っているのは、新規事業の極小歯車の量産化に携わった時のことです。試作ではなんとかできても、期限内に量産までに持っていくのは別次元の難しさがあります。治具の開発に骨を折り、なんとか成功にこぎ着けた、あの時の大きな達成感は今も忘れることはありません。

生産拠点は本社工場の1カ所です。基本的に転勤もなく顧客も国内のため、地に足をつけて仕事に取り組むことができます。歯車は知れば知るほど面白く、「他の歯車メーカーに負けたくない」という気持ちは年々強まっています。

会社DATA

本社所在地：愛知県豊川市宿町野川1番地12
設　　　　立：1946年3月19日
代　表　者：代表取締役社長　林 臣充
資　本　金：7625万円
社　員　数：170名
事 業 内 容：各種精密歯車の製造・販売、金属熱処理の加工
U　　R　　L：https://nagatatekko.co.jp/

中日本炉工業株式会社

多彩な熱処理技術でニーズを実現
—— 工業炉をオーダーメードで作り込む専門集団

ここに注目！

▶ 自社一貫対応を支える開発、設計、製造の連係プレー

▶ 平均年齢 33 歳のオンリーワン企業

多様なニーズに応え、IoT 本格化への体制を整える

ロングヒットを続ける工業炉「NVF シリーズ」は、工具鋼やステンレス鋼の焼き入れ、焼き戻しのほか、各種鋼材の焼鈍処理、真空ロウ付けなど幅広い熱処理用途で活用されている。他にも、多品種少量部品の浸炭に適した小型ガス浸炭炉、冷間鍛造品の大量生産に適したバッチ式焼鈍炉など、中日本炉工業は多様なニーズに対応した工業炉を次々に開発している。

次世代工業炉の開発も着々と進めている。アクティブスクリーンプラズマ（ASP）窒化装置は、その一つ。熱効率向上のためにプラズマを熱源にした表面硬化処理技術を搭載しており、国内メーカーで製造したのは中日本炉工業が初めてだ。表面荒れや窒化ムラを抑える「光輝窒化」という処理を施すことで、均一できれいに仕上が

り、研磨など熱処理後の工程削減にも寄与する。

愛知県あま市の本社敷地内に 4 つの工場を構え、メード・イン・ジャパンを実践。このうち、第 3 工場は自社製真空熱処理炉が並び、テスト処理を繰り返しながら顧客とともにノウハウを蓄積している。ここで得た知見を盛り込み、IoT（モノのインターネット）に対応する「スマート炉」専用として 2018 年には第 4 工場が稼働。IoT 利用の本格化に合わせて技術と生産体制を整えた。

前向きな失敗は歓迎 チャレンジを後押し

同社には「社内留学」というユニークな制度がある。研究開発、設計の担当者らが一定期間、生産現場で業務に従事しながらモノづくりを学ぶ研修制度だ。

「実際にモノづくりを経験することで、新たに気付くこともある。

代表取締役社長
後藤 峰男さん

そうした発見を研究開発、設計などの本来業務に生かしてほしい」と後藤峰男社長は狙いを説明する。

生産現場では週 1 回のペースで、社員同士が学び合う機会として「5 分間道場」という活動を行っている。若手社員が中心となり、仕事のやり方などを社員同士で教え合う。社員自ら説明用の資料を

次世代炉として期待するアクティブスクリーンプラズマ（ASP）窒化装置

受託加工を通じ、自社の工業炉を用いて得た知見を開発に生かす

作成し、講師を務める。「話すことを自分が理解していないと、人に伝えることはできない。5分間道場は自分の実力を試す絶好の場になっている」と後藤社長も効果を実感している。

若手社員には、費用を会社負担とし、資格取得を勧めるなどレベルアップを支援する。また中堅クラスの社員にも、社外の講習などへの参加を促している。

「前向きな失敗は大いに歓迎」と話す後藤社長。社員同士が協力し合い、若手でもチャレンジできる環境が、平均年齢33歳ながらオンリーワン企業として成長を続ける理由の一つと言えそうだ。

現在は強みとするIoTを生か

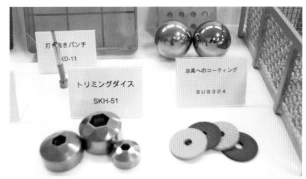

用途に応じて最適な熱処理や表面処理が行われる

し、業務改革を加速。外部からの評価も高く、熟練工のノウハウをデータベース化した熱処理レシピ生成システム「DiMA」が「令和2年度情報化促進貢献個人等表彰経済産業大臣賞」を受賞。愛知労

働局からは長時間労働削減で効果を上げているベストプラクティス企業に選ばれた。今後もデジタル変革（DX）を推進し生産性向上、働き方改革に取り組む考えだ。

─┤ 理系出身の**若手社員**に聞く ├─

国内初の装置で試行錯誤
けれども、やりがいは大きい

生産本部 設計技術部 開発担当 主任 水流（つる） 一平さん
（2015年入社）

大学院で取り組んでいた材料研究が大変面白かったこともあり、就職は開発部門がある企業を志望しました。他にはない変わったことがやりたくて、工業炉を一品一様で作り込むという当社のモノづくりの姿勢に興味を持ちました。

現在は、アクティブスクリーンプラズマ窒化装置でのテスト処理を通じて装置の改良、技術の蓄積を図っています。国内初の装置だけに試行錯誤もありますが、それ以上にやりがいを感じています。職場は、自由にチャレンジできる雰囲気があります。アットホームで、人間関係が良いところも仕事をする上での力になっています。

会社DATA

本社所在地：愛知県あま市木折八畝割8
設　　　立：1965年1月
代　表　者：代表取締役社長　後藤 峰男
資　本　金：2000万円
従 業 員 数：109名
事 業 内 容：真空炉、電気炉、燃焼炉および付帯機械設備、燃焼設備、制御装置の設計、製作、施工。金属
　　　　　　熱処理およびCVDコーティングの受託加工
U　　R　　L：https://nakanihon-ro.co.jp/

株式会社奈良機械製作所

創立97年、粉粒体処理装置のプロフェッショナル
——韓国・ドイツに拠点を持ち、世界展開

ここに注目！

▶ **工場と本社が近く、設計者にとって理想的な職場**

▶ **長年の安定経営、充実した福利厚生**

粉粒体関連の特許144件

日本一の中小製造業集積地、東京都大田区。その大田区で随一の粉粒体処理装置メーカーが奈良機械製作所だ。物質を粉々にする「粉砕機」や粉砕した粉を乾燥させる「乾燥機」、粉粒体同士を混ぜ合わせる「混合機」など、粉粒体にまつわるさまざまな装置を開発・製造している。同社製品は、石油化学、食品、医薬品、バイオなどあらゆる業界で使われている。

奈良自起社長は、「当社が蓄積してきた粉にまつわる技術をさらに磨き、お客様の悩みを解決する。その積み重ねで社会をより良くしていきたい」と経営哲学を語る。

創立は1924年。奈良社長の父である奈良自由造氏が、農薬原料の粉砕用に粉砕機を開発したことからスタートした。以来97年間、

代表取締役社長
奈良 自起さん

同社は経営の軸をぶらさず、粉粒体処理装置一筋に事業を続けてきた。磨き続けてきた粉粒体処理装置の設計・製造ノウハウは業界でもトップクラスであり、取引先からの信頼も厚い。粉粒体処理関連で取得した特許は、国内外合わせて144件にのぼる。

粉粒体処理装置だけでなく、その前後の工程も含めた生産プロセス全体を担当することも多い。顧客から寄せられる相談に丁寧に耳を傾け、最善の解決策を提案している。粉砕機の単品売りから、石油化学系の大型プラントまで幅広くソリューションを提供。営業網は国内だけでなく海外にも及び、韓国とドイツには関連会社も設けている。

装置を販売した後のアフターフォローにも定評があり、メンテナンスや部品交換も同社の大きな収益源となっている。同社の2020年3月期の売上高は、42億8000万円。創立以来赤字はほとんどなく、総資産は50億円に達する。安定企業と言えるだろう。

現在は石油化学、食品、医薬品の業界をメインに事業展開している同社だが、最近はバイオマス原料業界への進出を窺っている。バイオマス原料である木材などを高速・大量に粉砕するのに適した多機能型粉砕機を開発。専門の営業部隊「プロジェクトチーム　インフィニティ」を立ち上げた。奈良社長は「新たな事業の柱となるよ

本社外観

う営業展開していきたい」と展望している。

充実の福利厚生

同社はどんな人材を求めているのか。奈良社長は「明るくキッチリ仕事ができる人。学校の成績が悪くても、入社後に頑張って勉強してくれれば問題ありません」と明るく語る。同社は例年5〜10人の新入社員を採用。技術者と営業は大体7：3の割合で、営業職は国内営業、海外営業、設計は機械設計のほか電気設計、制御設計、粉粒体処理のプロセス設計が業務となる。

事務や購買、企画、広報など、本社スタッフも定期的に採用している。海外関連のビジネスが増えているため、本社スタッフの場合はTOEIC500点以上の実力が、外国人留学生の場合は日本語能力検定N2以上の実力が応募条件となる。

年間休日は128日で完全週休2日。夏期休暇は5日間の取得が義

開放的な設計部門

ロボットを活用した工場内部

新開発の多機能型粉砕機
「rubato（ルバート）」

務付けられているほか、年末年始は7連休。もちろん有給休暇、産前・産後休暇なども充実している。昇級は年1回、賞与は年2回で基本4.0カ月だ（2019年度は4.8カ月）。

京浜東北線大井町駅には独身寮があり、寮費は水道光熱費込みで2万5000円と破格だ。

若い技術者、若い社員に伸び伸びと仕事をしてもらうため、充実したバックアップ体制を敷いている。

▶ 機械遺産に認定された「自由粉砕機」

同社が1927年に完成した「自由粉砕機　第1号機」は、日本機械学会の2020年度「機械遺産」第102号に認定されている。機械遺産とは、日本の技術や産業の発展に貢献した歴史的な意義を持つ機械技術に対し与えられるものである。

約90年前、第1号機は取引先に納入された後、大阪の工場に移動し使われていた。当時の奈良自由造社長は、第1号機を会社の記念として手元に置いておきたいと考え、取引先に新品と1号機の交換を依頼した。取引先とすれば、6年使った中古品が新品になるのだから何の問題もない。晴れて第1号機は奈良機械製作所の手元に戻ってきた。

自由粉砕機の第1号機

自由造社長は、創業の精神を忘れないよう、社内に神社を建立し、第1号機をご神体として祀った。自社の機械をご神体として祀る話は非常に珍しく、モノづくりを大事にする企業姿勢の表れだろう。第1号機は機械遺産認定を機に、本社内の展示スペースに移設されている。

会社DATA

本社所在地：東京都大田区城南島2-5-7
創　　　立：1924年
代　　　表：代表取締役社長　奈良 自起
資　本　金：4000万円
社　員　数：160名
事 業 概 要：粉粒体処理装置の製造・販売（乾燥装置・粉砕装置・混合造粒機・表面改質装置・集塵・供給・受託加工処理）
U　R　L：http://www.nara-m.co.jp/

株式会社奈良機械製作所

| 若手社員に聞く |

人が優しい会社、海外事業を成長させたい

プロジェクトチーム アルファ パク・ウォンキさん（2017年入社）

　出身は韓国ですが、海外営業をしたい、英語だけでなく日本語も学びたいと考え、当社に入社しました。韓国の企業に比べて人が優しい会社というのが感想です。

　現在は、海外営業などを担当するプロジェクトチーム アルファに所属しています。新型コロナウイルス禍で足元の仕事は落ち着いていますが、それまでは2カ月に1度は海外出張していました。米国や豪州など新しいマーケットを開拓する仕事は、マーケットリサーチから輸出の手配まで任されるので非常にやりがいがあります。海外の売上高を頑張って伸ばしていって、いずれは海外営業のみを手がける新チームを立ち上げたいです。

　休日は近所に住む韓国人の同僚と遊んでいます。趣味はラーメンの食べ歩きです。

社長プロジェクトは大変だが達成感

特命チーム（広報）篠塚 奈々さん（2012年入社）

　大学でドイツ語を専攻しており、当社がドイツ支店を持っていたことと、日本のモノづくりがすごいと聞いていたことが入社の決め手でした。

　現在の業務は広報で、主に展示会の運営や広告の出稿、ホームページやカタログの管理をしています。出張は年に1～2回、ドイツの展示会に出展する際には出張しています。海外で最先端の情報に触れることはとても刺激的です。

　社長直轄の特命チームという部署なので、それ以外にもいろいろな仕事を担当することがあります。社長プロジェクトは大変な案件も多いですが、その分達成感もあり、非常に良い経験をさせてもらっています。

女性が安心して働けるフレンドリーな職場

資材部 橋本 侑香さん（2016年入社）

　資材部で粉砕機や乾燥機に必要な部品の調達、仕入れ先の選定、工程、在庫、納期の管理をしています。購買の仕事は、仕入れ価格を下げることが会社の利益に直結するため非常にやりがいのある仕事です。一方で、営業部門からの納期の短縮依頼に応えるのは大変な時もあります。

　当社は購買と工場が隣接した建物にあるので、自分が仕入れた部品がどのように使われているのかがすぐに確認でき、勉強になります。産休・育休にも理解があり、女性の管理職もいますので、女性が安心して働ける職場だと感じています。会社の雰囲気もフレンドリーで、社員同士遊びに行くことも多いです。

若いうちから仕事を任され、成長できる

エンジニアリング部 田宮 丈瑛さん（2009年入社）

　高校、大学と機械科で勉強してきたこともあり、「粉砕機」を作るメーカーという点に魅力を感じ入社しました。入社前は粉砕機の知識はなかったのですが、会社のバックアップが充実しており、入社後から勉強を始めましたがまったく問題ありませんでした。

　現在は、エンジニアリング部で装置の機械設計を行っています。当社の良いところは若いうちからそれなりの仕事を任せてもらえるので、早く成長できる点です。残業も少なく、休みも取りやすいのでワークライフバランスも充実させやすいです。

　地方出身の社員も多いですが、大井町に独身寮があり若手が一緒に集まって暮らしているので淋しくはありません。むしろ若手同士ワイワイと騒がしいくらいです。

設計と現場が近く、意見を直接聞ける

エンジニアリング部 工藤 雅也さん（2016年入社）

　大学で機械工学を専攻し、「潰れない機械メーカー」に就職したいと考え、当社に出会いました。当社は医薬・食品という好不況の波が少ない業界に強く、90年以上の歴史があります。ドイツや韓国といった海外に拠点を持っている点もプラスポイントでした。

　現在は乾燥機の設計をしています。工場が近いので、実際に製造している社員から直接意見が届くのは、技術者として成長する上で良い点だと思います。社員教育もしっかりしており、スキルに不安がある人でも入社後はスムーズに仕事ができるようになっています。

　社員による部活動も多く、野球部やフットサル部のほか、非公式な飲み会部やガンダム部もあります。創立記念日や年末年始など社内の飲み会も多く、職場は和気あいあいとしています。

コラム②

▶ アートに溢れる職場

　奈良自起社長が美術好きなこともあり、本社内の至るところに美術品が飾られている。エントランスの天井も綺麗に彩られ、これは社員の作品だとか。同社のデザイン志向は、開発・製造の仕事でも同様で、「装置の外装に曲線を多く使い、なめらかな印象になるよう心がけている」（設計スタッフ）という。美的センスや創造性を発揮したい技術者にとってもやりがいのある職場だ。

エントランス天井

廊下の美術品

株式会社南武

金型用油圧シリンダーで国内トップシェア
──自動車業界の名バイプレイヤー

記者の目

ここに注目！

▶ ニッチな分野で世界トップクラスのシェアを持つ優良企業

▶ 技能や語学など、手厚い人材育成システムを構築

世界的な油圧シリンダーメーカー

南武は、創業79年のニッチ分野で世界的なシェアを持つ優秀なメーカーだ。2014年には経済産業省の「グローバルニッチトップ企業100選」に、2017年には東京商工会議所の「勇気ある経営大賞」優秀賞に選ばれている。ただ、その実力にもかかわらず、「南武の製品を見たことがある」という人は少ないだろう。同社の主力製品は、自動車部品の鋳造に使われる、金型用油圧シリンダー。ニッチな製品だが、国内の大手自動車メーカー全社に導入され、国内で8割ほどのシェアを誇る。いわば、自動車業界の"名バイプレイヤー"だ。

同社製品の強みは、高熱、高圧など苛烈な環境下でも安定稼働する「信頼性」にある。自動車部品の中でもエンジンブロックやミッ

代表取締役
野村 伯英さん

2015年に横浜に移転した本社

ションケースなどは、鋳造で複雑な形状を成型するが、同社の金型用油圧シリンダーはその金型に組み込まれ、約660℃にもなる溶融アルミニウムから金型を介して伝わる熱に接してもトラブルを起こさず駆動する。同社の技術は製鉄・重工業でも使われており、製鉄所の鋼鈑巻取機のロータリージョイントは国内シェア100％に近い。野村伯英社長は「他社がやりたがらない、過酷な環境下で使われる製品に特化してきたことで、技術力・サービス対応力を磨いてきました。トラブル解決件数の蓄積が違います」と自信を見せる。

最近では、省エネルギーに役立つ電動油圧アクチュエーター「e-Zero」を開発。モノづくり日本会議らが主催する「超モノづくり部品大賞」の「日本力（にっぽんぶらんど）賞」に輝いた。先端的な技術開発にチャレンジする姿勢も、他社の追随を許さない秘訣だろう。

国内だけでなく、タイや中国など海外に工場を持ち、グローバル

展開しているのも特徴だ。海外進出は2002年からと決して早い方ではないが、日系自動車メーカーの海外工場を中心に取引し、金型用油圧シリンダーで世界3割のシェアを持つというから驚きだ。模倣品被害を防ぐため、重要部品は日本から供給するなど工夫している。海外工場は大きな収益の柱となっており、国内事業の不振時に海外工場がカバーすることもあるという。

国際色豊かで手厚い教育

同社の人材育成は、教育訓練計画に基づく段階的な教育と、グローバル企業にふさわしい国際感覚を養える点が特徴だ。まず、社員ごとに教育訓練計画を策定し、各人の技能を棚卸しする。作成したスキルマップに基づき人材育成を進めていく。新入社員にはメンター（教育係）が付き、OJTを中心に教育を行う。各人のやる気を引き出すため、資格奨励制度も設けている。設計、製造、営業など

事務所内も明るい雰囲気

超モノづくり部品大賞を受賞した「e-Zero」

各部門で必要とされる資格を取得する場合、資格取得費用を補助するほか、資格を取得した際には奨励金も出している。

海外工場の操業も含め、グローバルに活動する機会が増えていることから、本社では営業時間外に英国人やタイ人を講師に語学レッスンを行っている。社員は受講費用無料。また、社員の海外赴任が決まった場合、外部の語学教室にも会社負担で通える。

南武の人材育成システムは中小企業としては異例とも言える手厚さだ。だが野村社長は「まだまだ足りません」とさらなる充実に意欲を見せる。大企業に比べ人数が少ない中小企業にとって、人材育成は要だと肌で理解している。

南武はどういう人材を求めているのか。野村社長は「当社は年功序列ではなく、若くても能力とやる気があればいくらでも挑戦の機会を与える会社です。モノづくりを通じ社会の困りごとを解決することに、一緒に喜びを感じてほしい」と語る。

│ 理系出身の**若手社員**に聞く │

考えながら仕事をするのが楽しい、メリハリのある職場

設計部 H・K さん（2013年入社）

独立系メーカーであることを重視し、2013年に入社しました。入社後は営業を経験し、その後志望の設計部に異動。現在は油圧シリンダーの設計をしています。大量生産品ではないので、決まり切った仕事はひとつもありません。考えながら仕事をする必要がありますが、そこが楽しいと感じています。

当社は有休も取りやすく、休む時は休み、働く時は働くというメリハリが効いた職場です。ワークライフバランスも充実させやすいと思います。

会社DATA

本社所在地：神奈川県横浜市金沢区福浦2-8-16
創　　　業：1941年
設　　　立：1965年
代　表　者：代表取締役　野村 伯英
資　本　金：5800万円
従 業 員 数：グループ全体256名（国内122名、タイ68名、中国68名）（2020年9月）
事 業 内 容：金型用油圧シリンダー、重工業向けロータリージョイント、シリンダーおよび関連付属品、電動油圧アクチュエーターの設計・製造・販売
U　R　L：https://www.nambu-cyl.co.jp/

日東工器株式会社

産業界を「つなぐ」機械部品を製造
―― 東証一部上場の高収益企業

記者の目

ここに注目！

▶ 東京都大田区に立地する高収益企業

▶ 若手技術者育成に万全の体制

日東工器は、迅速流体継手「カプラ」で国内トップのシェアを持つメーカーだ。カプラとは、ガスや液体を流す配管を瞬時につなぐ継手で、ワンタッチで施工できるのが特徴だ。同社のカプラはさまざまな製造用途に使われており、燃料電池車の給油口としても有名だ。国内シェアはトップを誇る。開発・製造拠点は東京都大田区の本社のほか、国内3カ所およびタイとオーストラリアに構える。海外に9拠点を構えて事業展開する、グローバルなモノづくり企業だ。

高収益を支える三つの特徴

同社の特徴は大きく三つある。一つ目は、カプラのほか、電動工具などB to Bの機械製品に特化しており、非常に技術力が高いことだ。創業者である故御器谷俊雄元会長（2020年逝去）が技術者

代表取締役社長
おがた あきのぶ
小形 明誠さん

であり、社是に「開発は企業の保険なり」とあるほど開発に力を入れている。同社の製品開発者は、企画から仕様、設計、試作、評価、量産化まで幅広く担当するのが特徴だ。他の会社では、分業してその一部のみを担当することが多いが、日東工器は「一製品一担当制」として、モノづくりに深く関わることができる。

二つ目は、「日東会」と言われる全国6000店に及ぶ販売ネットワークだ。国内の機械工具系の代理店をほぼ網羅している。営業の仕事は、ルート営業がメインとなり、地域の顧客のことを熟知した代理店・販売店とともに、顧客ニーズを的確に捉えた活動をしている。

三つ目は、安定した経営基盤を有していることだ。バブル経済時にも株式や不動産の投機に手を出さず、創業から64年間一度も赤字になったことはない。2017年3月期から2019年3月期まで、営業利益率は3期連続で20％前後だった。製造業の利益率は「2ケタで優等生」と言われており、同社の優秀さが分かる。同社の担当者は、「日東工器には良くないモノを安く売ろうという考え方はありません。高品質な製品を適正な価格で売り、長く使ってもらうことが理想です。そのためにきちんとした利益をいただいています」と語る。

手厚い技術者育成

同社の技術者育成は非常に手厚い。求めるのは「成長意欲のある人材」であり、大学院卒でも大学卒でも、等しく研究開発部門に配属される可能性がある。

その最初に大事なのは「失敗すること」だと担当者は言葉に力を込める。技術者は専門書を読んで学ぶのではなく、実際に手を動かし失敗をして学ぶもの、との考えからだ。とはいえ、本来企業からすればコストである失敗は避けてほしいもの。技術に力を入れ、財務に余裕のある同社ならではの考え方だ。

入社後は、4月に1カ月間の集合研修がある。5月から各部署に配属され、新入社員一人に指導員が一人付き、OJT（オン・ザ・ジョブ・トレーニング）での研修を実施する。その後は工場での2週間に及ぶ実務研修も用意。技術者として、現場を学ぶことは重要との考えからだ。知財研修など入社後の各種教育システムも充実している。

福利厚生も手厚い。年間休日は128日前後で、夏休みは9日、年末年始も7～8日の連続休暇となっている。年末年始の懇親会やインフルエンザ予防接種費用の補助、部活動の支援などが充実している。営業職はカプラや電動工具など、重量のある製品を取り扱うという理由で男性社員が多いが、

町工場が集まる東京都大田区の本社

事務所内も明るい雰囲気

国内トップシェアを持つ
「カプラ」

女性社員に対する支援制度も手厚い。出産・育児の休暇はもちろんのこと、育児や出産、配偶者の転勤などをきっかけに退職しても再雇用できる制度を用意。子育て中の女性社員に対しては、残業時の延長保育費用の補助もある。これ

らの手厚い制度も奏功し、入社3年以内の離職率も1％台と低い。

　2020年に感染が拡大した新型コロナウイルス感染症にも、同社は迅速に対応した。2月にはテレワークの導入を打ち出し、入れ替わりで全体の7割近くの社員が在

宅勤務に入った。一方で、新型コロナで業績が悪化する近隣の中小企業を支援するため、地域金融機関と協力して地元企業との商談会も開催。社員を守る、地域に貢献する、という同社の考えを具現する出来事となった。

── 理系出身の**若手社員**に聞く ──

若い社員にもさまざまなチャンスが与えられる会社

機工事業部 機工第二開発部 荒井 彰太さん（2014年入社）

　現在は、電気製品や自動車の組み立てで使用される電動ドライバーの設計・開発を担当しています。電気回路の設計からマイコンのプログラミングまで、幅広く任せてくれるのが当社の特徴で、自分が考えた通りに回路やプログラムが動いた瞬間は、大いにやりがいを感じます。当社の技術者は、国内外の展示会を視察する機会も多いです。私も、ドイツや中国、タイなどの展示会に赴き、次の開発に生かせる新製品や新技術を調査しています。

　地方出身の若手社員は寮に入る人が多いです。寮のカレーは本当においしいのでオススメですよ。

　会社DATA

本社所在地：東京都大田区仲池上2-9-4
設　　　立：1956年
代　　　表：代表取締役社長　小形 明誠
資　本　金：18億5032万円
社　員　数：連結973名、単体431名（2020年3月末）
事 業 概 要：迅速流体継手（カプラ）の製造・販売、省力化機械工具の製造・販売、リニア駆動ポンプとその応用製品の製造・販売、建築機器（ドアクローザ）の製造・販売
U　R　L：https://www.nitto-kohki.co.jp/

日本シーム株式会社

廃プラ再生の機械を製造、環境問題の解決に貢献
── 評価制度の刷新で開発力のさらなる強化へ

記者の目

ここに注目！

▶ 距離の近さが社員のコミュニケーションを促進

▶ 21年度には人事評価の新システムを導入

ペットボトルや家電製品など、さまざまな製品に使われているプラスチック。プラスチックによる海の汚染が国際的な問題となる中、廃プラスチックを再生利用するための機械を開発、製造、そして販売し、プラスチックの廃棄削減に貢献しているのが日本シームだ。木口達也社長は、「新たな制度を取り入れながら、ニッチトップの企業として一点に集中した技術を磨いていく」と意気込む。

廃プラが再生材料に生まれ変わるためには、複数の工程を経る必要がある。樹脂の粉砕、洗浄、脱水、選別などだ。同社は各工程で使用する粉砕機や選別機を単体で販売するほか、いくつかの機械を組み合わせたプラントシステムの設計・施工も行う。

プラントシステムを設計・施工する際には、例えばペットボトルなどの廃棄物の場合、ベルトコンベヤへの投入から粉砕、洗浄そして樹脂を選別する比重選別までを一括して提案する。また、ベアリングの交換といった納入後のメンテナンスも担う。

2020年4月には新社屋を建設し、本社の1階に展示室を開設。小型機を中心に用意し、顧客からのテスト依頼に応じられる環境を整備した。2階には通路があり、窓から1階の様子を見ることができる見学スペースとなっている。

3階には事務所を設置し、中央にはミーティングスペースを設けた。部門を仕切る板はガラス製で、圧迫感を感じさせない。軽快な音楽が流れる中、営業や設計、そして管理部門の社員が働く。

開発力で市場ニーズに応える

「開発力が当社の強み」と木口社長。会社の一体感が強みを支える。自社で設計から販売までを手がけるため、顧客の要望に迅速に対応できる。さらに、本社と同じ敷地内に工場があるため、異なる部門の社員でも距離感がなく、意思疎通がしやすいという。

週に1回は全体会議を開き、積極的に社員と情報を共有する。同会議は「GUN GUN プロジェクト」と呼ばれる。全社員が出席し、前週に起きた問題などを話し合う。会議では社長自らが発表をすることもある。例えば、コミュニケーションの質を高めることが技術の向上につながるとし、社内ルールの変更を社員に説明したという。

また木口社長は、「新たな挑戦」の継続を重要視する。「市場のニーズを満たすには、新しい製品が常に求められている」（木口社長）とし、「世の中の流れに対応している」（同）と話す。

新たな挑戦の例として、大学や他の企業などと連携して開発した水流選別機が挙げられる。同製品は重液を使わずに、水流で廃プラを選別できる。例えば、汎用ポリプロピレン（PP）やポリエチレンテレフタレート（PET）などを分けられる。すでにリサイクル業者に納入した実績がある。

制度を見直し、開発型企業へ

同社は、評価制度の見直しを進めている。2021年度には新しい人事評価システムを導入する予定だ。「人間の意識構造学を基本にしたマネジメントシステムを導入する」と木口社長は説明する。

導入の理由は、「開発力」のさらなる強化だ。業務を効率化し削減できた時間を、同社の強みである製品開発に充てる考えだ。さらに、社員の目標や評価基準を明確にすることで、能力を最大限に生かす仕組みを整える。

人材育成の取り組みとして、資格の取得に要する費用の全額補助を実施。さらに有給休暇を使わずに、就業時間内に資格取得のための講習を受講できるよう配慮している。また、外部セミナーへの参

代表取締役
木口 達也さん

工場内で選別機の性能試験を行う様子

3階事務所にはミーティングスペースを確保した

本社にはテスト環境を整備した展示室を備える

加も促している。2018年に入社した瀬野尾高弘さんは、3次元CADを勉強するため、セミナーに出席した経験があるという。

新入社員に対しては「伴走型」の教育を行っている。安全教育な

どの研修を受けた後は、新入社員が所属する部門の先輩社員とともに、年間50〜60件程度の顧客からの依頼を引き受けていく。

求める人材像として木口社長は、「世にないモノを製造したい

意欲がある人材や、環境問題の解決に貢献したい人材がほしい」と話す。

世の中の環境問題への意識向上とともに、同社の存在感もより一層高まりそうだ。

| 理系出身の**若手社員**に聞く |

粉砕機や洗浄脱水機などの性能向上に貢献したい

設計技術部 瀬野尾 高弘さん（2018年入社）

製薬企業向けの機械メーカーで設計業務をしていましたが、当社に転職しました。入社後2〜3カ月の間は社内のテスト用機械の設計に携わり、現在は主に、洗浄脱水機のモデルチェンジを担当しています。機械の隙間から水が漏れるのを防ぐ目的で設計を変更するのですが、苦労しました。

工場が本社の近くにあるため、何か間違いがあった場合、製造現場からすぐに反応があります。現場の声は自身の技術向上につながるので、この環境はありがたいです。また、社員が自由に話し合える雰囲気があり、当社の魅力の一つだと思います。今後も、粉砕機や洗浄脱水機などの性能向上に貢献していきたいです。

会社DATA

本社所在地：埼玉県川口市安行北谷665
設　　　立：1979年5月
代　表　者：代表取締役　木口 達也
資　本　金：8304万円
従 業 員 数：40名（2020年11月）
事 業 内 容：粉砕機、洗浄脱水機、各種選別装置、乾燥機、ミキサー、搬送装置、切断機、プラスチック類
　　　　　　リサイクルプラント施工、関連機械製造販売
U　R　L：https://www.nihon-cim.co.jp/

兵神装備株式会社

唯一無二の流体移送技術
──食品や自動車、電機・電子機器などの最先端生産現場に活用され国内シェア1位

ここに注目！

▶ やりがいがあり、教育や職場環境が充実

▶ 各種認定制度でスキル向上を支援

コンビニ商品の9割に関与

　社名の由来でもある兵庫県神戸市で創業した兵神装備は、一軸偏心ねじポンプの原理を応用した製品「モーノポンプ」を開発・製造・販売している。同型式ポンプに特化して50年以上営んでいるスペシャリスト集団であり、国内シェアは約9割を占める。市田邦洋社長兼技術本部長は、「他社のポンプが解決できない顧客ニーズに当社ポンプが応えるうちに、自然にシェアも高まった」と語る。

　同ポンプは、吐出時の脈動がなく設定通りの量の流体を移送することができるのが特徴。回転速度の調整により吐出量の制御は自在で、定量充填、定量塗布、定量注入に最適。移送する流体は固形物を含むものなど多種多様で、上下水道などの公共施設、自動車や電機、食品、化学、化粧品、医薬業界向けなど用途は幅広い。例えば「コンビニエンスストアの販売商品の8〜9割は当社の製品が生産工程で使われている」（市田社長）。

　同社はこれまで、移送可能な流体のさらなる拡大や吐出精度の向上、製品の長寿命化、省エネ、作業効率アップ、職場環境の改善など、多くの顧客の困り事を解決してきた。決して数を追わず、長い付き合いが前提のビジネスで、顧客に寄り添い手厚く対応する。部品の材質や形状などバリエーションを豊富に取り揃えることで、顧客ニーズに適切にマッチさせる設計や仕様を選択できるのが強みだ。

経営者の明確な長期教育方針

　兵神装備で重要な役割を担うのが技術開発部門だ。同社の技術者は独自の発想で自主的に課題を持ち挑戦する意欲が求められるが、顧客の困り事を解決できたことに対し達成感ややりがいを感じる人が多い。技術者は製品の性能や耐久性確認テスト、営業支援、製品の仕様選定への助言、カスタム設計対応、納品時の指導、アフターサービスなどの役割を担当する。各分野の業務を経験させ、幅広く提案できる人材を育成するため定期的なローテーションによるOJTを重視する。同時に会社の充実した教育制度を活用し、スキル向上を図っている。

　同社は機械系・電気系を中心に毎年理系新卒者を数人採用している。最初の1カ月は全新入社員の合同研修を実施。その後、製造部門と共通のモノづくり研修を含め約3カ月間の技術研修を行う。そして設計・製品のテストの経験を積み、製品知識や機能を数年学んで基礎スキルを身に付ける。受注品の設計を一任されるようになると、研究開発部門のキャリアパスも開かれる。自社で扱いたい製品分野や、将来のキャリアプランなど毎年上司と話し合える職場環境が用意されている。

　入社後から将来にわたる技術者教育では、スキル認定制度を導入している。講義やビデオ実習などを通じて学んだ知識が身に付いていることを社内試験で確認、エキスパートやシニアエキスパートなど3段階で認定。生涯学べる機会を提供する。初・中・上級に分かれた知財の勉強会は設計・開発の技術者だけでなく、取り扱い説明書の作成者や営業担当者などが幅広く受講する。

　経営トップ主導で長期ビジョンを掲げてじっくり取り組むのは人材育成だけではない。多くの技術者が就労する技術研究所（滋賀県長浜市）は、地下水を利用した空

常設展示場を擁する滋賀事業所の新館

代表取締役社長
市田 邦洋さん

主力製品のモーノポンプ（左）とモーノディスペンサー（右）

技術開発の拠点である技術研究所

調で省エネを実現。建屋が広すぎて屋内全体に冷暖房が行き渡らない心配がなく、酷暑や厳寒の作業環境を改善した。

こうした環境でのびのびと技術開発に没頭する技術者の一人が入社7年目の翁昂平さんだ。民間向けの多種多様な「モーノディスペンサー」の設計開発を担う第2グループ設計・開発第2チーム※のサブリーダーを任されている。設計依頼のまとめや業務割り振り、設計チェックが主な仕事。「顧客の要求レベルはどんどん上がるが、やりがいがある。将来は新製品開発に携わりたい」と語る。

「余暇は主にジャズバンドの練習や演奏会をして過ごす」と翁さん。会社の福利厚生には余暇活動の補助制度があり、サックスのメンテナンスに利用している。同社は「全社員がやりがいのある仕事に主体的に取り組み、過程を通じて自らの成長が実感できること」を目標に掲げて働く環境を整備。社員の自己開発を支援、社員間の交流を促す。女性社員が増える中、勤務時間を前後にずらす選択制度を設けて子育てがしやすいように考慮している。

── 理系出身の**若手社員**に聞く ──

世の中の最先端に対応するコア技術はすごいです

第2グループ設計・開発第2チーム※ 翁 昂平さん
（2014年入社、京都大学大学院修了）

　当社の「モーノポンプ」の、他社には負けない唯一無比の技術に惹かれて入社しました。強みを生かしてかつてなかった食感の商品開発、低燃費の自動車用などさまざまな業界に役立っているところに魅力を感じています。基礎原理は変わっていませんが、世の中の最先端や無理難題に対応するコア技術はすごいです。その技術を生かすも殺すも設計次第で、やりがいがあります。気概があれば工学的なバックグラウンドがなくても先輩の指導や社内教育でバックアップする体制が整っています。工学部や機械科以外の学生さんもどんどん入社してほしいですね。

※ 2020年9月の取材当時

会社DATA

本社所在地：神戸市兵庫区御崎本町1-1-54
設　　　立：1968年1月16日
代　表　者：代表取締役社長　市田 邦洋
資　本　金：9950万円
社　員　数：429名（2020年1月、連結）
事業内容：産業用ポンプ（ヘイシン モーノポンプ）および周辺機器の製造・販売
U　R　L：http://www.heishin.jp/

堀口エンジニアリング株式会社

設計・製造・修理で総合力を発揮
——航空機、プラントなど幅広い領域で顧客の信頼を獲得

ここに注目！

▶ 航空機整備の支援器材で国内トップシェア

▶ 社員の定着、キャリアアップに向け人材育成を充実

「つくる　なおす　命を吹き込む」—。創業73年の堀口エンジニアリングは、自動車、船舶、航空機、建設・土木機械、プラントなど各分野で製造、修理再生、メンテナンスを手がける。設計から各種加工、組み立てまで一貫して安価で対応できる総合力で差別化を図っており、日本の産業を下支えする企業である。図面がない部品の修理や、原因不明の故障への対応もしばしば発生する現場では、モノづくりのスペシャリストたちの、幅広い事業領域で培ってきた確かな技術力と、誠意のある仕事ぶりを見ることができる。

1947年、堀口内燃機工業所を創業。バスやトラックのエンジン部品や周辺部品、足回りの修理・製作から企業活動を開始した。モータリゼーションの波に乗って業績を伸ばし続け、その後、自動車の内燃機修理の技術を生かし

代表取締役
堀口 昇治さん

て、建設機械や産業機械、船舶などの大型エンジン修理へと事業を拡大。60年代後半、航空機整備器材や特殊車両分野の需要の拡大を展望し、製造部門を充実、完全受注生産体制を確立した。73年には成田空港の開港に先立ち、現在の製造拠点となる成田工場を新設した。

航空機整備の支援器材で存在感

同社は、航空機の整備に使用する支援器材の製造販売で長年の実績を誇る。飛行機をけん引する「トーバー」やエンジンを乗せる「エンジンドーリー」などは、機体やエンジンの種類に合わせて設計製造するため、航空機の種類が増えるに従い器材の引き合いも高まっている。トーバーに関しては現在、国内で約8割のシェアを持つという。民間の航空会社だけでなく防衛省も主要顧客であり、堀口昇治社長は「この領域ではかなりの信頼を得ています」と自信を見せる。また航空機の延長として、過去にはロケットや人工衛星用の整備台も製作している。技術的な経験を積むため、新分野での取り組みにも意欲的だ。

近年、急成長を遂げているのがプラント事業だ。化学や食品など、大手企業の生産設備のメンテナンス・改造・整備や、作業環境や品質改善のための設備の設計製作を手がける。チームが現場に赴き、

数日間かけて作業を行う。この間は生産ラインを止める必要があるが、極力損失を抑えるため、現場の状況に応じて迅速で適切な判断が求められる。

「機械メーカーは修理やメンテナンスに対応していないことがほとんど。小回りが利く体制で修理を担う当社は重宝されます」（堀口社長）。今後は、タイやシンガポールの日系企業のプラント修理など、海外展開も狙う。

独自の人材育成制度で社員を後押し

社内では、活気のある若手からベテランの職人まで幅広い年代の社員が活躍する。社員の定着を図るため、また長期的には熟練の技術を身に付けてもらうため、独自の人材育成制度を取り入れている。新入社員の入社後、年齢の近い先輩が付いて業務面やメンタル面でのフォローをする「ブラザー制度」の活用もその一つだ。機械の操作方法などをOJTにより指導する他、人間関係の相談などにも応じ、新入社員の不安や悩みを解消する。

また、特に高度な技術を持つベテラン社員を「マイスター」に指名し、必要に応じて若手に指導してもらう「マイスター制度」を設置。長年のキャリアで培った技術・技能を次世代に継承するため、積極的に指導の機会を設ける。同社は技術継承を今後の課題としてお

成田工場。製造、修理のスペシャリストがそろう

航空機用トーバーの一例（エアバス A380 用）

り、作業の見える化、マニュアル化にも取り組んでいる。

一方で、キャリアアップのサポートも徹底する。若手社員には資格の取得を推奨しており、各種資格取得のための受験費用は2回まで会社が負担する。社員の多くがレベルアップに向けてモチベーションを高く持っており、国家資格にも挑戦している。

新たな事業展開に向け、人材の確保は不可欠だ。同社は毎年3〜4人程度の新卒を採用している。堀口社長は「仕事はチームワーク。仲間と円滑にコミュニケーションできる方を待っています。皆、後輩ができることを楽しみにしています」と笑顔を見せる。

┤理系出身の**若手社員**に聞く├

国防向けに独自の製品を設計できる、
責任のある仕事を楽しんでいます

技術課 萬崎 慎也さん（2020 年入社）

航空宇宙分野を軸に就活を進める中で、国内でここでしか作っていないものがあるという独自性に惹かれて入社を決めました。現在は設計部門で、防衛省向けの製品を担当することが多いですね。先日納入したのは、自衛隊の航空機を整備する時に使用するドーリー。実際に現地に出張してスケッチを取り、製造部門とも連携しながら設計を進めました。国の防衛にも貢献していることを実感し、やりがいを感じています。

職場はみんな元気がよく、上司にも相談しやすい環境です。当社の設計はメカだけでなく、流体や油圧、電気などの要素が複雑に組み合わさっています。今後はさらに勉強して、仕事の幅を広げたいと考えています。

会社DATA

本社所在地：東京都渋谷区恵比寿西2-1-10
設　　　立：1947年5月
代　表　者：代表取締役　堀口 昇治
資　本　金：3600万円
従 業 員 数：116名
事 業 内 容：航空機用支援器材の設計製作、エンジン部品・建設機械部品の修理再生、プラント各種メンテナンス
U　R　L：http://horiguchi-engi.com/

前澤工業株式会社

総合エンジニアリングとモノづくりの融合
──ライフラインを支える使命に徹する

ここに注目！

▶ **長年培った経験と技術力で顧客ニーズに即応**

▶ **自社工場での一貫生産に加え、省エネ対応の技術力を強みに存在感**

前澤工業は1937年（昭和12年）に創業、今年で84年目を迎える。水道用機械器具の販売からスタートした同社は、生活に必要不可欠な上下水道インフラを支える事業を展開。上下水道の総合エンジニアリング会社でありながら、自社工場でモノづくりに取り組むメーカーとしての顔も持つ。長年培ってきた技術力と独自製品を生かし、顧客ニーズに素早く対応している。

同社は水道水の供給や生活排水、産業排水の汚水処理に用いるプラントや製品を提供しており、官公庁の仕事が全体の9割を占める。日本では人口減少を背景に、プラントの新設よりも更新需要が拡大している。宮川多正専務取締役管理本部長は「ここ数年メンテナンスの需要が伸びており、今後、更新時期を迎える施設も多い」と話す。

専務取締役管理本部長
宮川 多正さん

国内トップシェア製品も生産

前澤工業は埼玉県幸手市に自社工場を保有している。この工場の敷地面積は東京ドーム約2.5個分に匹敵する約10万平方メートルと広大だ。

水の流れをせき止める鋳鉄製ゲート、流量を調節するバルブなどを生産し、国内トップシェア製品もラインアップする。工場内には高周波電気炉を有し、年間の鋳造生産量は約2500トン。開発から設計、生産、出荷までの一貫体制を確立している。

人口減少による水道使用量の減少、施設管理の人手不足、災害対策、省エネルギー化など上下水道事業には課題が山積しており、これらに対応する技術開発は業界の共通課題だ。同社が産官学連携で開発した効率的な下水処理技術「OD法における二点DO制御システム」は、柔軟性のある運転制御と効率的な装置により30％以上の消費電力量を削減する。さらに情報通信技術（ICT）を活用し、現場作業を効率化するサービスの提供も計画している。

近年では、バイオガスプラントにも積極的に取り組んでいる。畜ふん尿や稲わら、食品廃棄物などから得たバイオガスを電気や熱に変換し、再生可能エネルギーとして活用するなど、バイオマス資源を有効活用し循環型社会の実現に貢献しているのだ。

"自律走行型人材"の育成

前澤工業は、経営理念に「水とともに躍進し　人間らしさをもとめ　社会に貢献できる魅力ある企業」を掲げて事業を行っている。これは国連が掲げる持続可能な開発目標（SDGs）の理念とも一致しており、事業がそのままSDGsの取り組みに直結する。宮川専務は「地球規模の活動に関わっていることは仕事に対する社員のモチベーション向上につながっている」と話す。

こうした経営理念を実践できる"自律走行型人材"の育成は欠かせない。自ら考え、学び、行動し、自らを律することのできる人材だ。メンター制度により、新入社員は先輩社員との対話を通じて仕事への姿勢を学び、人間性を高めていく。

さらに「技術・技能継承の火を消さないようにしている」と宮川専務は言う。熟練技能者が持つ匠の技を後世に伝えるのは、工場を持つ同社にとって肝となる。継承すべき技術・技能を特定し、伝承者と後継者を選抜して育成に励んでいる。メーカーの側面を持つ同社ならではの取り組みと言えるだろう。

新型コロナウイルスの感染拡大に伴い、社員の健康を第一に考え、在宅勤務や時差通勤の活用を促したが、一方で公共インフラを支えるという使命感から社員の多くは

2019年度「STI for SDGs」アワード優秀賞を受賞した二点DO制御システム

埼玉県幸手市に所有する自社工場では、開発から出荷までの一貫体制を確立

北海道士幌町に建設したバイオガスプラント

事業継続に理解を示し、日々の業務に協力してくれたという。働き方が多様化する中で、育児休業や短時間勤務制度を利用し活躍する社員がいるほか、65歳定年制に移行し、70歳までの再雇用制度を導入した。宮川専務は、「社員が長く働けるキャリアプラン、自分のライフプランが描ける職場環境を作る」と強調する。

仕事へのやりがいと働きやすさが社員のモチベーション向上につながり、社員が使命感を持って取り組むことが次の成長に向けた会社の原動力となっている。

| 理系出身の**若手社員**に聞く |

日本で得た経験を途上国に役立てたい

環境R＆D推進室 技術開発センター
ガンバト・ゾルザヤさん（2018年入社）

　私はモンゴル出身で、2012年に来日しました。日本の大学で環境システムを学び、大学院では下水処理の研究に没頭しました。当社を志望したのは、上下水道を手がける事業領域の広さに惹かれたからです。現在は省エネに対応した下水処理システムの開発を担当し、コンピューターシミュレーションを用いてシステムの最適な運転条件の検証を行っています。

　当社は少人数でプロジェクトを動かしているため、社員1人に対する業務の幅が広くやりがいを感じます。世界の人口増加で水市場は拡大傾向にあり、将来性のある分野だと思います。今後も日本で活躍し、いずれ日本で学んだことを途上国にも役立てていきたいです。

　会社DATA

本社所在地：埼玉県川口市仲町5-11
設　　　立：1947年9月
代　表　者：代表取締役社長　松原 正
資　本　金：52億3371万円
従業員数：693名（2020年5月）
事業内容：上下水道用機器・水処理装置の製造および販売
Ｕ　Ｒ　Ｌ：http://www.maezawa.co.jp/

牧野フライス精機株式会社

数少ない工具研削盤専業メーカーとしてモノづくりに貢献
——全面刷新した本社工場を拠点に、ニーズにかなった製品を展開

記者の目

ここに注目！

▶ **ハードウエアを重視した設計思想で、使い勝手の良い高品質な製品を製造**

▶ **手厚い製品サポートにより、海外製では満たせないニーズに応える**

牧野フライス精機は、工具研削盤で国内トップシェアを誇るメーカーだ。工具研削盤は工作機械の一種で、金属を削る、穴を開けるといった加工に使う各種工具を製造する装置のことだ。砥石をさまざまな角度で加工対象の金属材に当てて、金属材を削りながら工具の形を作っていく。工具研削盤は、モノづくりの根幹を支える機械と言える。

社是は「10年後、20年後に『牧野フライス精機の機械を買って良かった』と言われる会社」。いたずらに売上高を追うのではなく、顧客の信頼を維持しつつ、堅実な成長を目指す。

専業メーカーの強みを生かし国内シェアトップを維持

牧野フライス精機は、神奈川県内陸部の愛川町で1965年に創業し、今も愛川町に本社工場を置く。

取締役社長
清水 大介さん

1968年にロングセラーの万能工具研削盤「C-40」を発売以降、数多くの工具研削盤を開発してきた。ちなみに、C-40はこれまでに累計1万3000台以上を生産、現在も売れ続けている。

同社は先進技術の導入に積極的なことも特徴で、数値制御（NC）対応機も業界でいち早く対応した。10軸制御型や、対話式ソフトウエア搭載型といった一歩先を行く工具研削盤の開発にも取り組んでいる。

清水大介社長は同社の強みについて、「設立から工具研削盤専業メーカーであること」を挙げる。工具研削盤メーカーは海外を含め数多い。だが、工具メーカーやソフト会社といった企業が工具研削盤を製造するケースが多く、設立から工具研削盤専業で続く企業は極めて珍しい。そのため、同社はハードウエアを重視する設計思想を持ち、ソフトではなく、メカの観点による工夫から精度や使い勝手を高めようとする。こうした姿勢は他社には難しく、業界内での高い評価につながっている。

充実のサポート体制と新工場

もう一つの強みは、全国的かつきめ細かい製品サポート体制だ。国内は、首都圏にある本社、中部東海地区の名古屋営業所（名古屋市守山区）、関西地区の大阪営業所（大阪府東大阪市）にサポートエンジニアを置き、加工技術や機

械のカスタマイズといった相談にも対応する。海外メーカーはちょっとした困り事に対応することが難しいが、同社は国内メーカーならではのアドバンテージを発揮。差別化のためサポート要員は今後も増やすという。

さらに、5年かけてリニューアルした新しい本社工場も同社の強みだ。生産能力が1.5倍になったほか、見晴らしの良い事務フロア、広い食堂を確保し、事務用イス、机など全てを新調した。最新鋭の機器を使って業務に取り組めることは、働く人を前向きにする。

探究心、好奇心のある人を求める

同社の理系学生新卒採用状況は、ニッチ分野のため応募数が少なく苦戦中だが、本当はもっと多くの理系学生を採用したいという。

入社すると、半年ほどの研修後は主に設計か加工、制御技術を担当する。清水社長は「探究心、好奇心を持っていれば大丈夫。中小企業なので早くから重要な業務を担えるし、設計、加工、営業なんでもできる」と話す。新製品も2年に1度程度は開発しており、自らのアイデアを盛り込む、設計を担当するといったチャンスは多い。ちなみに、女性の従業員比率は1割ほど。事務職か営業が中心となる。

また、昨今はユーザー側に加工技術を提案するケースも増え、制

刷新したばかりの本社工場。最新鋭の機械を使ったデモも行える

職場では先輩後輩の分け隔てなく自由に意見交換ができる

フラッグシップモデルである高精密CNC工具研削盤「AGE30」

御技術、ソフトウエア技術の重要さが増している。システムエンジニアのような技術を持つ人材が活躍する機会が増えそうだ。さらに、同社は海外への販路を拡大中。インドや東南アジア、中国に駐在員を置いている。今後は海外の仕事が増える予定で、海外で見聞を広めたい人にとっては魅力的だ。

| 理系出身の**若手社員**に聞く |

若い時期から重要な仕事ができるのが魅力

技術部設計課 樋渡 鯨さん（2013年入社）

　半年の入社研修後、設計課に配属されてずっと工具研削盤の設計を手がけています。年功序列は関係なく、若い時期から重要な仕事ができます。チームによる仕事を経験できるほか、画像処理の技術を学ぶ必要が出てきたり、特許を自分で取得したりといった経験もあり、業務から学ぶことは多いです。

　一方で、最終製品を持つことで、サプライヤーや加工業者など社外の方々と情報交換できる機会も多くあります。入社を志望する方々には、特別な知識よりもバイタリティーと「恐れず取り組む」という考え方を持っていてほしいと思います。アイデアを形にしていくことができる会社なので、楽しく、喜びもあります。

会社DATA

本社所在地：神奈川県愛甲郡愛川町中津4029
設　　　立：1965年
代　　　表：取締役社長　清水 大介
資　本　金：1億円
社　員　数：131名（2020年12月）
事 業 内 容：工具研削盤の設計製造、メンテナンスなど
U　R　L：https://www.makinoseiki.co.jp/

都機工株式会社

日本のモノづくりを支える機械工具の商社
——質の追求で千葉県業界トップ企業に

記者の目

ここに注目！

▶ 地域密着営業で顧客の困り事を支援。「強く必要とされる存在」に

▶ 独自の朝礼で仕事モードへ、心も一つに

都機工は1966年の創業以来、顧客第一主義を実践し、成長してきた機械工具商社だ。規模を追求したことはなく、常に企業としての質を追求してきた。その結果、2019年8月期の連結売上高は83億円と、千葉県で最も大きい機械工具商社となった。社名の「都」には、社員が中心の会社とし、かつ業界の中心で活躍できる会社にするという、創業者である長橋護会長の思いが込められている。その原動力は社員だ。

都機工は産業機器や工作機械、工具、部品から工場の事務所で使う事務用品や住宅設備機器など、数十万点の商品を取り扱う。ただ、長橋初社長は「商品、価格、納期も似たり寄ったり。同業他社との差別化が難しいのが現実」だと話す。

そのため、千葉県を中心に展開する6支店から、それぞれ移動時間で30〜40分以内を商圏とし、取引先に困った事があった時に、すぐに対応できる体制を整えることで差別化を図っている。「顧客との接触回数は、同業他社と比べて圧倒的に多くなる」(長橋社長)のだ。

これに伴い、顧客からは「うちの社員よりも会社にいる。顔を見ない日はないと言われる」(同)。目指すは顧客のパートナーとなり、プロジェクトの初期段階から参加し、ニーズに対応した提案ができる「強く必要とされる存在」(同)になることだ。

20年は新型コロナウイルスの感染拡大を防止するため、これまでのような対面型の営業は断られやすい年だった。新型コロナにより「取引先の役に立っていたのか、役に立っていなかったのかが試された」(同)。同社の20年8月期は減収となったが、影響は軽微で、実践してきた顧客第一主義の正しさが証明された格好だ。

仕事を通じて人間力アップを

京セラ創業者である稲盛和夫名誉会長の経営哲学に影響を受けてきた長橋社長は、経営理念に「物心両面の幸せの追求」を掲げる。そして長橋社長は社員に「仕事を通じて人間力を高めてほしい。社会に良い影響を与えられる人になってもらいたい」と説く。

そのため社員教育には力を入れる。コミュニケーションスキルを向上させるための研修やメーカー研修など仕事に必要な教育以外にも、人間力を高めるための雑誌「致知」(致知出版社)をテキストにした勉強会などを開く。

都機工の理念を支える二本柱に、毎日の「活力朝礼」と毎年の「事業発展計画」の発表がある。朝礼では自由なテーマでの社員発表や社是と経営理念の唱和、「職場の教養」の輪読、あいさつの練習などを行い、元気な声が響き渡る。外部の見学者も多く「誰も手を抜かず、やらされている感じもない」と評価される。

朝礼により「全員の心を一つにし、気持ちを仕事モードに切り替える」(長橋社長)のが狙いで、朝礼を軸に会社をまとめる。そのため、入社試験でも面接の前に朝礼を見学する。採用担当の管理部総務ESの田巻真由さんは、「明るく、元気で、素直な人に入社してもらいたい」と語る。

一方、事業発展計画は、長橋会長が定めた不変的な包括指針や経営理念、社是から始まり、毎年、長橋社長が設定する新年度の基本方針、そして全社員が掲げる年度の目標で構成される。全社一丸となり、個人、そして同社の目標を達成するのが狙いだ。

産業設備機器でさらなる飛躍

都機工は現在、生産設備の構築や工場のリフォームなどを請け負う産業設備事業に力を入れてい

代表取締役社長
長橋　初さん

「致知」をテキストにした勉強会で人間力を高める

多くの来場者でにぎわう「省エネ・環境・安全展」

朝礼では社員の元気な声が響き渡る

る。20年8月期の同事業の売り上げは10億円で、将来は連結売上高で100億円、このうち同事業で30億円を目指す。人手不足に続き新型コロナが引き金となり、大手に限らず、中堅・中小企業でも自動化のニーズは高い。

しかも産設分野は、「ワンクリックで注文できない、ネットに浸食されない」（長橋社長）市場だ。現在、同事業は6支店を3人の技術営業でカバーしているが、将来は各支店に技術営業を配置する計画。その担当を理系人材にし、高度な提案を行い、市場を開拓する方針だ。そのためには、入社時点で機械や電気などの知識を持つ人材が必要不可欠となる。

──| 理系出身の**若手社員**に聞く |──

顧客の役に立つことがやりがいに

松戸支店 第1副グループ長係長 丸島 健嗣さん（2009年入社）

　朝礼を見学し、「いらっしゃいませ」という元気な声を聞いた時に入社したいと思いました。現在は千葉県松戸市周辺の営業を担当しています。経営者に会うことも多く、いろいろなことを教わり、人間的に成長していることが実感できます。

　取引先から「このようなことをやりたいが、他社に聞いてもできなかった」と言われることがあり、その際に問題を解決し、顧客の役に立てた時にやりがいを感じます。

　チーム全体で助け合って目標を達成しようという雰囲気があります。また挑戦が認めてもらえる職場でもあります。これからも失敗を恐れず挑戦を続けていきたいと思います。

▐ 会社DATA ▌

本社所在地：千葉県松戸市西馬橋幸町122-1
設　　　立：1970年9月
代　表　者：代表取締役社長　長橋　初
資　本　金：5500万円
従 業 員 数：117名（グループ計）
事 業 内 容：産業機器および工作機械、住宅設備機器の販売、工場リフォーム
U　R　L：http://www.miyakokiko.co.jp/

株式会社彌満和製作所

ねじ切り工具で産業界を支える
——工場組織の再編でコスト競争力を強化

記者の目

ここに
注目
！

▶ ねじ分野に特化することで他社にない技術やノウハウを蓄積

▶ 社員の隠れた力を引き出すキャリアアップの仕組みを整備

彌満和製作所は、関東大震災直後の1923年に渡邊譲吉氏が立ち上げた。渡邊氏は帝国大学で機械工学を学び、当時、規格の統一が進みつつあったねじに着目。工業製品やインフラなどあらゆる分野に使われるねじに大きな可能性を感じ、そのねじを生み出すタップやダイスなどのねじ切り工具の製造で日本の産業界を支えてきた。

ねじは、振動や衝撃でずれたり緩んだりせず、しかも外す時はスムーズに回転して外れることが大前提のため、ねじを切るタップは溝の深さや角度、ねじ部を高精度に仕上げる必要がある。創業者の孫で3代目の渡邊芳男社長は、「『確かなねじ』を追求する姿勢は創業当時も今も変わらない」と、自社の品質に自信をのぞかせる。

背景にあるのは、ねじ切り工具専業メーカーとして100年近く培ってきた技術とノウハウだ。売り上げの9割を占めるタップの製造では、刃を仕上げるための加工機を自社開発。さらに、刃の寸法

をミクロン（1000分の1ミリメートル）単位で管理するための測定具や、刃を削りだす前の棒状素材の中心を正確に割り出すセンタードリルも自前で作り、後者は広く販売している。タップ製造に関するあらゆる技術を社内で開発できるのが、大きな強みとなっている。

2020年12月にはグループ会社の彌満和精機工業（米沢工場）、彌満和プレシジョン（本社工場、会津工場）を解散し、彌満和製作所に継承。3工場のシステムを統一することで、短納期化や製造コストの削減、顧客の要望にスピーディーに応える体制の構築を目指している。

社員が挑戦できる環境を用意

彌満和製作所は、人材育成を重要な課題と位置付けている。工業高校や高等専門学校卒、大学卒など幅広い人材を新卒に限らず採用しており、毎年数十名を採用。新入社員は工場で半年間の研修を受け、各部門の仕事を見学するほか、

代表取締役社長
渡邊 芳男さん

安全上の注意点や計測器具の使い方など基本を学ぶ。その後、各人の希望や適性に従って各部門に配属される。

ここまではよくある流れだが、同社では人を育てる面白い取り組みをしている。その一つが総合職（マネジメント職）と特別職（技能職）を自由に行き来できるキャリアアップのための仕組みである。「マネジメントに挑戦したい」と考える技能職や、「専門技術をもう一度学び直したい」と考える

品質と精度にこだわる「確かなねじ」は世界中で使われている

技術的に高度な製品を手がける福島工場

風通しの良い職場で積極的に質問ができる

マネジメント職が、希望をかなえられる環境が整っているのだ。

さらに、社員のやる気を高めるために「4者面談」の機会を設けている。本人と直属の上司、アドバイザー、コーディネーターの4人で面談し、本人の仕事ぶりの評価や抱えている課題を検討する。ここで、本人が気付いていない強みが明らかになり、新たなキャリアにつながることもあるという。

インフラ関連に照準

あらゆる分野で使われるタップだが、渡邊社長は「これからはインフラ関連の需要が伸びる」と見る。高度経済成長期に集中的に整備された道路や橋、トンネルなどが老朽化して更新時期を迎えており、大径ねじのニーズが高まるためだ。

さらに近年、タップで加工する素材がチタンやアルミニウム、セラミックスなど多様化しており、対応できるタップの開発にも注力する。

「1本でもねじが緩めば製品に大きな影響を与える。だからこそ、タップ製造にはやりがいと誇りを持てる」（渡邊社長）。品質重視を貫きながら、新たなニーズを見据えた事業展開を図る方針だ。

┤ 理系出身の**若手社員**に聞く ├

多様な働き方ができる会社、質問しやすさもカギ

製造管理部 櫻井 祐登さん（2018年入社、国士舘大学理工学部卒業）

大学で材料力学や流体力学などを学び、営業職だった前職を経て入社しました。3年目の今は製造管理業務を担当しています。注文を受けて現場に指示を出すのですが、最初のころはベテランからの厳しい指摘に落ち込むこともありました。一方、親切な人が多く、「分からないことはなんでも聞いて」という雰囲気があるので、積極的に質問する姿勢があれば成長できると思います。これから製品の知識を増やして、今の仕事を完璧にこなせるようになるのが目標です。将来は、他部門でも活躍できる人材を目指しています。

┤ 理系出身の**若手社員**に聞く ├

自社の技術を広く社会に発信できるようになりたい

技術研究所 小島 祐人さん（2018年入社、広島大学大学院工学研究科修了）

大学院で切削加工を学び、新卒で入社して3年目になります。新製品や新技術の開発を担当しており、今は塑性加工でめねじを作る転造タップの開発がメインの仕事です。開発は、時には誰もやったことのないものを創造する難しい仕事ですが、アイデアを形にして成功した時はやりがいを感じます。今後は、学会などとの関りを通じて当社の技術を広く社会に発信できるようになることが目標です。学生の皆さんには、当社が幅広い働き方ができることを知ってほしいです。1つのことを突き詰める環境もあるし、マルチな技術者も目指せる、懐の深い会社です。

会社DATA

本社所在地：東京都中央区京橋3-13-10 中島ゴールドビル8F
設　　　立：1923年11月
代　　　表：代表取締役社長　渡邊 芳男
資　本　金：2億9500万円（連結）
従 業 員 数：757名（連結）2020年12月21日
事 業 内 容：ねじ切り工具（タップ・ダイス）、穴あけ工具（センタ穴ドリルなど）の製造・販売・および輸出業務
U　R　L：https://www.yamawa.com/

株式会社 ROSECC

工場自動化で世界に貢献
──ロボット取り扱い 30 年以上の実績とノウハウ

記者の目

ここに注目！

▶ 企画から最終調整まで手がけ、技術者の醍醐味（だいごみ）が味わえる

▶ 「考えろ。意思を持て」。やりたいことがある理系学生を歓迎

製造業の自動化ニーズが高まり、ロボットを使った自動化設備を手がける"ロボットシステムインテグレーター（Sler）"の呼称が急速に広まった。だが、こうした変化は、ロボットを使った自動化設備に 30 年以上携わってきた ROSECC（ロセック）にとって特に意味を持たない。矢本洋一社長は、「最近はそんな風に呼ぶんだな、と思った程度」と静かにほほえむ。そして、「すでに当社の名は業界でそれなりに通っている」（同）と、長年積み上げてきたノウハウと実績への自信をにじませる。

ロボットを使った自動化に特化

ROSECC の主要事業は、ロボットを使った自動化設備の企画、設計、製作、販売である。自社工場は持たず、あくまでもこれらを組み合わせた加工システムの構築が同社の仕事だ。

代表取締役社長
矢本 洋一さん

ROSECC という社名には、"ロボット（Robot）の操作（Operation）、組み合わせ（System）と工夫（Engineering）を通じて、創造（Creation）し、世界に貢献する（Contribution）"という創業者の思いが込められている。このうちの"工夫（Engineering）"が事業の核だ。設備を提供する仕事の中で、特に「考える」部分を売りにしている。

考える仕事は、顧客との打ち合わせから始まる。顧客の工場を見せてもらい、何を望んでいるのかしっかりヒアリングする。その結果を基に設備の構想、仕様を練り、見積もりを作成。注文が入れば、全国に所在する 4 社ある協力工場に製造を依頼する。ただし、協力工場の現場には ROSECC 社員が張り付き、生産工程や品質、納期を管理。加えて、ロボットのプログラミングや動作確認、現場での最終調整も担う。

顧客は自動車関係が中心だ。バンパーやルーフ、インストルメントパネル、カーペットといった内外装部品を加工する設備の自動化を依頼されることが多い。材料である樹脂や繊維を切断、切削するために超音波カッターやレーザー加工機、ルーターなどの加工機を利用する。特に、水の力でカットするウォータージェットマシンは得意分野だ。さらに、加工機への加工対象物（ワーク）の投入や取り出し、搬送などを担うロボット

を組み込み、自動化システムを構築する。

親切をロボットに乗せる仕事

ROSECC は、転機を迎えている。2020 年 10 月、親会社が産業機器メーカーの極東産機株式会社（東証 JASDAQ 上場）に変わったのだ。同社は近年、創業以来培ってきたコア技術の活用によるオーダーメイド産業機器の開発・製造に注力しており、その技術力は、リチウムイオン電池生産設備などのハイテク分野で高く評価されている。今後、両社の技術・販売協力によるシナジー効果によって、双方の更なる事業拡大が期待される。

人材育成面でも、時代の変化に即して見直しをかけている。従来はほぼ OJT だったが、具体的な教育カリキュラムを準備中。これに伴い、技術の訓練や評価に用いるロボットの導入も進めている。

新入社員は入社後 1 年間、基本的に技術長の下について国内協力企業へ出張し、仕事を覚える。中堅になれば、単身で顧客の海外工場へも出張する。自らの指揮で組み立てから調整まで担当するが、この域に至るまでには通常、国内で 5 年ほど研鑽（けんさん）を積む。自分が手がけた設備で生産された製品を世の中で見かけると、自分が手がけた仕事の実感が湧く。矢本社長は仕事の楽しさについて、「微力ながらも日本の製造業に寄与していると実感が持てる」と熱意を込め

ロボットに30年以上携わってきたROSECCの本社

顧客のニーズを聞き出して形にする

て語る。

社員に求めるのはまず、親切だ。"親切をロボットに乗せよう"をモットーに、顧客から感謝される集団を目指している。加えて、何かをやりたいという意思の強さが重要になる。矢本社長自身も創業者から、「考えろ。意思を持て」と繰り返し言われたという。

理系学生に対し、「若いうちから果断に進路選択した人たち。何かやりたいことがある、という強い意志を感じる」（矢本社長）と期待を寄せる。親会社が変わり、変革の時を迎えているROSECC。ともに新時代を創るための、新たな仲間を待ち望んでいる。

―| 理系出身の**社員に聞く** |―

モノづくりは苦労もありますが、それ以上の感動があります

取締役システム部 部長 上之園 裕さん（2019年入社）

矢本社長から声をかけていただき、中途入社しました。技術営業とプロジェクト管理を担当しています。お客様の頭の中にあるぼんやりとしたニーズを聞き出し、最適な設備を予想して膨らませ、形にしていくのが仕事です。お客様と協力企業の要求バランス、さらには品質、コスト、納期のバランスを取りつつ、何を優先するかの判断が重要となります。

モノづくりの醍醐味は、自分が手がけたものが形になることです。20歳過ぎのころ、自分で書いた設計図が使われ、その図面でモノが製作されているのを見た時はとても感動した事を覚えています。もちろん、感動の前にはいろいろな苦労もありますが、考えたら考えた分だけうまく進める事ができるのは魅力だと思います。そしてその結果として、お客様から感謝の声をいただけた時が一番うれしいですね。

会社DATA

本社所在地：名古屋市名東区上社5-406
設　　　立：1986年
代　表　者：代表取締役社長　矢本 洋一
資　本　金：6787万円
従 業 員 数：12名
事 業 内 容：産業用ロボットを駆使したFAシステムの企画、設計、製作、販売、ロボットプログラミング、ティーチング、ウォータージェット・ルーターなどを使用したカッティングシステムの企画、設計、製作、販売、ロボットティーチングスクール
U　　R　　L：http://www.rosecc.jp/

株式会社伊藤金属製作所

最適加工技術を提案し、部品を早く安く提供
——モノづくりの質を追求し、顧客・社員の満足度を高める

記者の目

ここに注目！

▶ 設備、刃物を内製化、他社に類を見ない加工法を開発

▶ 社員一人ひとりのスキル向上、成長を一貫して支援

削るだけでは終わらない

伊藤金属製作所の本社工場は、大阪市東住吉区の住宅やマンションが密集する地域に立地、規模こそ郡山工場（奈良県大和郡山市）の方が大きいが、大阪市内でも操業は続いている。1935年に創業、第二次大戦後すぐにこの地に本社工場を構えた。そのたたずまいは、脈々と精密部品製造事業を継続してきた同社の歴史を物語る。

川崎恭子社長の祖父にあたる伊藤留吉氏が創業、当初の同社は現在のパナソニック向けに部品を製造する専属工場として事業を拡大した。1950年の会社設立以降は取引先を広げ、製造する部品の種類も拡大していった。

切削加工を中心とするが、「削るだけでは終わらない」をスローガンに掲げる。単に納入先から図面をもらって部品を製造するだけではなく、同社が最適な提案を行い、顧客に付加価値を提供することを目指すという意味だ。さまざまな部品の製造を独自の設備、技術で早く、安く提供できるノウハウを積み上げてきたことがバックボーンとなる。

コア技術とするのは、切削加工、樹脂成形、設備設計開発、組み立て、研磨、計測・評価の6つで、それぞれ独自の強みを持つ。切削加工では、同業他社にもほとんどないというカム式6軸自動盤から複合CNC旋盤まで低コストで大量生産できる設備を構築している。創業者の時代から生産設備へのこだわりは強く、社員の1割を生産技術部門に配置、工作機械そのものから刃物まで内製化に取り組んでいる。もちろん品質管理も徹底しており、カメラやサーモグラフィで加工時に起きている現象をモニタリングし、加工条件の最適化につなげている。

現在は建設機械、自動車、蓄電池向けなどBtoB分野を中心に多様な部品を納める。変わった製品では、食品分野での樹脂製継手がある。各メーカーによって異なる継手を納入しており、高い国内シェアを有する。食品が継手の中を通るため、衛生管理を徹底し準クリーンルームで製造している。

個人の成長を会社の成長に

川崎社長は「一人ひとりが成長した分だけ、会社が成長する」という考えを基本に、社員教育に力を入れている。職種、階層に応じて求められる能力を体系化したスキルマップを作成し、各人の目標と現状をまとめたテクニカルスキルを記録することで、スキルの棚卸しを行っている。

研修も充実し、マネジメント研修、職種別研修、一般教育研修などを段階に応じてきめ細かく実施、各人の成長を支援する。QCサークル活動や合理化改善活動、5S安全衛生活動などに全社的に取り組んでいるほか、職種によって必要な資格取得に対し、手当や報奨金を支給する制度もある。

理系出身社員に求めるのは「知的好奇心と探究心、あきらめない姿勢」の3点。生産技術を高めるために、さまざまなことに関心を向け、なぜこうなっているのだろうという探究心を持ち、粘り強く

代表取締役社長
川崎 恭子さん

さまざまな分野に供給する同社が製造した部品

現在の主力製造拠点である郡山工場

常に対話しながら最適な加工を探る

開発に取り組まなければ結果は生まれないという意味だ。その上で「自分がこの会社でどうなりたいのか」と問いを投げかけ、各人の最適なキャリア形成の道を探る。

同社は創業100周年を迎える2035年を見据え、防災、エネルギー関連、医療の新規3分野深耕を掲げるとともに、IoT（モノのインターネット）を活用した設備稼働システムの導入を推進する。これまでは比較的大ロットの部品の効率的な製造を中心としてきたが、多品種少量の複雑形状部品の製造も強化するため、新たな加工方法の導入を促進する。

さらに社員全員の力を結集して、自社製品の開発も目指している。川崎社長は同社の将来を「成長はするが、膨張ではない」と言い切る。規模拡大ではなく質を高め、取引先からは「仕事を頼んでよかった」、社員からは「勤めてよかった」と言ってもらえる会社を志向する。

| 理系出身の若手社員に聞く

チャレンジの先駆けとなって
社を進化に導く

郡山工場 生産技術課 能研係 K・T さん（2015年入社）

　機械工学科で材料学を専攻していた学生時代に、インターンシップで現在所属している生産技術課能研係を職場体験しました。その際、設備の多くを自分たちで設計・製作していると聞き、自分もやってみたいと強く思い、入社を決めました。最近、協働ロボットを活用した組立機製作に携わることがあり、試行錯誤しながらですが実際に稼働できた時は、大きなやりがいを感じました。

　現在は、稼働状況や生産実績を「見える化」する製造現場IoT化に取り組んでいます。当社は新しいことに積極的にチャレンジする社風ですが、私自身がチャレンジの先駆けとなって、会社全体をさらに進化させたいと考えています。

■ 会社DATA

本社所在地：大阪市東住吉区山坂1-7-2
設　　　立：1950年7月
代　表　者：代表取締役社長　川崎 恭子
資　本　金：4752万円
従 業 員 数：345名
事 業 内 容：金属切削部品の製造販売、樹脂成形部品の製造販売、配管関係組立部品の製造販売など
U　R　L：http://www.itoh-kinzoku.co.jp/

株式会社仲代金属

自動車・電子機器のバッテリー用素材を支える
——最高硬度の合金を 0.1 ミリメートル幅で「切る」

記者の目

ここに
注目！

▶ 世界で類なき高精度のスリット加工技術

▶ 「口下手でも実直」だからこそ実現

「口下手でも実直さがあるのが良い」—。こう話す仲代金属の安中茂社長は、15歳から金属加工一筋の"職人"社長。同社の主軸となる超精密スリット加工、シートカット加工やバリレス加工などはすべて、約45年の歳月をかけて安中社長が自ら開発した加工機によって実現した。最高硬度のアモルファス（非晶質）合金をはじ

代表取締役社長
安中　茂さん

めとした金属・非鉄金属を 0.1 ミリメートル以上の幅で高精度に切断する「スリット加工」や、極限まで究めたバリ処理で鏡のような光沢のある切断面に仕上げる「鏡面切り加工」は、世界でも類を見ない技術水準だ。

顧客は自動車関係や電子機器関係などを中心に、その数は国内外含めて100社に上る。加工機は加平工場と新潟工場で合わせて25台。各加工機1台につきオペレーターが1人ずつ配置され、依頼された材料を丁寧に加工する。切断用の刃も各オペレーターが常に確認し、必要に応じて研磨するなど、オペレーターにかかる責任や裁量は大きい。

安中社長が期待を寄せる6年目の若手技術者、三好哲也さんは「とにかく真面目で実直」（安中社長）。職人が持つ技術一筋な雰囲気を醸し出すが、実は法学部出身者だ。

「経験や専門分野は関係ない。顧客から預かった材料を加工して納めるという業務は忍耐力が要になる。口だけで勝負をする人でなく、真面目に真剣に取り組む人間に任せるべき」（同）。安中社長は三好さんを採用後、オペレーターを命じた。新卒オペレーターは三好さんが初だった。

求める人材について安中社長は「資格はいらない。とにかく真面目、真摯に向き合う姿勢があればよい」としている。また、統括部門長の来原大樹取締役は「何かに専念したい、一つの道を究めたい人には当社はお勧め」とした上で、「自分もスキルは何も持たずに入社した。現時点で業界の知識は何一つ不要。やりたい"何か"が決まっていなくても、やってみたいという思いのみあれば、私たちは大歓迎」と、未来の職人たちにエールを送る。

加平第二工場内のクリーンルームでアルミニウム材を慎重に加工する三好さん

加平第一工場の作業風景

加工した切断面はまるで「鏡面」。ISO 9001を取得し、海外からの依頼も多い

モノづくりを諦めきれず "理転"
小さな積み重ねで「事故にならない」ものを

加平工場 生産グループ 三好 哲也さん（2015年入社）

　父親が町工場で働くのを幼いころから見てきて、モノづくりへの興味はありました。しかし大学は法学部を選び、就職活動では役所関係の採用試験を受け続けていました。並行して企業の求人を探していたところ、この仲代金属の技術者募集にたどり着きました。こうした技術の仕事は理系募集が一般的となるところ、学部・学問を問わない募集内容でした。

　求人情報を知ってすぐ会社のホームページなどを検索し、技術内容や特許、ISO認証の取得状況、心得などを閲覧しました。自分の思い描く "モノづくり" に通ずる部分が多く、役所関係への就職活動は中断。卒業間近に方針転換を図り、当社を受けました。面接を受けたその日に安中社長が工場内を案内してくださり、働くイメージがより鮮明に描けたのも入社の決め手の一つでした。

　現在の業務は、加平第二工場内のクリーンルームで車載向け電池用アルミニウム材料という量産品の加工です。ルーム内では専用加工機を1台割り当てられ、お客様から届いた素材の加工を任されています。量産品なので同じものを作り続けていますが、同じとはいえ決して流れ作業ではありません。温度や湿度などの環境条件でも材料の状態が左右されるため、うまくいく日もあれば、工夫が必要な日も出てきます。同じ発注でも求められる品質が少しずつ上がり、使用治具も徐々に増えていくこともあります。

　1年目から現場での加工業務を担当してきました。技術に関する勉強をしてきておらず、材料を覚えるところからのスタートでした。素手で触ってはいけない、環境条件の設定・考慮が必要、など知らないことばかりで悪戦苦闘しました。わからないなりに手を動かして6年目、今になって過去の仕事への理解度が増し、一つひとつの重要性や怖さを思い知る日々です。

　正直、周りと比べていまだに作業に時間をかけすぎている気がします。持ち合わせていない "技術力" や "経験" をどう埋めていくか。自分の中で常に課題としてあります。先輩方に知恵を借りつつ、日々勉強。経験がものをいう仕事だと実感します。先輩方の存在や、過去に携わってきた方々の残してくれたデータなどは非常に大きな支えです。

　出荷日を迎え、それまで1週間かけて作ったものが製品として問題ないと判断されて出荷に至る瞬間は最高の気分です。小さな積み重ねですが、こうした達成感を活力にしています。また、お客様から担当した合金の品質についてフィードバックがあり、「いい状態がキープできていて助かる」などの言葉をいただくとうれしくなります。次の仕事の原動力にもなります。

　目標として常に掲げるのは「事故を起こすことのない、バリのないものを作る」。モバイルバッテリーなどの爆発事故の9割はバリが原因と言われています。丁寧な作業をして、こうした事故を少しでも減らしていきたいです。

　理系の皆さんは専攻が細分化されていると思いますが、あえて分野や学問にとらわれず、携わりたいと思ったモノづくりにぜひ飛び込んでみてほしいと思います。

会社DATA

本社所在地：東京都足立区加平3-14-11
設　　　立：1976年8月2日
代　表　者：代表取締役社長　安中 茂
資　本　金：2500万円
従 業 員 数：50人（2020年10月）
事 業 内 容：非鉄金属スリット加工、シートカット加工、バリレス加工
U　R　L：http://www.nakadai-metal.com

ナカヤマ精密株式会社

ナノメートルの超精密加工を実現する企業
——半導体関連から航空・宇宙まで

記者の目

▶ **メード・イン・ジャパンにこだわるモノづくり**

▶ **新しい機械の導入と新しい技術の習得強化へ**

ナカヤマ精密は、超硬合金や耐摩耗精密工具を専門とする加工メーカー。大阪市内に本社を、創業者ゆかりの地である熊本県内に2つの生産拠点を置く。横浜市に営業所、三重県と宮崎県に関連会社を配す。2019年には創立50周年を迎えた。事業の柱は、1ナノメートル、つまり10億分の1メートルレベルの超精密加工を実現する高精度加工技術だ。この技術力をベースに、半導体をはじめ、自動車や医療・医薬、食品、航空・宇宙関連など向けに超精密の部品や金型の加工を手がけている。

国内でのモノづくりにこだわり、独自技術を育む

製造業の海外進出が当たり前の現在、国内でのモノづくりにこだわるのが同社の魅力であり強み

だ。中山愼一社長は、国内でモノづくりを継続し雇用を守ることが製造業のあるべき姿であるとして、「社員一人ひとりにとっては、会社に所属して働き続け、収入を得て、家族を養って生活を維持する、というのがなにより大事」と強調する。

メード・イン・ジャパンを続けるには、全社での毎年のスキルアップが必要だ。例えば、海外勢の高い技術の工作機械があれば、キャッチアップ精神で取り入れる。一方で、オンリーワンの技術は社内でさらに高め、フロントランナーであり続けることを目指している。

顧客からの相談や依頼は断らないのも同社のポリシーだ。すぐ対応できなくても、半年後、あるいは、数年以内には、技術を構築し

代表取締役社長
中山 愼一さん

て提案を行えるよう社内開発力を高めている。その実現のためには、最新の機械を導入し、社員がそれを使いこなしていく必要がある。中山社長は、「入社後は、新しい機械には前向きにトライし、新しい加工技術を身に付けてほしい」と話す。

金型を中心とした部品加工だけでなく、将来はオリジナル製品の開発を目指す。数年前に製造部隊とは別に、新しい加工技術や加工機械を使いこなす生産技術部隊を組織した。そこでは、各担当者が機械に対して権限を持つ。新しい機械の導入を検討する際は、機械メーカーで研修し、機械の性能や使い勝手をチェックし、導入を判断する。プレッシャーもあるが、責任感が芽生え、導入した機械には愛着を持ち、大切に扱う意識が生まれるという。

研究開発部門と装置部門が集約されているテクニカルセンター（熊本県菊陽町）

自分で考えて行動し
会社に貢献してほしい

　中小企業は個人の努力が目に見える形で成果に結び付きやすい。自分自身で図面を見て、独自の工夫と判断で加工方法を見いだすことになる。個人のスキルがモノを言うため、責任とやりがいを持って仕事に取り組むことができる。大企業ではなかなか味わえない感覚だろう。

　「長年働いて退職する時に、ここで働くことができて良かった、と本当に思ってもらえるような会社を目指している。終身雇用制度は大賛成。愛社精神を持って、会社と一緒に成長したいと思う人に、ぜひ入社してほしい」（中山社長）

最新鋭の設備が立ち並ぶ熊本工場

　同社は、2021年以降、熊本県の2つの工場で増設を計画している。テクニカルセンターには、金属加工精度をプラスマイナス数ナノメートルに近づけるための恒温室設備などを増設予定だ。今後も設備投資を継続し、会社が成長を続けていけるよう、あらゆる面でたゆまぬ努力を続け、勝ち残りを目指す考えだ。

| 理系出身の若手社員に聞く |

将来は会社を引っ張って行くような
存在になりたい

製造部 放電加工担当 木村 僚太さん
（2019年入社、東海大学基盤工学部医療福祉工学科卒業）

　最新の放電加工機を使って、半導体関連部品などに、数マイクロメーターレベルの穴開け加工を行っています。若手社員でも最新の機械を扱うことや最新の技術を学ぶことができ、仕事にやりがいを感じます。

　当社との出会いは大学4年生時の工場見学です。社員の丁寧な説明や清潔な工場が印象に残りました。先に入社している大学時代の先輩から誘われて入社を決めました。

　先輩方の背中を追って成長し、会社に恩返しをしたいです。将来は、会社を引っ張っていくような存在になりたいです。

会社DATA

本社所在地：大阪市淀川区西宮原2-7-38　新大阪西浦ビル801号
設　　　立：1969年6月
代　表　者：代表取締役社長　中山 愼一
資　本　金：4800万円
従 業 員 数：211名（2020年12月）
事 業 内 容：超硬合金を主とする耐摩耗精密工具類および金型の設計・製造販売
U　R　L：http://www.nakayama-pre.co.jp/

株式会社廣澤精機製作所

プレス・板金の受託加工で国内屈指の規模
—— プレス加工に関する総合的な技術を保有

記者の目

ここに注目！

▶ **バランスの取れた製品構成で安定経営**

▶ **地域に根ざした企業活動を実践**

廣澤精機製作所は、精密金属部品のプレス・板金加工を主力とする企業として、国内でも屈指の規模を誇る。関東、中部、関西地方の全国10カ所に事業所を置き、各生産拠点が特色に応じて多様な製品を製造し、国内外の有力メーカーに供給している。

同社は、製造業や流通サービス、教育事業などを手がける広沢グループの中核企業の一社だ。茨城県西部の筑西地域を地盤とする広沢グループの一員として、地域に根ざした企業活動を実践している。本社のある茨城県と栃木県に計5カ所の工場を展開し、従業員全体の約7割が両県内に勤務する。

生産品目は、事務機器やオフィス家具、アミューズメント分野に使われる金属部品など非常に多岐にわたる。高速道路の防音・吸音パネルのように、生産量が国内シェアトップクラスの製品もあ

る。また、自社開発商品として小型冷却用ファンモーターの製造・販売を始めた実績もある。このように特定の取引先に依存することなく、バランスの取れた製品構成の実現により、経営の安定化を図っている。

迅速な意思決定を実現

プレス加工は金属の板を目的の形に切断したり、折り曲げたりする加工技術だ。同社は、プレス機械を操作して高精度に加工するノウハウだけでなく、加工に必要なプレス金型や治具の生産も社内で行うなど、プレス加工に関する総合的な技術を保有する。この技術力をベースに、顧客の要望に柔軟かつ迅速に対応できることが、同社の大きな強みとなっている。

「当社の一番の良さは、お客様の要望に対して、タイムリーに素早く回答し、提案できること」と柴田清之社長は説明する。同社では各工場が独立採算制をとりながら、工場長が営業の責任者を兼務する体制を敷く。これにより社内の意思決定を迅速化。顧客からの問い合わせに対し、コストや納期をすぐに回答することで、安定した受注の獲得に結び付けている。

理系の力で利益率向上を

こうした事業を展開する同社にとって、人材は重要な経営資源だ。景気動向に左右されず定期採用を毎年実施している。

特に理系学生は、即戦力として積極採用している。機械系の学生であれば、プレス機械による生産技術や新たな加工技術の開発に従事、電気系であれば設備のメンテナンスや付帯設備の開発、冷却用ファンモーターの設計などに従事する理系社員が多数在籍する。大学で学んだ基礎知識と、入社後に習得した専門知識を融合して創造的な仕事に取り組んでいる。「理系の社員には斬新な発想で新たな加工技術の開発など、興味のあることに思う存分取り組んでもらいたい。研究・開発・設計部門にて、フレキシブルに活躍できる環境が整っている」と柴田社長は話す。

配属先や勤務地は個人の希望を尊重して決めている。機械を使った実技を含む技術研修や、ビジネスの基本を学ぶ事務職研修など研修体制も整備。広沢グループ全体での新入社員研修や交流会など独自の育成制度を設けているほか、

代表取締役社長
柴田 清之さん

アミューズメント機器の機械部品

ガス給湯機部品

高速道路の吸音板なども製造

業務に必要な資格の取得など個人のスキルアップも会社が全面的に支援している。

例年、新卒採用は入社前年の春から活動を本格化している。「採用にあたって最も重視するのは、その人のやる気と意欲だ」と柴田社長は語る。学生側が同社で働く

ことをイメージしやすいように、採用活動の過程では、工場見学やそこで働く社員の話を聞く機会を設けている。学生側に事業内容を理解してもらい、「ここで働きたい」という意思を明確にしてもらった上で、選考を進めている。

70年以上のモノづくりの歴史

と実績のある同社だが、さらなる成長に向けて現在も歩みを続けている。「生産技術力の向上や品質管理の徹底など、理系人材の力を使って会社の利益率を高めていきたい。そうした活動に意欲のある人に、ぜひ興味を持ってほしい」と柴田社長は話す。

│ 理系出身の若手社員に聞く │

独自のツール作製で、個人的な成長を実感

玉戸工場 技術部 技術課 手塚 貴之さん（2016年入社）

現在はプレス加工用の治具の設計・製作、工場内設備の修理・メンテナンスなど幅広い仕事を担当しています。治具はワーク（加工対象物）の固定などに用いる独自のツールで、これを設計から製作まで一貫して担当できるようになったことに自分自身の成長を感じます。

学生時代に学んだ機械設計の知識と、入社後に製造現場で学んだ加工の知識とを融合して治具を作れるようになりました。生産現場の担当者から「この治具は使いやすいね」と声をかけてもらえると、製作の苦労も吹き飛び、ますますやりがいを感じます。

■ 会社DATA ■

本社所在地：茨城県つくば市寺具1331-1
設　　　立：1947年5月
代　表　者：代表取締役社長　柴田 清之
資　本　金：1億円
従 業 員 数：1100名
事 業 内 容：プレス加工、板金加工、溶接加工、切削加工、冷却用ファンモーターや高速道路防音・吸音板
　　　　　　などの設計・製造・販売
U　R　L：https://www.hirosawaseiki.co.jp/

株式会社フジムラ製作所

情報通信技術（ICT）を用いた "デジタル板金工場" で成長中

——人事評価などをシステム化し働きやすい環境を整備

記者の目

▶ 新入社員も働きやすい環境を整備

▶ 年に2回の社長面談でモチベーション向上

多種多様な産業が栄える埼玉県川口市。同市に本社を構えるのがフジムラ製作所だ。本社工場を訪問すると、"デジタル板金工場"と言われる近未来的な空間に驚く。工場は本社工場、第一工場、そして第二工場に分かれており、各工場のフロアごとに大型スクリーンを設置。スクリーンに目を向けると、その日にやるべき業務内容や進行状況が分かり、新入社員でも仕事の全体像をつかむことができる。

デジタル化により業務内容などを可視化しただけでない。梱包作業などを行う本社工場2階では、タブレット端末を片手に最終製品に異常がないかを確認する。他にも、社員同士の連絡手段にはビジネスチャット「LINE WORKS（ラインワークス）」を用いる。端末は同社が社員に貸与しているという。藤村智広社長は、「デジタル

代表取締役
藤村 智広さん

化の推進により、製造業＝3K（きつい・危険・きたない）という印象を拭い去りたかった」と話す。

デジタル化で働き方改革

同社は、約5年前から本格的にデジタル化を始めた。「生産性の向上につなげるための『見える化』ができている」（藤村社長）という。見積書のシステム化から着手し、年金制度の変更による退職金の見える化を実施。2020年7月からは人事評価システムを運用しており、年功序列ではなく、仕事内容の評価や貢献度によって給与を決める。こうした働き方改革のかいもあってか、「過去3年間で離職したのは2人」（藤村社長）という。

デジタル化の他にも働きやすい環境を整備するため、2019年に本社を移転した。3階には緑色を基調とした休憩スペースがある。コンセントを完備し、コーヒーマシンを置いてあるほか、一角でチンチラのコタローを飼うなど、社員の気分転換の場所になっているようだ。

また、工場内の環境にも気を遣っており、空調管理も万全だという。工場を訪れた顧客からは、「まるで図書館みたい」と言われたことがあると藤村社長は話す。

育児休暇制度や有給休暇制度などはもちろん、資格取得のための費用を負担するなど社員教育にも力を入れる。人材育成制度の具体的な取り組みとして、毎年6月に教育訓練実施計画を立てるとい

う。1年間かけて目標の達成を目指し、取得したい資格や身に付けたい技術を見える化する。すでに取得した技能も一目で分かるようになっている。

計画表は社内に掲示されている。誰もが閲覧できるようにすることで、身に付けた知識を実践に生かせるように促す。社員は計画を基に中間評価と期末評価の2回、社長と面談する。「中間評価をすることで、下半期のモチベーション向上につなげたい」と藤村社長は話す。

変化への素早い対応

同社の強みは変化への適応の早さ。藤村社長は「同じ事は続いても3カ月。4カ月目は違うやり方を採用することもある」という。新型コロナウイルス感染拡大期には、子どもがいる社員のために在宅勤務制度を導入した。「新型コロナがIT化を促した側面もある」と藤村社長はみている。さらに、「若さ」も同社の強みだ。20～30代の社員が全体の約85％を占める。こうした特徴は、同社の成長スピードを支える要因の一つとなっている。

同社は中途採用で入社した社員が9割を占めるものの、新入社員の雇用にも積極的な姿勢をみせる。藤村社長は、新入社員に求める素質として、「図面が読めれば仕事に直結する」としながらも、「営業担当も含め、モノづくりに

タブレット端末を見ながら製品を確認

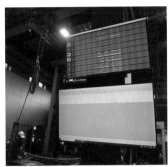
本社工場。スクリーンには進捗状況などを表示

本社3階では工場内の様子が一目で分かる

興味があることが大切」だという。2020年に入社した大本達也さんも「入社後に専門知識を学べる環境があるので、入社前の時点では『向上心』が求められるのではないか」と話す。

藤村社長が重視するのは、「働きやすい環境」。新型コロナ禍でも基本給の底上げを行った。また社員同士の交流を促すため、イベントを開くこともある。藤村社長によると、「新型コロナが原因で

2020年はイベントの開催が難しかったが、18年には社員旅行で伊香保温泉に行った」そうだ。「楽しく、笑顔で働くことができるように」をモットーとする町工場を目指す。

| 理系出身の若手社員に聞く |

モノにも人にも目を配れるようになりたい

ベンディング課 兼 第一工場製造課グループ 主任

大本 達也さん（2020年入社）

　2020年1月中旬に入社しました。前職では精密板金加工を手がけていました。入社前の工場見学で藤村社長とお話しし、「成長したい」という気概を感じて入社を決意しました。入社して驚いたのは、品質の高さです。社員一人ひとりの意識の高さに支えられていると思いました。現在は主に板曲げ加工を行っています。2～3メートルほどの板は加工時にそり返すことが多いため、1個の加工に対し半日ほど時間をかけた経験もあります。思い通りにいかない面白さがあり、最終的に形になったときにやりがいを感じます。主任という立場なので今後はモノだけでなく、人にも目を配れるようになりたいですね。

会社DATA

本社所在地：埼玉県川口市領家3-12-10
設　　　　立：2000年12月
代　表　者：代表取締役　藤村 智広
資　本　金：2000万円
従 業 員 数：70名
事 業 内 容：各種精密板金加工、NCタレットパンチング加工、レーザー加工、NCベンディング加工、プレス加工、スポット溶接、各種溶接、カシメ加工
U　R　L：https://www.fujimurass.com/

有限会社ベスト青梅

小さなドアノブに乗せる「思いやり」と「創意工夫」
──高い耐久性と利便性を実現する柔軟な設計力と技術力

ここに注目！

▶ 5000種を超える建築金物を一気通貫で製造

▶ 新人に寄り添った教育プログラムでモノづくり人材を育成

誰でも使ったことがある トイレの「スライド式ロック」

ベスト青梅は、建築金物の総合メーカーであるベストの研究開発・製造部門を担っている。特に大小さまざまなドアノブや錠前、大型の扉がスムーズに開閉するために組み込まれる機構部分などを多く手がけており、公共トイレなどで見かけるスライド式の鍵は全国でも高いシェアを誇る。

「駅やショッピングモール、東京ディズニーランドのトイレにも当社の製品を使っていただいています。日本中の方がおそらく一度は当社の製品を使ったことがある、というのは励みですね」と太田剛彦社長は話す。

現在、製造している製品の種類は5000種以上。社内でプレス加工、旋盤（切削）加工、研磨仕上げ、塗装、組み立てまでを一気通

貫で行っている。多種多様な製品に応じた加工工程を考案・実践し、なおかつ細やかな品質・生産管理を進めている。新製品の開発にも積極的で、トイレのスライド式ロックに折りたたみ式のトレーを設置した「忘れ物ゼロトレー」は、スマートフォンなどの置き忘れを防止できると話題だ。また、最近では新型コロナウイルスの感染拡大に伴い、表面に特殊な抗ウイルス塗料を塗布した製品を開発。こちらも今後、全国に普及することが期待されている。

モノづくりの「理屈」を きちんと学べる環境

数多くの工程が存在する同社では、当然幅広いモノづくりに関する技術と知識が必要となる。「実際にある設備の操作方法をただ覚えて使うだけではなく、より加工品に適した切削工具などを自分たちで考案することもあります」と話すのは製品部サプライグループマネージャーの三浦慎治さん。マニュアルを暗記するだけではなく、モノづくりの基本的知識を基に、目の前の課題の解決策を考案することになる。そこで、同社ではさまざまな教育制度を用意している。

例えば新人はまず、生産技術面では図面の見方や工具の種類と使い方など、同社でモノづくりを進める上で基礎となる知識を学ぶ。指導を担当する生産技術部の太田

抗ウイルス性を持たせたトイレ用スライド式ロック。今後の普及が期待される

京平さんが心がけるのは「まずは相手に寄り添う」こと。「ここから新しい部署に旅立つわけですから、まず、先輩たちにはなんでも相談できる、と安心してもらえることが大切。そうすればおのずと自信を持って技術を吸収していけるはずです」（太田さん）

また、配属後の新人や入社後数年たった若手社員もしっかりフォローしている。製品部サプライグループチーフの松尾一雄さんは、他のチーフたちと協力しながら月に数回勉強会を開催している。被加工材の特徴や、ビスや工具の特殊な使用方法、工場内のそれぞれの加工機についての基礎知識など日々の業務で役立つ知識を学ぶ場だ。「ただ日々の業務をこなすだけでは配属された部署の関連知識だけしか身に付かない。勉強会では、どの部署でも必要とされる知識を吸収できるよう知恵を絞っています」（松尾さん）

その他にも資格試験の教材は全額を会社が負担し支援するなど、技術向上のためできる限りの環境を用意している。しかし、同社に

代表取締役
太田 剛彦さん

スマートフォンなどの忘れ物が多いことに着目し開発した「忘れ物ゼロトレー」

プレス加工の現場。金属板をプレス加工後、研磨や塗装などが施される

とって本当に必要な人材は「単に工学的知識が豊富というだけではありません」と太田社長は力を込める。

「当社の製品は人種、性別、世代関係なく多くの方に使っていただくもの。だからこそ、いかに使いやすいか、丈夫にできるかなどを常に考える必要があります。それは『相手を思いやる』気持ちがなければ難しい。技術は先輩たちと一緒に学んでいけばいい。誰か

のために精一杯考えベストを尽くす、そんな人材にぜひ活躍してもらいたいですね」（太田社長）

思いやりが技術力を高める―そうした信念を持って、同社はモノづくりに邁進している。

| 理系出身の若手社員に聞く |

モノづくりを最大限楽しめる環境

製造部門の三浦慎治さん、太田京平さん、松尾一雄さん、3人ともがまず同社の魅力として挙げるのが「成功体験を共に分かち合える社風」だ。新たな加工法への挑戦や、治具の考案など日々の試行錯誤の結果を先輩後輩関係なく、みんなで考え、時には励まし合い、時には喜ぶ風土がある。

また、もう一つの魅力は休日に、同社の生産設備を自由に使用していいという「特権」。趣味のものを作ったり、試してみたかった加工に挑戦したりと、それぞれが思い思いにモノづくりを楽しむ。松尾さんも、設備を自由に触ることができたおかげで金属プレス加工技能士1級の資格を取得した。「こんなに多くの製造方法や素材に触れられる会社はそうないはず。好奇心を存分に刺激してくれる職場です」と松尾さんは話す。

左から松尾一雄さん、三浦慎治さん、太田京平さん

会社DATA

本社所在地：東京都青梅市新町8-9-1
設　　　立：1987年
代　表　者：代表取締役社長 太田 剛彦
資　本　金：7500万円
従業員数：63名
事業内容：建具金物および産業機器用製品の設計・製造
U　R　L：https://best-grp.co.jp/

株式会社アイ・メデックス

国内で唯一の生体電極専業メーカー
──生体電極でビッグデータを取得、IoT時代のセンサーに進化

ここに注目！

▶ 業務のIT化などで、休暇を取りやすく働きやすい環境を推進

▶ 一人ひとりの従業員を会社全体で支える

アイ・メデックスは国内で唯一の生体電極専業メーカーだ。生体電極は心臓の収縮で生じる微弱な電力を測定し、波形として表示する心電計に使用されている。現在の取引先は医療業界が中心だが、農業やスポーツなど、これまで取引のない業界からも注目を集めている。生体電極で取得した心拍数や脳波などのビッグデータ（大量データ）を人工知能（AI）で解析するなど、多くの分野で活用が期待できるためだ。

生体電極には、電磁波や静電気を取り除く、身体の汗でもはがれない、水中でも計測できる、長期間装着しても皮膚がかぶれないなどさまざまな特徴があり、同社の製品にはそれらを実現するための技術が搭載されている。同社が安定的な成長を続けてきた要因は、生体電極に特化した技術力を高めてきたことだ。

代表取締役社長
市田　誠さん

見えないものを見えるように

2012年に初の自社ブランド製品として発売した「マイローデ」は、アースを内蔵することで、体外からの電磁波や静電気を除去し、センサー精度への影響を抑える技術を業界で初めて搭載した。同社の製品は大きな可能性を秘めており、生体電極を植木に取り付け水を与えた際の反応や、赤ちゃんが泣く要因など「見えないものを見えるようにすることが可能になる」と、市田誠社長はそのポテンシャルの高さを強調する。

同社は市田社長の「人生の3分の1は会社にいる。その時間を楽しいと思える会社にしたい」との方針から、先行して働き方改革を進めてきた。背景には、子育て世代の女性従業員の多さもある。従業員数は85人で、女性は70人。そのうち、60人が子育てをしながら働く。業務のIT化なども進め、子どもの突然の病気や学校行事などの際に、休暇を取得できる職場を実現してきた。さらに新型コロナウイルスの感染拡大前から、技術職を中心にテレワークを可能にするなど働き方改革を加速する。

20年5月には、オランダ発の「アクティビティ・ベースド・ワーキング（ABW）」を導入した。これは、業務内容に合わせて場所や時間に制約されずに働けるようにする制度だ。さらに、グリーン色を基調

に刷新したオフィスは、業務内容に応じて仕事場所が選べ、集中が必要な際の1人になれるスペースや、ミーティングスペースなどを設けている。

全従業員がクリエーティブに

ABW制度の狙いについて市田社長は、「かけがえのない時間を生み出し、考える時間を増やす必要がある」と説明する。これには、生体電極に医療という従来の枠を超えた進化が期待される一方で、人口の減少に伴い国内市場の大きな拡大が期待できない中、成長を持続するには海外展開が必要不可欠なことから、「全員がクリエーティブになってもらいたい」（市田社長）という思いが込められている。

海外展開の第一歩として18年にはフランスに営業拠点を設置し、このほどドイツの救急関連製品を取り扱う企業からトレーニング用の生体電極などを受注した。19年5月期の売上高は10億円で、海外売上高比率は数パーセント程度だが、24年5月期に海外売上高で5億円、同比率で約30％を目指す。

若手社員は今後の成長を支える原動力と考え、毎月、市田社長が面談する。経営トップ自らが若手と話し合い、公私ともに「自己実現をどんどん応援する」（市田社長）。若手を育成する管理職にも市田社長が面談し、人材が育つ風

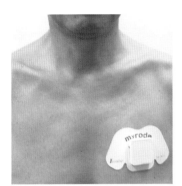
国内で唯一の生体電極専業メーカー

生産現場。子育てをしながら働く従業員でも働きやすい

アクティビティ・ベースド・ワーキングの概念に基づき刷新したオフィス

土作りを進める。市田社長は「絶対に一人で悩ませない。絶対に日の当たらない場所を作らない」と言葉に力を込め、一人ひとりの従業員を会社全体で支える方針を強調する。

長くIT業界に身を置いた市田社長は「GAFA（グーグル、アップル、フェイスブック、アマゾン）が成長できたのは"都合のいい会社"だからだ」と分析する。市田社長の言う都合のいい会社とは、ユーザーにだけではなく従業員が自由に、やりがいを感じる業務に挑戦できる会社のことを指す。そして、自らも「都合のいい会社になる」と宣言する。ITの高度化に伴い生体電極が新しい時代のセンサーに進化し、事業エリアもグローバルに拡大する中で、アイ・メデックスの挑戦が続く。

┤理系出身の**若手社員**に聞く├

自分で開発設計をして商品化することが夢です

営業部開発設計グループ **小川 誠也**さん（2020年入社）

　医療機器を中心に就職活動をしましたが、当社に入社を決めたのはインターンシップ（就業体験）を通し、入社後にどのような業務に携わるかをはっきりと想像できたからです。現在は希望していた開発設計グループに配属され、試作品を設計しています。

　材料や生産設備など覚えることが多くて大変ですが、同時にやりがいも感じます。製造現場など社内業務を幅広く経験できるため、自分の成長にもつなげられます。20代は現在の業務を勉強し、30代で自分の開発設計した商品を発売することが今の夢です。英語も勉強して、海外業務にも挑戦したいと考えています。

会社DATA

本社所在地：千葉市花見川区宇那谷町1504の6
設　　　立：1992年6月
代　表　者：代表取締役社長　市田 誠
資　本　金：1250万円
従 業 員 数：85名
事 業 内 容：生体電極など医療機器の開発・製造・販売
U　R　L：https://www.imedex.co.jp/

沖電線株式会社

フレキシブル基板も取り扱う電線メーカー
——OKI グループにおける EMS 事業の中核 "OKI 電線"

記者の目

ここに注目！

▶ 隙間分野で世界を狙う「ニッチトップ企業」を目指す

▶ 求める人物像は「誠実な人」。早くから責任ある仕事が経験できる

「電線」といっても、電柱を介して市街地などに張り巡らされているアレではない—。OKI 電線が手がけるのは、産業用ロボットや画像機器、製造装置などで使用される機器用電線・ケーブルだ。これらはロボットや電子機器にとっていわば血管や神経のような役割を果たす重要な接続部品。電線製造を事業の本丸とする同社は、プラスチックフィルムを用いたプリント配線板のフレキシブル基板（FPC）事業、金属加工に用いるワイヤ放電加工機向けの電極線事業の 2 つを加えた 3 本柱を屋台骨として、隙間（ニッチ）分野において世界で高い競争力を誇る「ニッチトップ企業」となることを目指している。

OKI グループでシナジー生み出す

同社は 1936 年に旧沖電気の電線製造部門が分社独立して誕生。それから 82 年の時を経た 2018 年、同社の源流といえる沖電気工業（株）（OKI）に子会社として戻り、EMS（電子機器の受託生産）事業グループの一員となった。

小林一成社長は同社について「OKI グループにおける EMS 事業の中核企業というのが最大の強み」と話す。独立企業であったころと異なり、OKI から顧客展開や技術力向上など多方面で支援を享受できるようになった。恵まれた環境の中、OKI グループでシナジー効果を生み出し、企業としてさらに成長できる土台を固めている。

OKI 電線自身の強みもある。それは「中規模電線メーカーとしては珍しく FPC も手がけている」（小林社長）という点。ケーブルの提案に出向いたが、要望を詳しく聞くと FPC の方がニーズに合うといった場面は多いという。小林社長は「顧客の要望に応じてケーブルと FPC の両方を提案できるのが強みだ」と胸を張る。

小林社長は、自然災害が多発す

代表取締役社長執行役員
小林 一成さん

る昨今において「BCP（事業継続計画）の観点から優れたロケーションを実現」したことも企業の強みとしてアピールする。神奈川県川崎市の本社、群馬県伊勢崎市の群馬工場、長野県岡谷市の岡谷工場と、地理的にバランスの取れた拠点配置と生産体制を実現。万が一大災害が発生した際にも、迅速な本社機能移転や代替生産が可能である。

カメラリンク用のアクティブ光ケーブル

プリント配線板の透明フレキシブル基板（FPC）

ワイヤ放電加工用の電極線

誠実さが技術力を育てる

求める人物像はズバリ「誠実な人」（小林社長）。同社が掲げる社員の行動指針にも、"誠実"という言葉が第一に記されている。「誠実であれば、その人の技術力は必ず伸びていく」（同）

また、主要製品のほとんどはカスタム品であるため、顧客からの信頼は絶対だ。顧客から深く信頼されて優良な関係を築き、継続的にオーダーを得るためにも誠実さは不可欠

だと話す。

入社後は2週間程度のOKIグループ全体の研修を経たのち、同社の企業研修を1カ月程度受ける。職場配属後は、半年程度の現場研修が続く。現場研修では電線の基本的な製造スキルの習得などを目指す。指導の基本はOJT。希望すればOKIグループが実施する多彩な研修も受けられる。設計開発部門では多くの場合、入社2年目以降早々に開発プロジェクトなどを担当する。

製造業では珍しく、設計開発部門と顧客との距離が近いのも特徴で、エンジニアが営業に同行する機会も多い。顧客の声を直接聞けることは新人エンジニアの成長にも大きく寄与する。

意欲の高い新人にとって、早くから責任ある仕事が経験できる同社は自己成長の格好の場となるだろう。小林社長は「深みのある面白い会社であると自信を持って言える」とし、さらなる発展に向け若い人材の活力に期待を寄せる。

| 理系出身の**若手社員に聞く** |

入社間もないころに "燃える仕事" が経験できます

電線事業部 電線技術部 電線技術二課 荒川 恵理さん
（2015年入社、室蘭工業大学大学院応用理化学系専攻修了）

OKI電線に興味を持ったきっかけは、大学の企業説明会に訪れた人事担当の方の印象が良かったこと。父が送電線に関わる仕事をしていたこともあり、「電線」という言葉に親近感を覚えました。

入社以来、機器用電線の設計・開発に携わっています。具体的にはロボットメーカーなどからいただく要求にかなう新たな製品の開発を、性能試験なども含め行っています。これまでで特に印象深かった仕事は、入社2年目に携わった、福島原発内部を調査する水中ドローン向け特注ケーブルの開発です。「水に浮遊するケーブルを作ってほしい」という要求で、知識の乏しい私が手がけるのはめちゃくちゃ大変でした。幸い役職者も含め非常にフランクな職場で、上司や先輩、現場の方々に親身に相談に乗ってもらい、なんとか完成にこぎつけました。出身が岩手県なので好きな東北の役に立てたこともうれしかったです。

私もそうでしたが、入社間もないころに気持ちの燃える仕事が経験でき、学ぶチャンスは非常に多いと感じています。機器用電線は地味で目立たないけれど、人々の便利な生活を支えるのに不可欠なもの。そうした製品の製造に携われているところに自負心を持っています。電線技術部の仕事を極めて、将来的には若い後輩から「このオバサンやるな！」と一目置かれる存在になりたいです。

会社DATA

本社所在地：川崎市中原区下小田中2-12-8
設　　　立：1936年7月
代　表　者：代表取締役社長執行役員　小林 一成
資　本　金：43億円
従業員数：432名（2020年9月末日）
事業内容：機器用電線・ケーブル、フレキシブル基板、電極線の設計・開発・製造・販売など
U　R　L：https://www.okidensen.co.jp

坂口電熱株式会社

医療、航空宇宙、半導体向けなど 400万点以上の産業用ヒーターを開発

——絶対零度から3000℃までの熱域をカバーする高い技術力

記者の目

ここに注目！

▶ レーザー光の常識を打ち破った「レーザー平面瞬間加熱装置」

▶ 独自技術で次世代半導体生産システム「ミニマルファブ推進機構」に参画

2009年、坂口電熱は自社開発した「レーザー平面瞬間加熱装置」で、東京商工会議所から第7回「勇気ある経営大賞」の大賞を受賞した。同賞は、厳しい経済環境の中でも革新的なアイデアと技術・技能により、独自性のある商品・サービスを生み出した企業に贈られるもので、第7回は応募総数243社から選出されている。

千葉県佐倉市のR&Dセンター

新技術で未来の 生産システムに貢献

1923年の創業以来、「絶対零度から3000℃の実現」をモットーに、さまざまな産業向けの加熱・制御製品をオーダーメイドで開発、技術を磨き上げてきた坂口電熱。生み出した製品数は医療や食品、半導体、航空宇宙向けなど累計で400万点以上。その中にはH2Aロケットやスーパーカミオカンデなど、世界的プロジェクト

代表取締役社長
蜂谷 真弓さん

への納入実績もある。特に抵抗加熱技術は高い評価を受けており、そのシェアは圧倒的だ。

そうした現状にあぐらをかくことなく次世代の技術開発にひた向きに取り組み、開発したのがレーザー平面瞬間加熱装置「ExLASER（エックス・レーザー）」だ。従来ピンポイントで利用されるレーザー光を、集光ではなく広い面を一気に均一に加熱するために利用するという革新的発想と、それを実現する飛び抜けた技術力にあらゆる産業が注目した。

その後、このレーザー加熱技術を駆使し、ミニマルファブ推進機構に参画する。ミニマルファブは、半導体製造の工場をコンパクトに形成し、生産ラインの投資規模を大幅に削減することで、少量多品種および変種変量生産の半導体チップを、低コストかつ短期間で製造できる新しい生産システムだ。

同社は東北大学の金森義明教授、産業技術総合研究所、ミニマルファブ推進機構とともに、平成30年度戦略的基盤技術高度化支

援事業（サポイン事業）に採択され、水素アニール技術を基盤とした新技術を搭載した「ミニマルレーザ水素アニール装置」を開発し、事業化する予定だ。

とはいえ、そもそもレーザー加熱は同社にとって未知の分野だった。まずはレーザーそのものを知るための社内勉強会からスタートしたのが約17年前。研究書や資料を集め、ゼロから実験装置を作るなどの試行錯誤を経て、2006年にExLASERを発表。2011年からはミニマルファブ推進機構に参画し、レーザー加熱装置の開発に着手。その後、2018年からはミニマルレーザ水素アニール装置の開発を進めている。

蜂谷真弓社長は、「この間、現場の力を信じて見守ってきた。社会に求められる技術ということで粘り強く挑み続け、実現した技術。当社らしい」と笑顔を見せる。

模型サターンロケット 発射煙を再現

亀田誠一郎取締役R&D本部長

は、同社より規模の大きい上場企業からの転職組だが、転職当初、「社員のヒーター技術の高さと顧客の信頼に応える粘り強さ、機動力の高さに驚かされた」と語る。

ある日、同社に電話がかかった。ミニチュア・テーマパーク「small worlds Tokyo」で展示する模型サターンロケットの打ち上げのデモで出す蒸気を、リアルな煙に見せたいという要望だった。聞けば、さまざまな企業に問い合わせ、「ヒーター技術に長けた坂口電熱さんなら」と紹介されたという。同社の技術者は、サターンロケット発射時に下から湧き上がる独特の煙を、何度も顧客NGを出されながらも見事再現。しかも1号機から3号機までの微妙な煙の差まで表現した。「結果、お客さまに"大満足"の言葉をいただきました」（亀田本部長）

高い技術に粘り強く挑むことができるのは、創業者坂口太一氏が掲げた「企業経営は社会恩に報いるため」という社会貢献思想が社員に共有されているからでもある。近年はSDGs（持続可能な開発目標）に取り組む企業が増えているが、その考え方が創業時から確立されているのだ。

蜂谷社長は「SDGsの取り組みで大切に思うことは、まずは目の前の社員、家族、同僚、取引先といった身近な人たちがハッピーであること」と語る。同社は育休制度など、社員が働きやすい環境づくりに早くから取り組んでいる。2年後に控える創業100周年に向け、各拠点のオフィスのリニューアルなども進めている。「一人ひとりが成長を実感できる場、チー

ミニマルレーザ水素アニール装置

ムワークを発揮できる場、お互いに補い合って成功を喜びあえる場、そんな職場でありたい」。蜂谷社長の目は、次世代がつなぐ未来へ向けられている。

| 理系出身の**若手社員**に聞く |

レーザーを極め、技術士取得を目指す

技術部 MKT製・商品開発課　濱田 健吾さん（2018年入社）

今、レーザー加熱の技術を使ったミニマルファブ装置の開発に関わっています。私は機械工学出身なのですが、当社では、大学で学んだ基本的な知識を生かしつつ、最先端の技術に携わることができます。分からないことは先輩方から教わりながら、技術を身に付けてきました。

当社は産業用ヒーターのスペシャリスト集団ですが、そのバックグラウンドは広く、大学で生物学を学んできた人も活躍しています。女性の技術者もおり、特許を取得するなど、活躍しています。私は今のレーザー技術を極め、将来は技術士を取得したいと思っています。

会社DATA

本社所在地：東京都千代田区外神田1-12-2
創　　　業：1923年
代　表　者：代表取締役社長　蜂谷 真弓
資　本　金：4億6000万円
従　業　員　数：150名
事　業　内　容：国内外のあらゆる分野のモノづくりにおける加熱工程（熱を加え加工する）に必要な産業用ヒーター・センサー・コントローラーの開発・製造・販売
U　R　L：http://sakaguchi.com

株式会社新愛知電機製作所

社会インフラを支える盤メーカー
──オーダーメイドに特化したモノづくり

記者の目

ここに注目！

▶ 自主的に物事を追求する力が試される

▶ 「自己啓発手当」制度で資格取得をサポート

愛知県小牧市に本社を構える新愛知電機製作所。オーダーメイドに特化した配電盤・制御盤や分電盤、電源切替開閉器などを製造している。東証一部上場企業である標準盤メーカー日東工業株式会社のグループ会社だ。

カスタム盤メーカーとして社会を支える

盤メーカーは「標準盤メーカー」「重電メーカー」「カスタム盤メーカー」の大きく3つに区分される。

カスタム盤メーカーは顧客が要望する仕様を製品にする受注生産が基本で、小出行宏社長は「顧客の要望を聞き入れ、最大限実現することが求められる」と話す。

そこから求める人材は「こだわりを持って、とことん追求できる人」（小出社長）。学生時代の学力やスキルは問わない。このため、現在活躍している社員は「自身で

代表取締役社長
小出 行宏さん

考え、自主的に動ける人」（同）という。ロジカルシンキングができるのも重視する点の一つだ。

中でも工学系の学生に対して小出社長は、「ぜひ設計・開発の仕事にトライしてもらいたい」と力を込める。ゼロからモノを作り出す開発部からは、「電源切替開閉器」などが誕生している。同製品は、災害時などに電力会社から供給される電力が途絶えた場合、発電機や太陽光などで発電した非常電源に切り替える際に必要となるもので、なくてはならない「時代のニーズ」を実現した製品だ。

社員のスキルアップを全力でサポート

入社後のフローは3カ月間の入社研修から始まり、その後、各部署へ配属され、先輩社員に付いて学ぶ。小出社長は、「2～3年は最初の配属部署で基礎をしっかり習得し地盤固めをしてもらうことになる」と話す。また、技術職として視野を広げるために異動することもある。他部署を経験することで技術職の視点だけでなく、広い視野で物事を捉えられるようになる。「現在の西日本支社長は元設計職」（同）で、技術を知っているからこそ優秀な営業ができるといった点から登用する場合もあるようだ。

職場の雰囲気はアットホーム。ベテラン社員も、若手社員も分け隔てなく友好な関係を築いてお

り、女性社員の割合も年々上昇している。働き方改革も積極的に取り入れている。盤製品の業界は下期に仕事が集中しやすいという問題を解決するため、「業務の平準化」に取り組んでいる。前倒しで生産することで下期集中の生産体制を緩和するのが狙いだ。

労働環境もとても充実している。例えば、休暇制度「フリーバカンス制度」。これは有給休暇の取得を活性化するために「ゴールデンウィークやお盆、年末年始以外でも長期休暇を取得してほしい」という会社方針から生まれた制度だ。同制度を利用すれば最低でも有休3日以上と、土日を含めた計5日間以上の休暇を取得することが可能となる。

中でも特筆すべきは、資格を取得するためのサポート制度「自己啓発手当」だ。電気工事士や監理技術者などの資格取得を推奨するため、受験費用や教材費などの一部を手当として支給する。対象となる資格は広範囲で、電気工事士や電気主任技術者、配電制御システム検査技士、フォークリフト運転者、移動式クレーン運転士など。事務系であれば、建設業経理士、衛生管理者なども対象となる。また合格した際には、表彰し奨励金を付与するといった好待遇だ。

今後の展開について小出社長は、「盤メーカーとして、グループ会社の日東工業ともシナジー効果が出る関係を築きつつ、拡大路

一つひとつ丁寧にオーダーメイドで製品を生産する製造現場

工場も併設する本社社屋

顧客の要望に合わせて生産された配電盤

線で事業を展開していきたい」と意気込みを語る。一方で工事事業にも力を入れる。生産本部に属する工事部は、盤の設置や点検、改修工事などを専門で行う部隊。顧客に納品した盤と最後まで向き合う仕事で、「今後さらに強化していきたい部門の一つだ」（同）という。

このように顧客の要望に沿った製品作りに強みを持つ同社は、これまで以上に「顧客と良好な関係性を築くことが重要」（同）。2019年に前身の会社の創業から100年を迎え、これからも既存の顧客との関係をより強固にしつつ、新規顧客の開拓にも力を入れる考えだ。

─┤ 理系出身の若手社員に聞く ├─

社会への高い貢献度でやりがいを感じています

営業本部 設計部 設計1課 係長 水野 峻祐さん（2010年入社）

　主な仕事は配電盤の設計です。営業から回ってくる配電盤の設計指示を、CADを使って設計図に落とし込んでいます。営業本部直轄の設計部の所属で、営業とのやりとりが多い仕事です。

　思い出に残る仕事は、「ラグビーワールドカップ2019」の会場となった日産スタジアム（横浜市）の改修工事案件です。半年間の長期にわたるプロジェクトで、決められた納期内でお客様の要望を実現させるため、ハードでしたが達成感を感じられる仕事でした。

　「一人前になるまで10年」と言われるこの仕事。電気工事士などの資格取得に向けて、日々勉強で大変なことも多いのですが、その分新たな知識が習得でき自身のスキルアップにつながっています。また、インフラ構築という面では社会貢献度は高く、やりがいもあります。

会社DATA

所　在　地：愛知県小牧市大字草字年上坂5953-1
設　　　立：2003年
代　表　者：代表取締役社長　小出 行宏
資　本　金：2億4000万円
従 業 員 数：276人（2020年3月）
事 業 内 容：配電盤・分電盤類、配電制御機器類の設計・製造・販売・修理・保守
U　R　L：https://www.aichidnk.com/

日信電子サービス株式会社

社会インフラの最後の砦を確かな技術、人間力で担う

——鉄道から道路、駐車場、高度医療機器まで、止めてはいけない社会インフラをトータルにサポート

ここに注目！

▶ 個人のキャリアプランと擦り合わせ、階層別、資格別、職能別に研修

▶ 9割がエンジニア。会社全体が同じ空気の中ベクトルを合わせる

新型コロナウイルス感染症の影響で生活が一変する中、ある職業の人々に注目が集まった。社会活動を持続させるために必要な業務を行う「エッセンシャルワーカー」と呼ばれる人たちだ。

道路や鉄道保安システムのメンテナンスを手がける日信電子サービスの社員は、まさに典型的なエッセンシャルワーカーである。

同社が携わっているのは、ATC（自動列車制御装置）やATS（自動列車停止装置）をはじめとする鉄道運行システム、および駅内の自動改札機や券売機、ホームドアなどの駅務機器、あるいは道路の交通信号機およびその管制センターなどの道路交通システム、駐車場の自動料金システムなど。まさに日本の動脈である交通インフラを24時間体制でサポートしている。さらには、MRI（磁気共鳴画像装置）やCT（コンピューター断層撮影装置）、超音波診断装置など医療の最先端機器のメンテナンスも行っている。

同社総務人事部担当部長の長谷川透さんは、「メンテナンスというと地味な印象がありますが、当社が対象とする機器やシステムは、ひとたびストップするとたちまち社会的な大混乱を起こしてしまう。求められる技術的専門性も社会貢献度も高い。皆強い自負心を持って仕事に臨んでいます」と語る。

ただ「正直、仕事はタフな面がある」という。「駅の中はそれほどでもないのですが、屋外はどうしても夏は暑いし、冬は寒い」

社会を動かしているという実感

横に座る入社4年目の中垣佑一朗さんもうなずく。中垣さんは現在、関西で鉄道会社の社員とともに鉄道信号システムのメンテンスを担当。客先である鉄道会社からは高い信頼を得ているが、入社当時は「体が持たず、やっていけるのかと思った」と打ち明ける。

初めての現場作業では、1人分の仕事を3人で分担したが、「10分でメガネから汗が滴り落ちるほどハードで、体が悲鳴を上げた」と振り返る。「でも半年過ぎたら1人でこなせるようなりました」と笑う。

「プレッシャーがあり、大変ですが、やはり機械いじりが好きで楽しい。できなかったことができるようになるだけでうれしい。また、他では得られないやりがいもあります。例えば、夜間の保守が終わって1番列車が動いてその列車にお客さんが当たり前に乗っているのを見ると、自分たちがこのシステムを動かしているんだと実感します。現場で取引先のお客様やそのお客様から『ありがとう』という声を聞けるのもうれしいですね。他の現場の人もそう感じていると思います」

心技体の成長を促す手厚い研修

長谷川さんは「当社の社員は皆現場で鍛えられるので成長が速い」と言う。「いま私は本社勤務ですが、現場の若手社員に節目節目に会うと、見違えるように育っていて驚きます」と誇らしげだ。

成長の背景には同社の手厚い研修制度の存在がある。「当社は電子工学、機械工学系などを軸に採用していますが、それでも各分野の専門性が高く、一通りの知識を得るまでには数年かかります。さらにAI（人工知能）やITといった技術進化にも対応しなければなりません」（長谷川さん）

同社では職域ごとに求められる専門資格や技術・技能の研修を、OJTやOFF-JTを組み合わせながら、階層別、資格別、職能別に実施。いずれも一人ひとりの将来像を重視し、本人と上司が話し合い

総務人事部担当部長
長谷川 透さん

道路交通システムを管理する交通管制センターのメンテナンスも同社が行う

誰もが日々駅で利用する自動改札機。同社の社員がメンテナンスしている

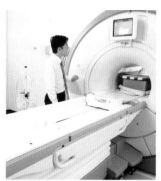
高度医療機器のメンテナンス。高度医療のニーズの高まりで、需要が増えている

ながら、1年ごとに目標管理に落とし、展開している。

　最近は文章力講座などにも力を入れている。「お客様の職場に張り付いて仕事をするため、エンジニアとしてもさることながら、人としても信頼されなければなりま

せん。メール一つでも社会人にふさわしい書き方があり、そういった基本を伝えています」

　もちろん体の健康管理も手厚い。産業医の先生に入ってもらい、定期的に面談しており、メンタル面からサポート。栄養面に関する

健康管理講座も開いている。

　最近は女性エンジニアも増えつつある。「駅内の業務が中心ですが、非常に優秀です。今後も時代に合わせ、より安全で快適な仕事環境づくりを進めたい」と長谷川さんは力を込めた。

| 理系出身の若手社員に聞く |

成長の機会と刺激が豊富にある

西日本支社 鉄道サービス部 中垣 佑一朗さん（2017年入社）

　私はゲームソフトを開発するつもりで、電子工学科でプログラムを学んでいたんですが、ハード系に興味が湧き、ハードのメンテナンスができる当社を知りました。他社も見ましたが、社会的なやりがいの大きさで決めました。当社は知らずに自分を成長させる仕組みと空気があります。学生時代の私は勉強が好きではなく、資格に興味はなかったのですが、いつの間にか合格率数％台の難しい資格でもどんどんチャレンジする気になり、いま半年に2つくらいのペースで資格を取っていますね。周りは管理職も含めて現場が大好きな人ばかりで、どんな現場でも楽しみを見つけるのが上手です。

会社DATA

本社所在地：東京都墨田区押上1-1-2東京スカイツリーイーストタワー15F
設　　　立：1967年5月
代　表　者：代表取締役社長　髙野 利男
資　本　金：4億8000万円
従 業 員 数：567名（2020年3月）
事 業 内 容：鉄道保安システムのメンテナンス、駅務機器のメンテナンス、道路交通システムのメンテナンス、駐車場関連機器の販売・メンテナンス、高度医療機器の販売・メンテナンス
U　R　L：http://www.open-nes.co.jp/

株式会社ミツトヨ

社会の明日をつくるモノづくり企業を精密測定技術でグローバルに支える

──ノギス、マイクロメータで世界シェアトップクラス

記者の目

ここに注目！

▶ 失敗を財産として 技術者を成長させるフォローアップシステム

▶ VUCA の時代にふさわしい尖った人材の育成と風土改革に挑む

ミツトヨの始まりは、沼田惠範氏が 1934 年、輸入に頼っていたマイクロメータの国産化に挑んだことに端を発する。以後、「精密測定で社会に貢献する」という明快な経営理念を掲げ、多種多様な精密測定機器を送り出してきた。現在、世界 31 カ国に展開する研究・製造、販売拠点、80 カ国余りの代理店ネットワークを通じて、約 5500 種の精密測定機器をグローバルに提供している。中でもノギス、マイクロメータの世界シェアは圧倒的で、近年はナノレベルの光学機器、画像測定機などのほか、ネットワーク化された機械を集中管理するソフトウエアソリューションの開発などにも力を入れている。

多様な開発力を支えているのは、経営理念の言葉だ。研究開発本部副本部長の阿部誠さんも「社会活動を支える計測という行為の意味は常に考えている」と語る。

研究開発本部副本部長
阿部　誠さん

近年、データの改ざんなどで、社会的な信用を落とす企業が続出しているが、「仮に、測定器の不具合が見過ごされたまま測定した製品が出荷されれば、そのインパクトは甚大」と、緊張感を持って臨んでいることを強調する。

失敗を新しい技術につなげる

入社 7 年目、研究開発本部の工藤雄治さんは仕事上で、「明快でシンプルな言葉に力づけられることが多い」と話す。測定機器は、モノづくり企業が生み出す製品の品質・性能を保証する重要な役割を担う。「社会の課題や仕組みを直接的に解決したり、変えたりする製品が開発されても、品質や性能を測る術がないと世に出せない。そこに貢献していると気付かされる」（工藤さん）のだ。

多様な顧客の信頼に応えるために、コア技術を自前で開発することにもこだわっている。「オープンイノベーションと言われ、技術を買う会社もありますが、買うとそこがベースラインになる。プラスアルファがないと差別化できないし、技術も衰えます」（工藤さん）

そのためには、失敗を恐れずにチャレンジする文化や環境を整えることが重要だ。

同社では、失敗を新しい技術につなげる仕組みが確立されている。失敗時のシナリオを共有し、過去の似た知見や他の専門チームなどの知見を持ち寄り、検証し、

新たな技術につなげている。「理系の学生なら、失敗から学ぶことの大きさがわかるはず」と阿部さんは語る。

同社の人材育成の特徴は、技術者を丁寧に育てることだ。新卒者は初期研修後、課題が与えられ、実際の製品や技術に結び付けられるように 1 年半にわたってマンツーマン指導を受けることになっている。その間 3 回ほど論文として発表する機会があり、成果が良ければ、そのまま特許申請することもある。「理系のしっかりとしたバックグラウンドがあれば、専門を問わず活躍できる場はたくさんあります」（阿部さん）

風土改革に取り組み、見えてきた変化

まさに緻密で誠実、かつ堅実な文化の同社だが、2017 年より新たな人材育成と風土改革にも挑んでいる。先の見通しにくい VUCA※の時代を迎え、従来とは違う"尖った"発想を持つ人材の育成が求められつつあるからだ。

例えば、「社長とガチで話す 60 分」という刺激的なタイトルの座談会を設けたり、研究職の社員が仕事の労働時間など社内資源の 5 ～ 10％を自分が志す研究に使えたりする仕組みも生まれた。2020 年からは、全社員を対象に上司が部下と対話し、課題や悩みを共有して成長を促す「1on1（ワン・オン・ワン）コミュニケーション」

※ Volatility（変動性）Uncertainty（不確実性）Complexity（複雑性）Ambiguity（曖昧性）

宇都宮事業所の製品ショールーム（M3 Solution Center）。5500種類超の製品から最適な精密測定機器を提案

社長との対話会や上司との1on1コミュニケーションを実施し、上下・部門間の壁をなくし、イノベーションを促進

も開始した。人事部部長の吉森浩一さんは、「若手社員が積極的に意見や提案をする場面が増えた」と変化を感じ取っている。

同社の測定機器は、消費者が日常生活で手にする製品に実装されるわけではないため、その技術進化は見えにくい。だが、見た目は同じ測定機器でもBluetooth（ブルートゥース）の通信機能が付くなど、その進化は確実でスピードアップしている。革新的かつスピーディーな開発を進めるため、数年がかりで社内改革を進める同社。その取り組みは「スマートファクトリーなど大きな変化に対応し、大胆に確実に攻めていく」（阿部さん）原動力になる。

│ 理系出身の**若手社員**に聞く │

しっかりと技術者を育てる仕組みがあります

研究開発本部 ソフトウェア開発部3課 工藤 雄治さん
（2014年入社）

　測定機器に組み込む数理解析アルゴリズムの最適化を担当しています。入社前にプログラミングの経験はありましたが、専門的なことは会社に入ってから学びました。

　当社は、しっかり技術者を育てる風土があります。新人のころ、上司が「焦らなくても5年後、10年後に一人前になって、後輩を育ててくれればいい」と言ってくれたことが、とても印象に残っていますし、安心して仕事に取り組んでいます。

上司や先輩に専門外の知識にも詳しい人が多いのもうなずけます。また、失敗の重要性を知っているからこそ失敗に寛容で、しっかりフォローしてくれるのも当社の企業文化。とても働きやすいと思っています。

▌会社DATA▐▐▐▐▐▐▐▐▐▐▐▐▐▐▐▐▐▐▐▐▐▐▐▐▐▐▐▐▐▐▐▐▐▐▐

本社所在地：神奈川県川崎市高津区坂戸1−20−1
設　　　立：1934年10月
代　表　者：代表取締役社長　沼田 恵明
資　本　金：3億9100万円
従 業 員 数：単独2780名 ／ 連結5371名
事 業 内 容：精密測定機器の製造・販売
U　R　L：https://www.mitutoyo.co.jp/

株式会社アイネス

社会の多様な課題を情報技術で解決
――公共、金融、産業分野で培った高度な IT ソリューションで
　スマート社会の実現に貢献

記者の目

ここに注目！

▶ 公共・金融・産業の 3 本柱で圧倒的な業界ブランドと揺るぎない企業力

▶ DX の進展で保有ポテンシャルを再構築、新規事業の進展次第で一段の成長も

新型コロナウイルスの感染拡大を巡って、日本のデジタル化の遅れがクローズアップされている。国や地方も Society5.0 の実現に向け、IT 活用の取り組みを加速させるのは間違いない。そうした社会変革の動きに合わせて、大きな力を発揮し存在感を増しそうな企業がある。半世紀にわたって地方自治体や金融、一般産業向けに IT ソリューションを提供してきた業界の老舗、株式会社アイネスだ。

1964 年、協栄生命保険（現ジブラルタ生命保険）の機械計算部門から独立したのが始まり。高度経済成長時代は全国の地方自治体や、金融・保険会社を中心にホストコンピュータを介した受託計算業務を拡大し、その後のダウンサイジングやオープン化に合わせて、システムの開発・構築、運用の SI（システムインテグレーション）事業を推進。インターネット

代表取締役社長
吉村 晃一さん

が普及し始めた 2000 年には、ウェブ型総合行政情報システム「WebRings」を開発し、今なお同社の地方自治体向け主力パッケージとなっている。

北海道から九州まで、人口 10 万人以上の地方自治体を中心に、約 180 の団体と取引するほか、銀行・保険会社のシステム開発・運用・監視系でも業界有数の実績を誇る。これに製造業や流通・小売業をはじめとする企業向けのソリューションを加えた 3 つの事業領域で、着実な成長を遂げてきた。吉村晃一社長は、「公共、金融、産業の 3 本柱の存在が当社の大きな強みです。地方自治体や金融機関をはじめとする安定顧客のおかげで、強固な財務体質を築けたことも大きい」と説明する。

第 4 の柱育成で創業 100 年へ

今後も、この既存 3 本柱の拡大をベースに事業成長を目指すが、令和の時代を迎えたアイネスの成長戦略は、これにとどまらない。吉村社長は、「創業 100 年まで事業を続けられるよう 4 番目の柱を築く」と明言する。個別業界や新たな大口顧客の開拓ではない。「IT を活用した横串のソリューション。Society5.0 に基づくスマートシティや SDGs（持続可能な開発目標）に代表される社会課題にしっかり応えていく IT ビジネス」だ。

"2025 年の崖"と称されるレガシーシステムへの対応が急がれる中、新型コロナウイルスの影響で官民挙げたデジタルトランスフォーメーション（DX）の取り組みが早まるのは確実。IT を活用し、人材不足やセキュリティ、災害対応といった諸課題をいかに克服していくかが問われる。そこでは「当社が IT ビジネスで長年携わってきた地方自治体がキーワードになる」（吉村社長）と見る。

すでに第 4 の柱を育成するための専門部隊を組織し、スマート自治体の構築などを切り口に DX による新規ビジネスの開拓に動いている。ネットワークやセキュリティに強い他社との協業も視野に入れ、第 4 の柱で企業変革を呼び込む方針だ。

社会に向き合える DX 人材が必要

吉村社長は、「陰でシステムを支える仕事柄、真面目でおとなしい社員が大半。顧客の要望を真摯に受け止め愚直に業務を遂行することはできても、顧客のために主体的に提案する姿勢にやや欠けていた。今後は挑戦する企業風土に変えていきたい」と強調する。

その上で一定の ICT 知識は必要ながらも、何事にも関心を持って、自ら考え勉強し、解決の道を探っていける DX 人材の必要性を訴える。特定の専門スキルを高めていくというよりも、IT を用いてさ

2019年10月に営業開始した東京本社・晴海オフィス。開発業務の中核拠点でもある

ベイエリアを一望でき、開放的な本社エントランス

開発業務は、プロジェクトを組織する。テレワークが浸透し、情報集約型の新しい働き方が進む

まざまな社会課題に積極的に向き合っていこうとする姿勢が明確で、働く側にしてみれば、実にチャレンジングな舞台が用意されているわけだ。

2018年には、三菱総合研究所と業務資本提携を締結し、アライアンスの拡大による成長戦略を加速し始めたアイネス。地方自治体、金融・保険会社のシビアな要求にしっかり応え、堅実かつ信頼のブランドを積み重ねてきた同社は、これまで目立つ存在ではなかったかもしれない。しかし第4の柱を目指し始めたアイネスの挑戦は、スマート自治体の実現とDX進展に欠かせない重要な役割を演じることになりそうだ。

┤ 理系出身の**若手社員**に聞く ├

挑戦する動きに社内の変化を感じる

公共ソリューション本部 プロダクト開発部
吉武 奈朋美さん（2011年入社）

これまで特に公共部門は、新しい提案がなかなか出せない傾向にありましたが、最近は積極的に提案する挑戦の動きが活発で、社内の変化を感じています。私自身、顧客に出向いて課題を聞いて商品を開発し、ようやく仕上げの段階を迎えました。やはり顧客のお困りごとを解決する商品を作れる喜びは格別です。

もちろん壁もありましたが、周囲に相談できる先輩も多く、学びを通して自身の成長にもつながりました。たとえ失敗しても、一緒に原因を究明しプロセス改善につなげていく雰囲気があります。将来的には、技術にも明るいマネージャー職を目指したいです。

会社DATA

本社所在地：東京都中央区晴海3-10-1
設　　　立：1964年
代　表　者：代表取締役社長　吉村 晃一
資　本　金：150億円
従　業　員　数：1389名（2020年4月1日現在）
事　業　内　容：公共、金融、産業の3分野の顧客向けITコンサルティングおよび企画、システム開発・構築・運用・保守などの一貫サービスの提供
U　　R　　L：https://www.ines.co.jp/

株式会社 KSK

6期連続で増収増益。技術力と人間力を高める手厚い教育制度で成長し続ける

——専任講師が7名。合計500名収容できる13の教室と社員寮を備える「KSKカレッジ」

記者の目

ここに
注目！

▶ 3つの事業領域で幅広いビジネスを展開

▶ 絆を強化するさまざまな施策で健康経営銘柄＆ホワイト500にも認定

2020年3月期、KSKは売上高・営業利益・経常利益すべてで過去最高を更新し、かつ過去6年連続で売り上げ、利益ともに増収増益を続ける成長企業である。

同社の事業はシステムLSIを中心とする半導体設計、自動車などの組み込みソフトウエア開発などを行う「システムコア事業」、業務用パッケージソフトウエアや各種システム開発、インフラ構築などを行う「ITソリューション事業」、ネットワークシステムの設計、構築から運用、保守までをワンストップで行う「ネットワークサービス事業」の3つのセグメントからなる。

好調の背景には、成長分野への積極的展開が挙げられるが、最大の要因は、長年にわたって取り組んできた、技術力と人間力とのバランスが取れた人材育成システムの強化にある。

代表取締役社長
牧野 信之さん

充実の教育制度
「KSKカレッジ」

牧野信之社長は、「教育システムがしっかり構築できていることが当社の強み」と自信を見せる。KSKには新人から中堅、管理職に至るまでさまざまな研修教育プランが充実しているが、その中核を担っているのが「KSKカレッジ」だ。カレッジには常勤の専任講師が7名おり、実機研修用のPCやサーバーなどネットワーク環境が揃った教室を含めた13の教室で、合計504名が研修を受けることができる。

特徴的なのは、技術研修に加えて人間力研修にも力を入れ、技術力と人間力のバランスの取れた人材の育成を行っていることだ。新入社員はビジネスに不可欠なスキルや社会人としての考え方やマナーなどの研修に続き、それぞれの業務に必要となる技術に関する資格取得に向けた研修を約5カ月間にわたって受ける。2年目には、1年目で体験した現場の悩みや課題への対処法などの研修でしっかりとフォローし、3年目にはキャリアアップを図るための目的別の研修などがあり、さらに中堅社員や管理職に向けたリーダーシップ研修などが続く。

一方、技術力向上については、個人のキャリアパスに応じ必要な技術や能力をスキルロードマップとして可視化。そのキャリアにふ

さわしいスキル、そのための資格や実務経験などが分かるようになっている。資格取得のために内部研修のほか外部研修を受けることも可能で、資格を取得した際の報奨金制度もあり、能力開発に向けたモチベーションを維持する仕組みが整っている。また、習得した技術を生かして新たな業務に志願し挑戦できる制度として「New Career Challenge制度」が導入され、社員がその能力を最大限に発揮できる環境となっている。

社員を大切にする施策、続々

さらに2020年度から、新卒新人に対して生活面でのさまざまな悩みを相談できる若手の「アソシエイト」と、技術面の指導を受け持つ「OJTリーダー」の2名の先輩がフォローする体制となった。相談を受ける先輩社員にとっても、指導力やリーダーシップを養う効果があるという。

これほどまでに徹底した教育システムを導入しているのは、過去に停滞期を経験したことから、人材活性化の重要性を認識したためだ。

2003年には、複数の社員で仕事に取り組む「チーム制」を導入。すると徐々に業績が上がっていった。その他、同社には他の社員に感謝の気持ちを伝え讃え合う「Smile Card」や、バーベキューを通じた協同作業により親睦を深める「BBQインビテーションカー

技術力と人間力、バランスの取れた研修制度

チーム会議は情報共有だけでなく成長の場にも

東証・経産省共同の「健康経営銘柄」に2年連続で選定

ド"BIC"、仲間と同じ本を読んで感想を語り合う「読書会」、チームメンバー皆で展開する「5S活動」などユニークな施策が多い。定期健康診断100％受診、喫煙者ゼロの達成など社員の健康作りにも徹底的に配慮している。

「私たちが目指すのは、人と組織が信頼と共感でつながっている企業風土の醸成です。その実現に向けて、これからも社員の絆を強くするさまざまなエンゲージメント施策を打ち続けていきます」(牧野社長)。その結果は業績だけでなく、情報通信業の上場企業では3社しか選定されていない健康経営の最優良企業の証である「健康経営銘柄」に2年連続で選ばれているほか、4年連続で「ホワイト500」に認定されるという評価にも現れている。

同社は、人を大切にする環境作りが人と企業を成長させるということを体現する企業である。

| 理系出身の**若手社員**に聞く |

互いを成長させるチーム制が魅力

エンベデッドシステム事業部 チームリーダー 山口 知也さん
(2016年入社)

　大学では、電気電子情報学科でロボット制御を研究していました。組み込みソフトを作り、実際に組み込んでいたこともあり、独立系のIT企業であるKSKなら、いろいろな企業のさまざまなソフトの開発に関われそうだと思い、入社しました。

　最初は大手車載Tier1の案件で組み込みソフトの開発をし、基本スキルを習得しました。今は世界大手自動車メーカーの研究開発部門と共同でIoTシステムの開発を担当し、IT技術者として着実にステップアップしていると感じています。KSKは教育サポートシステムが充実していて助かっています。変わってるなと思える制度もありますが、後々、ああこのためにあるんだと腑に落ちるものばかり。一番気に入っているのはチーム制です。お互いの良いところを吸収でき、成長できている気がしています。

会社DATA

所　在　地：東京都稲城市百村1625番地2
設　　　立：1974年5月
代　　　表：代表取締役会長　河村 具美、代表取締役社長　牧野 信之
資　本　金：14億4846万円
社　員　数：2238名（連結、2020年9月）
事 業 概 要：システムコア事業、ITソリューション事業、ネットワークサービス事業を中心に展開
U　R　L：https://www.ksk.co.jp/

コダマコーポレーション株式会社

CAD/CAM を経営ツールに
──技術コンサルティングで日本のモノづくりを変える

記者の目

ここに注目！

▶ **高品質のサービスを提供する人材が「事業の源泉」**

▶ **"成長ロードマップ"に沿って着実にステップアップ**

コダマコーポレーションは1989年の設立以来、日本の製造業のさらなる発展を願い、生産性を飛躍的に高められる CAD/CAM/CAE システムやサービスを提供している。1996年にはフランスのトップキャド（現トップソリッド）製3次元 CAD/CAM システム「Top-Solid（トップソリッド）」シリーズの販売を始め、導入コンサルティング、システム構築、サポート、教育、運用改善などのソリューションを充実させてきた。

ライセンス数1万件を突破

トップソリッドシリーズの国内総代理店として発売から24年が経過し、導入企業は4500社余り、ライセンス数1万件を突破した。何より顧客第一主義を徹底し、導入企業にできるだけ早く活用してもらうための技術サポート、教育セミナーやコンサルティングなど

代表取締役社長
小玉 博幸さん

のサービス面で高い評価を得ており、小玉博幸社長は「20数年来の取引が続いている顧客が数多くある」と誇らしげに話す。

そんな小玉社長だが、実は日本の製造業に危機感を抱いている。「高性能の工作機械で高付加価値の超精密部品や金型の加工ができても、製造現場にさまざまなシステムが混在しており、データの受け渡しや変換・修正に時間がかかっている。手戻りが発生した際の無駄も大きい。日本の製造現場には今なお属人的な"職人芸"が色濃く残っている。頭脳の役割を果たすべき CAD/CAM が効果的に機能しておらず、生産性が上がっていない」と指摘。そして、「機械の活用という点では欧州はもとより、中国にも追い越された。日本のモノづくりは後れを取った」と苦言を呈する。

コダマコーポレーションが扱うトップソリッドシリーズは、設計から製造までのデータの一気通貫を実現する。製品設計で不具合が見つかり、やり直す場合でも数値制御（NC）データの修正などの手間がかからない。CAD と連動する形で NC データも自動修正される。小玉社長は1995年、米国デトロイトの展示会でデータの一気通貫をコンセプトに開発されたトップソリッドに出会った。そのコンセプトにほれ込んで自らフランスに乗り込み、独占販売権を獲得したのだ。「CAD/CAM は設計

や加工の現場だけでなく、経営全体にかかわる。製造業の経営ツールとして、CAD/CAM を中心に据えた効率的な業務フローを構築すべき」（小玉社長）と強調する。

コンピューターの処理能力向上に伴って CAD も進化し、作成した3次元モデルを画面上で自在に動かして、不具合を確認することも容易になった。CAD の使い勝手は従来とは比べものにならないほど高まっている。「初めて CAD に接しても、コンピューターゲームで育ってきた世代にはなんら抵抗感がないはず。特別な知識がなくても、2～3カ月教育すれば CAD を操ってモデリングできるようになっている」と小玉社長。実際、CAD/CAM ユーザーを支援する同社技術部の技術コンサルティングスタッフ約70人の半数は文系出身者だ。

"成長ロードマップ"でステップアップ

同社には、社員向けの"成長ロードマップ"とも言える「技術マニュアル」がある。CAD/CAM ユーザーを支援する技術コンサルタントとして身に付けるべき知識や業務内容を詳細に規定しており、目標をクリアしながら着実にステップアップできる仕組みだ。

小玉社長は「CAD/CAM システムを使いこなせば、若い人でも機械任せでベテランと変わらない品質のモノづくりができる」と断言

フランスのトップソリッド社から優秀ベンダーとして贈られた盾

充実した教育セミナーも行う本社

する。それを裏付けているのが加工技術研究所（東京都羽村市）。トップソリッドシリーズの実証施設だが、試作部品加工を請け負っており、短納期で一品生産を引き受けてくれるメーカーとしても注目されている。

「高品質のサービスを提供する社員が事業の源泉。人材を大事にする経営に取り組んでいる。営業職にも独自の認定試験を行い、努力した社員に報いるように評価項目を定めている」と小玉社長は話す。

| 若手社員に聞く |

最高のサービスで顧客満足を追求し続ける

技術部主任 白石 篤志さん（2015年入社、国立大学文学部卒業）

　文系出身ですが技術に関わる仕事がしたくて、入社しました。当社の特徴はCAD/CAMシステムを販売するだけでなく、ソリューションとして使いこなしてもらう技術コンサルティングにあります。ですので、技術部の一員として、最高のサービスを提供できるように努めています。

　担当しているのは全国30社ほどです。入社1～2年目は、毎週のように顧客企業へ出張していました。新型コロナウイルス感染症の影響で移動が難しくなり、現在は本社事務所での執務が中心ですが、パソコンの画面を共有して対応しています。仕事を通じて顧客に満足していただき、喜んでいただけることが最高のやりがいです。

会社DATA

本社所在地：横浜市都筑区茅ヶ崎中央3-1 センター南SKYビル 4F
設　　　立：1989年1月
代　表　者：代表取締役社長　小玉 博幸
資　本　金：6300万円
従 業 員 数：141名（2020年12月）
事 業 内 容：CAD/CAM/CAEに関するコンサルテーション、CAD/CAM/CAE・ネットワークシステムの販売、
　　　　　　　システムの構築・運用・管理サービスなど
U　R　L：http://www.kodamacorp.co.jp/

株式会社C&Gシステムズ

若い力で次世代のモノづくりに挑戦
——技術革新と人材育成を両輪に業界トップをひた走る

記者の目

ここに注目!

▶ **インターンシップ型アルバイト採用で入社後即戦力**

▶ **成長には既存の枠にとらわれない新戦力を積極投入**

「生産性の限界に挑戦する」を社是に掲げる金型向け国産CAD/CAM（コンピューター利用設計/製造）システム大手のC&Gシステムズは、若手技術者の採用を積極的に進めている。北九州（北九州市八幡西区）と東京（東京都品川区）の2本社制の強みを生かし、首都圏と西日本双方の優秀な技術者を通年で採用している。2019年秋からは九州工業大学が始めたインターンシップ（就業体験）型アルバイトの受け入れ企業として同大学生を採用するなど、優秀な学生の囲い込みにも余念がない。

モノづくりの衰退に危機感

九州工業大の学生を19年に6人採用した小島利幸取締役管理統括部長は「これまでの一般的なインターンシップ事業と違って、インターンシップ型アルバイトは学生と長期のお付き合いが可能にな

代表取締役社長
塩田 聖一さん

る。卒業後に採用できれば入社後教育が短縮でき、即戦力になるというメリットもある」と期待する。新卒採用だけでなく、中途やアルバイトからの採用などあらゆる方法を駆使して即戦力技術者を育てる同社の人材雇用・育成システムは、非常に効果的と言える。

そんな同社は今、強い危機意識を抱いている。金型用CAD/CAMシステム大手とはいえ、電機や半導体などかつて栄華を誇った日本のモノづくり産業の多くが衰退し、製造拠点も海外移転が進む。一方でIoT（モノのインターネット）の進化は進み、世界の製造技術は大きな変革期を迎えている。こうした中で小島取締役は「今の製品が10年後、20年後もリーディングであり続けるかどうかは分からない。そのためにも新しい製品や技術を若い人たちが生み出していかなければならない」と考えている。

進むフレッシュな人材登用

同社が金型に次ぐ柱に期待しているのが部品加工市場だ。19年に機械部品加工に利用する2次元・3次元融合CAMシステム「PartsCAM（パーツキャム）」を開発、同市場に本格参入した。金型に近い、量産加工分野にも自社ソフトウエアが活用できると判断して参入を決めた。工作機械を利用した加工ソフトはいまだ海外製が多く、中小企業にとって決して

使い勝手が良くないことも参入を後押しした。

塩田聖一社長は「業容拡大に向けてすでに複数のプロジェクトを立ち上げている。金型に隣接する市場には量産に関わる多くの分野がある」と期待する。ここで塩田社長が指す複数プロジェクトこそが、成長の鍵となる。そこには既存の枠にとらわれない新しい血が必要で、若い人材の登用が進められている。

期待の新星が開発本部研究開発部の田中耕太さんだ。田中さんは九州大学大学院理学府地球惑星科学専攻修了後に一度は中部地区の会社に入社した。8年間システムエンジニアとして活躍したが、生まれ育った九州の地で得意の数学を生かしたいとの思いから、19年にC&Gシステムズに転職した。

入社後は即戦力としてCADソフトの機能改善業務などに携わる。田中さんは自社について「社員一人ひとりの考えを尊重してくれる。チームもお互いを尊敬し、役割分担も明確化しており働きがいを感じている」と満足している。小島取締役は会社説明会で集まった入社希望者を前に「モノづくり企業は数多くあるが、オリジナルのブランドや製品を持っている企業は10%に過ぎない。ここに該当する当社は自由な発想で開発を任せている」と説いている。モノづくりが好きで、新しいことに挑

令和も業界のリーディングカンパニーであり続ける（北九州本社）

開発教育センターが入居する北九州学術研究都市の技術開発交流センター

社内の人間関係は良好で、考えを尊重してくれる。「働きがいを感じている」と田中さん（中央）は話してくれた

戦する心を持った人にはぜひ扉をたたいてほしいと望んでいる。

同社は19年、北九州学術研究都市に「開発教育センター」を開設、プログラム開発者の育成を始めた。教育担当技術者2人を配置し、1～2年かけてじっくりとプロフェッショナルを育てる計画だ。現在2人を教育中で、21年春にもう1人を追加する。

技術革新と人材育成を両輪として、令和の時代も業界のリーディングカンパニーを維持していく覚悟だ。

│ 理系出身の**若手社員**に聞く │

活気ある職場で、若手にも働きがいのある仕事を任せてくれる

開発本部 研究開発部 田中 耕太さん（2019年入社）

C&Gシステムズは国産金型CAD/CAMシステム大手です。これまで国内6000事業所、海外1000事業所に同システムを導入しています。現在はSTL（曲面を三角形の集まりで近似したもの）をBREP（滑らかな曲面）とする研究開発に携わっています。

CADはあらゆる製品のベースですがどうやって作られているのか以前から興味を持っていました。地元の北九州に国内大手企業があることを知り、得意の数学を仕事に生かすことができることも入社の決め手となりました。

当社は若い社員が多く、活気もあります。転職してすぐの自分に責任ある業務を任せてくれてやりがいも感じています。

■ 会社DATA

本社所在地：福岡県北九州市八幡西区引野1-5-15 / 東京都品川区東品川2-2-24 天王洲セントラルタワー19F
設　　　立：2007年7月2日（前身の旧コンピュータエンジニアリングは1978年11月）
代　表　者：代表取締役社長　塩田 聖一
資　本　金：5億円
従 業 員 数：251名（連結）
事 業 内 容：金型用CAD/CAMシステム、生産管理システムなどの開発・販売・サポート
U　R　L：https://www.cgsys.co.jp

株式会社データ・デザイン

3次元技術でモノづくり現場のDXを支援
——課題解決により構築した、幅広い産業の顧客との信頼関係

ここに注目！

▶ **3次元デジタル技術で顧客の課題を分析し解決**

▶ **世界に通用するプロフェッショナル人材を育成**

データ・デザインはコンピューターによる設計（CAD）、製造（CAM）、解析（CAE）などの製造業向け情報化支援ツールや、3次元（3D）技術を必要とするこれからの成長産業を対象としたデジタル工程の構築・提案を手がける。デジタルデータの重要度が高まる中、無秩序な情報の集まりであるデータをデザイン、設計して、現場で活用できるようにする少数精鋭の技術系企業だ。岡村隆德社長は「平成元年に設立した当時の社名も、DX、つまりデジタルトランスフォーメーションがテーマとなってきた今の時代になってさらに重要度を増す」と語る。

1990年代はCAD/CAMシステムが製造業において最新の戦略ツールだったこともあり、自動車および航空機関連の金型、部品加工メーカーにCAD/CAM製品の販売や導入・運用支援を中心に事業

代表取締役社長
岡村 隆德さん

展開してきた。2000年以降は、既製品のカスタマイズやシステム連携を提案しながら付加価値を創り出すことに注力し、近年は3Dスキャナーや3Dプリンター、3Dプロジェクターなどの最新デジタル機器に加え、現実環境を補完する仮想化技術要素も加えて顧客の課題解決を支援する場面が増えている。デジタル革新（DX）のシナリオを描き、イノベーションに必要な技術要素の提供はもちろんのこと、DXによる「既存ビジネスの再構築」もテーマにしながら、幅広い産業の顧客との信頼関係構築を重ねている。

結果にコミットする
実践力で信頼を獲得

人工知能（AI）やIoT（モノのインターネット）、ビッグデータなど、デジタル技術の活用は広まっている。それでも、「まだ確立したデジタル工程は限られており、ユーザー視点のデザイン思考が重要となる」と岡村社長は認識する。そのコーディネート役として、同社の存在感は年々高まっている。

既存にあるシステムの連携だけを実現するIT企業とは違い、3D技術によるビジネス革新や抜本的な工程省略などの独自ストーリーを作り、それを実現するためのデジタルツールを投入する。ポイントを絞り込みつつ、検証を重ねて結果を出すことで顧客の信頼を得てきた。イノベーションを現実化

するには「常識にとらわれない発想とチャレンジする情熱が必要だ」と岡村社長は強調する。

同社では、論理的思考でデジタル技術の発展を支える理系人材と、未来の夢を描く文系人材の両輪で事業を動かす体制を整えている。モノづくりが盛んな愛知県では理系人材の確保は難しいが、同社には欠かせない人材だ。「専門性の追求に加え、3Dデジタル技術を使いこなして顧客の信頼をつかむことができるエンジニアを求める」（岡村社長）と、ビジネス視点での構想力と実践力を期待する。

発展を続けて技術変化に対応

イノベーションに向けて仮説、提唱、実証による経験を積み、重厚長大産業を含む製造業から医療、教育、エンターテインメントなど、幅広い産業に重要なユーザーを多く抱える。デジタル技術は「米国で成功してもすぐ陳腐化する」（岡村社長）と言うだけに、常に応用を意識して継続的な発展を目指している。ただ、全て自前での開発ではスピードの限界もあるため提携先の欧米企業の技術も活用し、ツールの組み合わせによって独創性を出している。

3D機器などの商材の拡充も着々と進めている。「第4次か第5次のブーム」（同）とする3Dプリンターでは、法人／工場向けの生産設備仕様と、一般人向けのホビークラスの間の中間層にターゲット

カーボン対応の 3D プリンター

ハンディ型 3D スキャナー

本社エントランス

を置いている。法人 / 工場向けに比べてコストを抑えられ、持ち運びできるため設計室やデザイン事務所などさまざまなオフィス環境で使える。熱源や粉じん対策などの負担も少ない。ホビークラスを使う学生が増えており、「技術と製品を融合して生産現場でどう役立てるのか、学生の若い発想力で考えてほしい」（同）と期待する。

3D スキャナーでは、ディープ

ラーニング（深層学習）などのAI 活用やスマートフォンへの移行などを見据えてシナリオを考え、顧客からの使用した感想や要求なども得ながら次の形を作り上げていく。3D プロジェクターは「完成形とは言えないが発展している」（同）とし、機能を見極めて現場のアナログ作業効率化につながる提案を行っている。

同社は、タイ、インド、ベトナ

ムに海外拠点を構えるほか、技術提携先の欧米企業で短期のトレーニングや研修を受ける社員もいる。今後、海外拠点を拡充する方針もあり、世界を感じながら仕事ができる環境で、英語を自発的に勉強する社員が増えている。社員の継続的な成長とともに徹底的な3D デジタル技術の追求を続けていく。

│ 理系出身の**若手社員**に聞く ├

幅広い分野の顧客と接しており、
経験をもとに知識やカバーする範囲を広げたい

テクニカルユニット・テクニカルグループ 牛尾 公一さん（2014 年入社）

　理系の分野を学んでおり、新しい取り組み、テクノロジーへの関心が高く、デジタルデバイスの需要が伸びている中で成長性を感じて入社しました。

　今は、3D プリンターや 3D スキャナーなどの 3D ツールの活用提案や営業支援を担当しています。自動車や家電、航空宇宙などの製造業に加え、医療やエンターテインメントなど幅広い分野の顧客と接しています。3D プリンターは治工具やカスタムパーツ、普及している領域では、例えば飛行ロボット（ドローン）部品など、少量の消耗部品生産の用途が多いです。生産プロセスにおける課題を聞き、解決につながるデジタル工程の構築を提案しています。この仕事は、効率化の結果が分かりやすく、実感を得やすいのでやりがいがあります。大手農業機械メーカーとは、3D スキャナーの活用法をきっかけに常に課題を聞き、多くの商材での取引につなげています。こうした経験をもとに、知識やカバーする範囲を広げたいですね。

会社DATA

本社所在地：名古屋市中区錦3-4-6　桜通大津第一生命ビルディング12F
設　　　立：1989年5月12日
代　表　者：代表取締役社長　岡村 隆徳
資　本　金：2500万円
従 業 員 数：43名
事 業 内 容：CAD、CAMなどの情報化支援ツールの開発、3次元デジタル技術を活用したシステムの企画
U　R　L：https://www.datadesign.co.jp/

株式会社白山

高精度な光ファイバー接続コネクターを世界に発信
——通信業界の安全と発展に幅広く寄与

記者の目

▶ 新事業の開発を担う人材を積極採用

▶ 世界シェア第2位の製品を抱え、地域もけん引

白山は創業以来、独自の技術を追求し、保安器や避雷器など通信業界の発展に寄与する数々の製品を開発している。2016年からは社名と同じ日本三名山の名峰「白山」のお膝元、石川県金沢市に本社を移転した。豊かな社会発展のために、より高次元の技術展開を図り、光ファイバーを高精度・高密度に一括接続する主力のコネクターシリーズの一つ、「MTフェルール」をはじめ、雷防護機器、情報通信用部品など安全安心に役立つ幅広い分野で、新たな製品開発に取り組んでいる。また、未知なる領域にも果敢にチャレンジし、さまざまな要望に応えるため積極的に研究開発に対する投資を行っている。

成長続く「MTフェルール」

主力製品「MTフェルール」のシェアは世界第2位。経済産業省

代表取締役社長
米川 達也さん

の2020年度版「グローバルニッチトップ企業100選」に選ばれた。さらに、石川県経済を引っ張る企業として、経済産業省から同年版の「地域未来牽引企業」にも認定された。

米川達也社長は2014年の就任直後から、今後の成長性を見極めて「MTフェルール」に注力する経営を推し進めてきた。その狙いは当たり、2012年には全社で40億弱の売上高のうち1億5000万円程度だった事業が、2020年には約14億円に拡大した。

MTフェルールの一番の強みは何か。それは0.1マイクロメートル（マイクロは100万分の1）レベルの精密な樹脂成形の技術力だ。米川社長は、「光ファイバーを通すサブミクロン単位の複数の穴を開ける精密な成形技術は、簡単に真似できない」と強調する。製造現場の強化にも取り組み、石川工場（石川県志賀町）ではIoT（モノのインターネット）による生産状況の見える化と、タブレット端末の活用で稼働率の向上や省力化を実現している。

MTフェルールの市場環境は当面明るい。特に、新型コロナウイルスの影響でテレワーク化やウェブ会議、オンライン講義など通信トラフィックの増大が続き、データセンターなどへの投資も拡大が見込まれるからだ。だが、現状に満足しているわけでない。「世界シェア1位を目指す」（米川社長）

ため、海外市場、特に中国の攻略を見据え販売パートナーとの連携を本格化している。第5世代通信（5G）時代に向けた新製品・新技術開発も欠かせない。IoT化による省力化を進めるため、生産技術部門の強化も必要になる。さらに、次の柱となるべき製品の準備もすでに始まっている。

新たな事業の柱を育成

白山は、石川県工業試験場（県工試）、北陸先端科学技術大学院大学と共同で「熱電変換素子」の開発を進め、2022年の発売を目指している。熱電変換素子とは、熱を電気に、電気を熱に変換できる能力を持つ素子のことである。電子部品の冷却や廃熱発電、IoTデバイス用電源などさまざまな用途が期待されている。

実用化が進んでいる類似品は調達が困難なレアメタルを使用しているため、高価でまだまだ普及していない。同社はそこに勝機を見いだす。マグネシウムやシリコン、スズを用いた素材であれば、量産にも対応できる。

県工試や北陸先端大との連携は「金沢市に移転したからこそ実現した」（米川社長）枠組みだ。特に北陸新幹線金沢開業以降は首都圏とも密接につながり、地理的制約はない。金沢は世界に向けて勝負するにふさわしい拠点だ。

そうした環境下で、同社は近い将来の株式上場を視野に入れ、

能登の豊かな自然のなかに立地する主力製造拠点「石川工場」(石川県志賀町)

世界第2位のシェアを誇る光コネクター「MTフェルール」

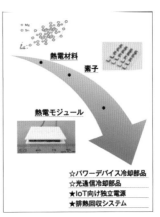
これからの成長のカギを握る新事業「熱電素子」

2030年には売上高100億円以上を目指す。掲げた10年ビジョンを実行するために米川社長は、「まだ理系人材が足りない」と強調する。

技術者であれば、5Gへの対応や素材の知見を持ち、IoT、人工知能（AI）といった技術を駆使して生産工程を革新する人材が必要だ。海外市場を開拓するためには、営業力だけではなく技術にも精通していなければいけない。無停電電源装置（UPS）などの既存製品も高機能化で十分に勝負できる。

白山の事業フィールドは世界だ。MTフェルールはすでに世界1位を争う段階に達している。研究開発や生産革新により生まれた成果により、世界をより良く変えていく。

─┤ 理系出身の**若手社員**に聞く ├─

自由に研究できる環境にやりがい

R&D部門 主席研究員 博士（理学）建部 秀斗さん（2019年入社）

　入社前は博士研究員（ポスドク）として有機材料の研究に携わり、関東で生活していました。いずれは学生時代を過ごした北陸に戻りたいと考えていたところ、希望通り自分の専門分野の知識を生かせる職場に出会えました。

　現在は、熱電変換材料の研究に取り組んでいます。材料を加工してモジュール化し、低コストで高性能なシステムとして2022年に発売するのが目標です。完成に至るにはさまざまな工程があるのですが、一番のやりがいは、その上流から下流に至る工程全てを任せてもらえることです。米川社長や上司や仲間の理解もあり、自由に研究できる環境が整っています。

■ 会社DATA

本社所在地：石川県金沢市鞍月2-2
設　　　立：1947年10月
代 表 者：代表取締役社長　米川 達也
資 本 金：1億円
社 員 数：106名
事 業 内 容：光通信製品、雷防護製品などの開発・製造・販売
U　R　L：https://www.hakusan-mfg.co.jp/

株式会社愛洋産業

開発力を持つゴム・樹脂成形加工メーカー
—— 「アイディアをかたちに！」する提案型企業

愛洋産業は、工業用ゴムやプラスチック、ウレタンを素材にした自動車、産業機器、住宅設備、医療福祉、電力関連向けなどの成形加工品を手がける。スタートは商社だったが、顧客やユーザーのニーズに合った樹脂成形加工品のよりスムーズな設計開発や短納期化を実現するため、自社工場を持つメーカーに転身した。より軽く早く安くするための提案を積極的に行い、400件以上の特許、実用新案、意匠などを取得している。顧客に寄り添う姿勢が評価され、大手企業の取引先も多い。「大手企業が相手であると緊張感、モチベーションを持って仕事に取り組める」と岸泰至社長は強調する。

スピーディーな開発で信頼を獲得

製品の安全性や安心性、省力化に関わるものを手がけるため、基礎技術の構築や新製品開発に最重点を置く。2010年に建設した研究棟に多くの試験設備を配備し、安全を保証できるように品質評価などを行っている。

加熱試験室では材料や製品を人工的に劣化促進させて、物性維持、耐久性を確認する。GEER老化試験機で耐熱性を、一元冷凍機恒温槽で耐寒性を、サンシャインスーパーロングライフウェザーメーターで耐候性を試験する。加熱変形試験機も備える。

材料や製品の電気絶縁性を確認する耐電圧試験室では、乾燥・散水耐電圧試験や耐トラッキング性試験を行う。このほか、オートグラフで材料の引張強度や伸び、圧縮強度の試験、スケールやノギス、ハイトゲージによる外観や構造の試験など基本物性を測定する環境を整えている。

研究棟は流れと光をモチーフとしたアルミニウムルーバーで外観を覆い、未来に向けて射出成形の無限の可能性を追求する企業姿勢を表現している。1969年の会社設立からこれまで手がけてきた製品の展示ルームもあり、構築した技術や歴史を見ることができる。

新製品開発での成形加工品は、「開発納期は設定されていてもないようなもの」（岸社長）のため、1日でも早く納入することを心がけている。完成して目に見える形になった製品、部品を少しでも早く顧客の手元に届けるのは、「顧

名古屋市北区にある営業本部

客がより喜んで受けてくれると感じる」（同）からだ。

スピーディーなモノづくりにつなげるために開発納期を早める姿勢や、軽量化や低コスト化するための改善、改良を多く提案する姿勢が評価され、顧客の信用、信頼を得てきた。開発品を早く納入すれば、製品の発売前までに修正する時間をより多く確保できる。新たな改良アイデアを盛り込んだり、使い勝手を確認したりすることで、より高品質なモノづくりにつながる。

また環境意識の高まりもあり、地球環境に優しい材料を用いることを念頭に置いて開発に取り組んでいる。フロン排出抑制法や欧州特定有害物質使用規制（RoHS）などを考慮し、鉛や水銀、カドミウムなどの有害物質、環境負荷物質を含まない材料の採用を心がける。顧客からの要求もあるが、「世界の動きを見ると、地球温暖化対策は重要になる」（同）と認識する。

内製化で技術も意欲も向上

1987年に愛知県春日井市に開設した自社工場では、電力用合成

代表取締役社長
岸　泰至さん

工業用品部製品は住宅設備・産業機器・医療福祉・自動車・一般設備など、幅広い産業分野で使われている

春日井事業所研究棟。高い品質を保証するため加熱試験室や耐電圧試験室、測定室の各部屋に試験設備が配備されている

樹脂部品の成形加工とファクシミリの組立から始めた。それまで、設計開発や成形加工は協力会社に委託していた。納期は委託先の都合に合わせる必要があり、短納期化が難しかった。自社工場を持つことで短納期化が可能となった。

2010年に第2工場を新設し、2011年には第1工場を改築するなど生産体制を増強してきた。樹脂ペレットを加熱シリンダーで溶融後に金型へ注入して成形品を作る電動式射出成形機は、型締め力35〜450トンで計22台を備える。超音波振動と加圧力で熱可塑性樹脂を瞬時に溶融して溶着する超音波樹脂溶着機も3式所有する。

印刷機器では、凸版印刷の一種で金属を蒸着したり顔料を塗布したりしたフィルムを凸版でプレスして被印刷物に転写するホットスタンプ機を2式備える。このほか、凹版印刷の一種で弾力性あるシリコンパッドに写し取ったインキを転写するパッド印刷、繊維やステンレスで織ったスクリーンの上に版膜を作って印刷インキを擦って転写するスクリーン印刷など、さまざまな用途や目的に対応できる体制を整えている。

内製化により技術者が習得する知識が広がり、開発や改良でより多くのアイデアが生み出せるようになった。社員の意識、モチベーションが高まり、意欲が出てきた。

「自分が開発に携わったモノ、立上げたモノが世の中で役立てられている喜びを味わえることが醍醐味。目に見えるところで使われているものであれば2倍うれしい」（岸社長）

電力関連は、電力会社や電気工事会社などとの共同で研究開発する案件もあり、今迄に蓄積されたノウハウとひと味違う発想が重要となる。電力関連のオリジナル製品を提案して開発や設計を請け負うこともある。電力関連の取引では組織として対応することが多いため、担当部門全体で情報を共有し、全員で参画し、競い合いながら活動している。創業者がのれん分けで独立する時に電力向けの商権を譲り受けた経緯もあり、電力会社とは強固なつながりを維持している。

一方で、そのほかの自動車関連や産業機器関連などは他社との競争見積りが多い。図面の指示に加えてコスト低減、生産の効率化やスピードアップなどにつながる素材、形状、製法、見栄えの良い外観などを提案するプラスアルファが必要だ。工業用品では、ファクシミリの組立加工をスタートにメーカーとしてのノウハウを構築してきた。業界や企業によって開発期間が異なるため、顧客との打合せには技術者と営業担当者が連携して顧客の状況に合わせた対応を心がけている。他社との競争が基本のため、購買・調達や設計への提案などにも最善策を練り上げ、開発や受注につなげている。

プロ（意識の高い）のセールスエンジニアを育成

営業担当者は、技術の勉強やモノづくり現場での作業などを経験させて、セールスエンジニアとして育成している。「顧客との対話で営業担当者がその場で答えるぐらいになれば信頼感を持ってもらえ、受注にもつながる」と岸社長は強調する。工業用品の営業は1個人1会社に近い形式で、やる気が成績に直結しやすい。日々その都度勉強し、モチベーション次第で営業方法を何通りでも考えて、自分の判断で活動できる。

また、上司と部下が分け隔てなく意見交換でき、ノウハウを吸収しやすい雰囲気がある。役職などの肩書きを付けずに呼び合うことで、上司、部下関係なく気さくに情報交換などを行い、親身に接するなど働きやすい環境を構築している。社員にとっても岸社長は身近に感じる存在で、会社全体が家族に近い関係で話し合える環境にある。

同社の人材は文系出身が多く、

株式会社愛洋産業

春日井事業所第1工場。今後も最新の設備を導入し生産性を高める

電力部製品は絶縁製品から鳥害対策製品まで幅広いニーズに対応

理系出身は少ない。文系出身者は時には顧客に教えを請いながら勉強する。そのため知らないこと、気付かなかったこと、できなかったことを新しいアイデアとして出してくることがある。「何でもとりあえずやってみようと試し、失敗をしたら原因を分析・追求して成長した中堅社員が多い」(岸社長)という。できないことや遅いことを克服し、次につながるモノづくりのベースとなる。

理系出身者はモノづくり関連では文系出身者以上の基礎知識を持っていることが多く、即戦力として開発のアイデア創出で期待されている。「既製品を作るわけではないので、開発意欲の高い人がほしいし、育てたい」(同)

このため、人材育成では失敗を恐れずにチャレンジすることを重視している。「同じ失敗の繰り返しはだめだが、経験して成長する」(同)とし、半年ごとの面談で設定した目標を達成した社員をきちんと評価し、成績に応じた賞与や処遇などでモチベーションを上げている。仕事へのやりがいを感じてもらうためにも、成果を賞与に反映する形をとっている。営業部門は成績や評価が分かりやすいが、営業以外の部門も面談で次期間に取り組むべき事を上司と一緒に考えて明確化し、評価基準を分かりやすいようにしている。

働き方改革が叫ばれる中、「成果主義とのバランスに悩んで模索している」(同)状況だ。今後も、改善すべき課題として見直しを図りたいと考えている。

大手企業などへの販路は、「今は難しい」(同)飛び込み営業もかけて開拓してきた。「断られてからが本当の営業活動」(同)として、スッポンのように食らい付いたら離さない覚悟で信頼を得るまで足しげく通った。その後はタイミングを逃さないことを重視しながら、時には昼夜問わずがむしゃらに働き、顧客との関係を築いてきた。「いつでも顧客のところに行けばいいわけではない。タイミングを逃せば取れる受注も取れず、顧客に喜んでもらえるはずのものが遅いと言われる」(同)。タイミング良く訪問すれば相手に評価してもらえて、相手側から声をかけてもらえる関係にもできる。時代の流れが早いだけに、相手からの相談には誰よりも早く対応することも大事だ。

岸社長は、ゴムや樹脂を製造・販売する企業で営業マンとして経験を積んでいる。「営業マンが何を考え、サボりたいとすることも分かる」ため、アメとムチを使い分け営業マンのやる気を引き出す術も心得ている。知識や経験を生かしてリーダーシップを取れるため、社員から厚い信頼を得ている。

フィリピン工場を足がかりに日系企業を開拓

今後も新規開拓での成長を目指す。2018年に進出したフィリピンの工場を活用して日系企業を開拓する方針だ。「海外に工場がないことが理由で見積りに参加できない時もある」(同)だけに、安価で良質な製品を作る海外拠点の必要性を感じてきた。

射出成形機を10台導入しており、ゴムや樹脂、ウレタンなどの素材を用いた成形品の組立などで高付加価値化する考え。人件費が安いため、人材を確保して育成する。日本やフィリピン以外の第3国に輸出して供給する場合でも、価格競争力を高められると考える。

国内でも幅広い分野で同社の技術を売り込み、市場や顧客の新規開拓を図る。春日井事業所では生産能力増強のための設備投資は一通り終わったが、設備更新や生産性を高める改善活動などで収益基盤をさらに強固にする考え。「1円でも儲かるならその中身を分析するし、利益が落ち込む場合も理由を分析する」(同)とあくなき追究でさらなる成長を目指す。

顧客と信頼関係が構築でき、
やりきった時にやりがいを感じる

工業用品部 営業二課 リーダー 桜井 寛さん (2010年入社)

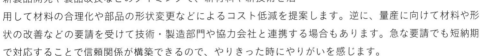

　大学で無機化学材料を学び、化学の知識が役立つと思い、また面接で雰囲気の良い会社だと感じ入社を決めました。飽きやすい性格なので、一つのことを繰り返す職種は避けたかったこともあります。人との会話が好きで、新しい人と初対面でも話せるので、営業職は向いていると思います。

　入社以来、OA機器企業向けの営業を担当しています。顧客の新製品開発や製品改良などのタイミングで、新材料や新技術を活用して材料の合理化や部品の形状変更などによるコスト低減を提案します。逆に、量産に向けて材料や形状の改善などの要請を受けて技術・製造部門や協力会社と連携する場合もあります。急な要請でも短納期で対応することで信頼関係が構築できるので、やりきった時にやりがいを感じます。

　自分が関わった図面で部品や製品ができて、それを家電量販店などで目にすると、我ながらよくやったと達成感を感じます。顧客のニーズに応えたり、人間関係を大事にしたりして、後年、自分の担当を引き継ぐ時に今のつながりを途切れさせないようにしたいです。

自分の考えた治具が量産化決定
でも、もっと自分の力でできるものを増やしたい

技術部 技術課 矢吹 梓さん (2017年入社)

　工業系高校では建築系の設計図面を勉強しました。そこで学んだCADを役立てられると思って入社を決めました。通学時に看板を見て社名は知っていたので、入社前から親近感はありました。

　今は、電力関連で電柱や電線に装着する絶縁用カバーや防護具の図面作成、樹脂材料・成形加工品の性能試験を行っています。形状の打合せから試作、製品化に至る段階を通じて改良を重ねます。顧客の電力会社や電気工事会社から信頼・作業性などで高い評価を受けた時は、挑戦して良かったと思います。鳥害対策品を電線に安全に短時間で取り付けるために自分が形状を考案した治具は、量産に向けて金型などの準備が進み、2021年春に採用される見込みです。顧客にほしいと言われるモノを開発することにやりがいを感じています。

　まだまだ一人でできないことが多いですが、経験を重ねて知識や技術力を高め、電力関連で自分の力でできるものを増やしたいです。世の中にもない形状など、画期的なものを考案したり、機能を高めて顧客の満足度を高めたりして、より多くの製品化に関わっていきたいと考えています。

会社DATA

本社所在地：名古屋市北区東水切町4丁目55番地の2
設　　　立：1969年1月1日
代　表　者：代表取締役社長　岸 泰至
資　本　金：2160万円
従 業 員 数：138名
事 業 内 容：工業用ゴム、プラスチック、ウレタンを用いた電力・工業用製品の設計、加工、販売
U　R　L：http://www.aiyo.co.jp/

147

恵和株式会社

光学フィルムで高い世界シェアを誇る
──2020年12月東証一部上場、業界の先駆者として新市場の開拓に邁進

ここに注目！

▶ 研究開発担当者自身が業界最先端のエンドユーザーと直接対話しながら製品開発

▶ 若手社員のやる気やチャレンジ精神をバックアップ

スマートフォンやタブレット端末など、液晶ディスプレーの光源であるバックライトユニットの構成部材の一つに「光拡散フィルム」がある。光のムラをなくし、光を均一に拡散させるプラスチックフィルムで、少ない光源で全体を明るくする省電力の役割も担う。この光拡散フィルムでスマホ向けが約7割、タブレット・ノートパソコン向けで約5割の世界シェアを誇るのが恵和だ。

この他、同社のいくつかのコア技術を活用してさまざまな特性の樹脂をフィルム化し、顧客の要望に応じて複合的に組み合わせた高機能なフィルムを開発・製造・販売する。

光学フィルムの先駆者

1948年の創業当初は、現在の機能製品事業でもある防湿や防水といった機能性加工紙の製造・販

代表取締役社長
長村 惠弌さん

売を生業としていた。1990年代からプラスチックフィルム、シート関連の領域に参入。液晶ディスプレーの普及とともに生産体制を確立し、2000年代から光拡散フィルムに加え、テレビなどにも使われる光学機能性フィルムに注力し始めた。

韓国や台湾、中国などの海外ブランドメーカーやセットメーカーが台頭してきたことから、同社も海外へ進出。子会社を各国に設立し、顧客の声を「より近くで」「素早く」「精度高く」聞くという戦略を取った。現在、全社員に対する海外人材比率は約25％。中国・韓国・台湾・アメリカなどが中心だ。2016年に入社した若手研究員の蔡 承 亨さんは「日本語と中国語ができるので、中国語で技術に関するディスカッションができるのは強み。より良い製品開発につなげたい」と、意気込みを語る。

恵和が得意とする液晶ディスプレー向けのある領域の光学フィルムは、競合他社が少ないという。液晶ディスプレーの黎明期から市場に参入し、革新的な顧客の要求をしっかりと聞き、要望に合った製品を提供し続けてきたことで顧客の信頼を得てきた。業界内でも技術やノウハウが先行する同社に、まず相談や依頼の声がかかる。

参入当初はテレビ向けでシェアを伸ばしたが、現在はより高性能なフィルムが求められるスマホやタブレット、ノートパソコン向け

を中心に展開する。

足利正夫常務は「参入当初の0から1を創る時代、その1を10にする時代を経て、もう一度自分たちで新たな市場を開拓するために"0から1、そしてより広く大きな事業を創るべく1から100"を見据えた挑戦をしている」と、会社のビジョンを描く。

営業兼研究員の育成に注力

現在、全社員に占める研究開発人員は10％程度。今後は20％以上に引き上げることを目指している。マーケティングも意識できる研究員の育成に注力しており、時には川下となる最終製品を扱う企業にも研究員自ら赴くこともある。営業を介さず、直に顧客と対話して意見を反映できるのは研究員らのやりがいにもつながっている。顧客のニーズからデザインレビューを行い、製品企画からの一連の流れを任せ、新たな発想や挑戦をバックアップできる環境も整えている。

2015年入社の若手研究員・松野有希さんは「自分でやれる裁量が大きい。最初から最後まで自分が関われ、サンプルや評価方法も自分で考えることができる。上下関係もフラットで意見が通りやすい」と、自社の魅力を語る。若手を中心に最先端の展示会や社外セミナーへの積極参加も促す。

足利常務は「最初は知識がなくてもいい。どんどん勉強して『素

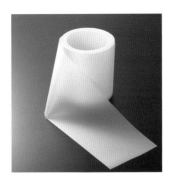

主力製品の光拡散フィルム

研究開発拠点の和歌山テクノセンター

社名ロゴ

材の機能性を高めて業界にとらわれず活用できるのでは』というイメージを持てる人にぜひ来てもらいたい」と、未来の新入社員に呼びかける。

女性研究員の積極雇用も目指

す。同社には女性役員が2名おり、営業や管理本部には多く在籍しているものの、技術部門の女性は1割程度。管理本部では、9時〜14時で働く人や13時〜17時で働く人など、融通が利く現場体制を構

想し、制度も整えているという。働く時間を自由に選択したい子育て世代の女性や、国内外問わずフットワーク軽く仕事がしたい人に、同社の社風はぴったり合うはずだ。

| 理系出身の若手社員に聞く |

自分の考えをすぐに実行でき、お客様とも直接話せるなど、魅力が多い

開発部門 2017年入社

　自社設備を用いてフィルムを作り、お客さまの要望に合わせて積層や塗布加工を施して機能を付与させる開発を行っています。就職活動時から、川上から川下まで全体を知ることができる中間製品を扱っている職に就きたいという思いがありました。原料の選定からお客さまの欲しいものを聞きに行くところまで、主体的に動ける点に惹かれ入社を決めました。

　入社当初からさまざまな案件を任せてもらえました。自分で考えたことをすぐ実行でき、知識も増えていくのでやりがいを感じます。出張で国内外のいろんなお客様、取引先と直接対話できるのも魅力です。

▌会社DATA

本社所在地：東京都中央区日本橋茅場町2-10-5　住友生命茅場町ビル3階
設　　　立：1948年9月
代　表　者：代表取締役社長　長村　惠弐
資　本　金：17億88万円（2020年12月28日現在）
従業員数：367名（2020年3月）
事業内容：光拡散フィルムや高機能光学フィルム、産業用包装資材などの製造・販売
U　R　L：https://www.keiwa.co.jp/

福井ファイバーテック株式会社

FRP 技術で世界トップクラスの研究開発型企業
—— 受け継がれる挑戦の DNA

記者の目

ここに注目！

▶ 愛知と東京・恵比寿に次世代材料の新拠点

▶ CFRTP に自動車、産業機械など多くの業界が注目

「自分たちは社会にとってどれくらいの存在意義があり、製品がどれほど必要とされているかを冷静に分析しなければならない。今、企業の真価が問われている」と話すのは福井ファイバーテックの福井英輔社長。

東京発下り東海道新幹線。浜名湖を越え、愛知県の豊橋駅が近づくと、右手側車窓に福井ファイバーテックの本社が見えてくる。その隣の黒を基調とした現代的な建物は 2020 年 6 月に完成したばかりの新工場だ。夜になると白色 LED でくっきりと「ACT TECHNICAL CENTER（アクト・テクニカル・センター）」の文字が浮かび上がる。

2 つの ACT で
世界最先端の技術開発

福井ファイバーテックは漁網製造を祖業として、110 年の歴史が

代表取締役社長
福井 英輔さん

ある。現在は、炭素繊維やグラスファイバーを基材とする最先端の FRP（繊維強化プラスチック）製品を主力とする、研究開発型複合材料メーカーに成長した。この分野で世界トップクラスの技術力を誇り、環境関連の素材や下水道管の補修材料など、ニッチな分野で大きな存在感を放っている。

ACT テクニカルセンターは、次の 100 年に向けて先端技術開発を加速させ、さらなる成長戦略を着実に実行するための布石だ。ACT は「Advanced（先端・先進）」「Composite（複合材料）」「Textile（繊維）」の略。軽量、高強度でリサイクル可能な熱可塑性炭素繊維強化プラスチック（CFRTP）の開発や、鉄筋・鉄骨の代替材料としての FRP の可能性追求など、土木・建築をはじめさまざまなジャンルへの進出を目指している。特に CFRTP は強くて軽く、加工性やリサイクル性に優れることから、自動車、航空機、産業機械などあらゆる業界が注目しており、今後大化けする可能性を秘めている。

新工場の床は白く清潔で、移設した設備もコーポレートカラーの深い青色に統一。さらに工場から出るスチレンを高温で焼却し、クリーンな空気のみを排出する最先端の空気循環装置を導入した。「社員やこれから入社してくれる若者たちに、こんな会社で働きたいと思ってもらえる工場にしたかった」（福井社長）と、地球環境にも作

業者にも優しい次世代工場とした。さらに、「ACT を見れば、先進技術に取り組んでいる姿を多くの皆さんにイメージしてもらえるだろう」（同）と、企業イメージや認知度の向上につなげ、優秀な人材を呼び込む考えだ。さらに 2021 年夏には、東京・恵比寿に新拠点「ACT 恵比寿ラボ」を開設する。FRP や CFRTP などの先進技術に関する情報収集・発信拠点と位置付ける。

本社・工場を置く愛知県豊橋市は、気候も温暖で日本のほぼ中央に位置する好立地だが、自動車産業の集積地でもあり技術者の確保が難しい。そこで、都心の一等地に拠点を構えることで、「市場の動向や要望をつぶさにくみ取り、"即納"できるようにしたい」（同）と東京進出を決めた。他社との共同開発や大学との産学連携も加速させる。

「豊橋の ACT は頭脳と手足。恵比寿 ACT は我々の視野を広げる役割を担う」（同）と 2 拠点の機能を明確化。ニッチ分野にターゲットを絞り、世界最先端の技術開発を目指す。2 つの ACT に加え、本社社屋の改築、周辺の整備も進めている。器を整え、「世界レベルの仕事をしたい人は、ぜひ門をたたいてほしい」（同）と意欲ある人材を手招きする。

祖業を守り、
次世代技術に挑戦

同社は 1905 年に福井作蔵商店

広大な敷地に広がる福井ファイバーテックの本社・本社工場

最新の環境生産設備を導入したACT

として漁網製造を始めたのがルーツ。創業者で福井社長の曽祖父である作蔵氏、2代目で祖父の道二氏は、早くから世界的な視野を持っていた。1950年に福井漁網を設立すると、ドイツ製のラッセル編網機を日本で初導入し、世界数十カ国へ漁網の輸出を開始した。さらに3代目社長で父の良輔氏は、70年代に漁網だけでなく、カーペットなどインテリア関連やFRP事業へと事業領域を広げていった。

しかし、80年代に入ると、生業の漁網事業は大きな時代の転換期を迎える。日本が豊かになると人件費や資材が高騰。世界を席巻していた軽くて強い日本製の漁網は、次第に安価な韓国や台湾製など新興勢力にシェアを取って代わられた。カーペットも海外製品との価格競争に巻き込まれ、1989年に設立したマレーシア工場も赤字続き。期待の新事業であるFRPもなかなか軌道に乗らず苦しんでいた。それでも、開発費を惜しまずFRPに投資し続けた。それは大きな賭けだったが、その後、徐々にFRPに光が差し始めた。

福井社長は2000年5月、44歳で社長に就任した。将来を見据え、先端技術を極めるという決意のもと、04年に現社名に変更した。苦境に陥っても研究開発費を削減せずFRPの技術開発を続けた結果、他社が簡単にまねできない独自技術を生み出すことに成功した。

普段は地中にあるため見えないが、下水道管の補修にもFRPが用いられている。06年に東京のインフラ技術開発会社と共同で量産工場を立ち上げた。従来は壊れた下水道管を掘り起こし、新品の下水道管と取り替えていた。新工法では壊れた下水道管に、硬化する前の液状パイプをカテーテルのように挿入し、紫外線で硬化させて新しいFRP管を創成する。大幅に工期が短縮でき、大規模な工事が不要となる画期的な技術だ。

今では、大手自動車メーカーから次世代自動車に関わる製品開発の相談を受けることもある。新たな地平を切り開く"挑戦のDNA"は親子4代にわたって脈々と受け継がれ、企業文化として定着した。

先端的なFRPの技術開発に力を入れる一方、祖業の漁網は今も生産し続けている。価格競争はせず、シラスなどの超小型魚を効率良く捕る網や捕獲時に魚体を傷めず長時間保てる網など、知恵が勝負の高付加価値漁網に特化している。「祖業は企業の魂。漁網の衰退によって窮地に追い込まれたのは事実だが、漁網の技術があったからこそ今がある」と福井社長は

先進的なFRP製品の開発、生産拠点となる「ACTテクニカルセンター」

福井ファイバーテック株式会社

次の百年へ――リニューアルした本社社屋

キッパリ。水産国日本の復活を目指し、同業者と協力しながら新しい切り口で漁網業界の再発展の道を探っている。

長所を伸ばす人材育成

サッカー日韓ワールドカップに日本列島が沸いた2002年。まだ福井漁網という社名だった同社が一躍脚光を浴びた。

弾丸シュートがゴールネットに突き刺さると、ボールがグーンと伸びたネットに包まれ一瞬止まって見える。当時、話題となったポリエステル製ゴールネットは網目が四角形ではなく、蜂の巣状の六角形だった。「感動的なゴールの瞬間をコンマ1秒でも長く演出したい」（福井社長）との思いから、同社が国内で初めて開発した。当時、日本のゴールネットはすべて四角編み。六角編みには日本に数台しかない特殊な太糸編み機が必要だったが、幸いにも同社は長年保有していた。

実は福井社長自身が、サッカーJリーグのジュビロ磐田の前身であるヤマハ発動機サッカー部でプレーしていた元サッカー選手。自他ともに認める大のサッカーファンでもある。六角形ネットはサッカー好きが高じて開発したもので、今もJリーグで採用されている。

選手時代、センターフォワードとして活躍した福井社長は、経営でも強いリーダーシップを発揮。「攻撃をやめて守りを固めれば負けないかもしれないが、勝つこともできない。攻めて攻めて、ボールは常に敵陣にある方がいい」（福井社長）と、スポーツマンらしいポジティブな思考と迅速な判断で、経営でも果敢にゴールを狙い続ける。

社長就任から20年、景気の浮き沈みやさまざまな困難に直面してきた福井社長が達した境地は、「会社経営に必要なのは"心の優しさ"と"胆力"」（同）という道しるべだ。「これまで直面したさまざまな困難な場面でも、この2つが姿勢や決断には大きく作用してきた」と福井社長。

同社には、小学3年生までの子どもや、介護を必要とする親を持つ社員の時短勤務制度がある。時短分の仕事は会社や同僚の肩にのしかかるが、「その分、こんな会社で働きたいという人が入社してくれれば大丈夫」（福井社長）とおおらかだ。一方で、やる気のある社員には研修など学びを支援し、海外で活躍する場も与える。「失敗を恐れずチャレンジする人材は大歓迎。元気な上にモノづくりが好きな人なら、即戦力のエースになれるだろう」（同）と期待する。

新入社員教育では、「挫けない」「あきらめない」「くよくよしない」を強く語りかける。自身がひたむきにサッカーボールを追いかけた

祖業の漁網を生産する旧工場風景

フィルムに使われるFRPコア材

ように、「最後まで絶対にあきらめないこと。スポーツも仕事も、簡単にあきらめずに長所を磨き生かしていけば、前向きな姿勢が生まれ、メンタル面も良くなり運もついてくる」（同）。人材育成は「人には誰しも長所がある。そこを徹底的に伸ばすのが大事だ」と福井社長は持論を展開する。

現在は、インフラ向けのFRP製品の受注が旺盛で業績は絶好調。新たな複合材料の開発にも力を入れ、積極投資に打って出る。近年は「技術も受注もあり、足りないのは人だけ」（福井社長）と苦笑していたが、来春には高卒6人、大学・大学院卒の6人の仲間が加わる。コロナ禍など逆境も逆手に取って、有望な人材の確保に成功した。

次の100年を紡ぐ若者に、「現場ではどんどん手を汚して頑張って経験を積み、将来のリーダーになってほしい」と福井社長はエールを送る。社是である「独自の変革とチャレンジ」を胸に刻み、社員とともに走り続ける。

— 理系出身の若手社員に聞く —

次世代材料に関わる楽しさを実感

生産技術課 石原 遼太郎さん
（2019年入社　静岡大学大学院修了）

大学院でリチウムイオン電池など電池材料を研究していました。FRPやCFRPは直接扱ったことはなく、なじみのない材料でしたが、将来性があり面白そうだと思ったのが入社の動機です。就職活動で会社を見学した時の印象は、「現場の人たちが生き生きと働くモノづくり企業」。実際に入社後は現場で働くことが多く、時には難しい材料と格闘しながら、モノづくりの楽しさを実感しています。

所属する生産技術課では、顧客からの「こういうモノがほしい」という要望に対し、設計から製造、試作、評価まで行います。カーボン繊維などを基材とした複合材料を棒状やパイプ状に成形し、それらは建材などに使われています。

なかなか思うように成形できない手ごわい素材もあり、試作から量産に持っていく難しさにも直面します。しかし、試行錯誤を繰り返し、工夫してうまくいった時には大きな達成感があります。職場は失敗を恐れず、チャレンジできる雰囲気で、先輩も丁寧に教えてくれます。ACTテクニカルセンターが完成したことで、職場環境も改善され、働きやすくなりました。

FRP複合材料には大きな可能性があり、今、会社は大きく成長しようとしています。私自身も将来のリーダーとして期待されている自覚を持ち、自己研鑽を積み仲間とともに成長していきたいです。今は試作が中心で、製品化よりだいぶ手前の段階の仕事がほとんどです。自分が作ったモノがいずれ世に出て、社会の役に立っているところを見るのが夢です。

会社DATA

本社所在地：愛知県豊橋市中原町岩西5番地の1
設　　　立：1950年11月27日
代　表　者：代表取締役社長　福井 英輔
資　本　金：9500万円
従 業 員 数：100名
事 業 内 容：繊維強化プラスチック製品の企画、製造、販売。水産、スポーツ用などネット製品、自動車内装繊維製品の製造販売
U　R　L：https://www.fukui-fibertech.co.jp/

エアロシールド株式会社

磨き上げた提案力で空気環境対策を推進
——日本の空気環境対策をリードする

ここに
注目!

▶ 空気浄化の"見える化"で顧客からの信頼を勝ち取る

▶ 「空気環境対策をインフラに」を掲げ、新製品開発にも意欲

新型コロナウイルスの世界的な脅威を背景に、大きく業績を伸ばし、急成長した会社がエアロシールドだ。主力製品である「エアロシールド（商品名）」は、紫外線C波（UV–C）を照射することで、空気環境を改善する装置。コロナ禍で、同社への問い合わせは従来の数十倍にもなり、現在の設置台数は全国で約8000台になったという（2020年末時点）。もともと関心が高かった医療関連だけでなく、一般のオフィスや飲食店、鉄道事業者など、社会インフラを担う事業者からの引き合いが増えた。

今でこそ、新型コロナウイルスの影響で感染症対策の重要性が認識されるようになったが、同社は20年近く前から空気環境対策に注力していた。当初からこだわったのが、ただ製品を販売するだけではなく「お客さまも気がついていない課題を解決し、空気環境対策をインフラにしていく」（木原寿彦社長）ことだった。

日本では、健康志向の高まりなどもあり、一般家電として販売されている空気清浄機を含め、空気の浄化をうたう機器のマーケットは大きい。同社と競合する商品も多いが、「人がいる空間で対策ができることが当社の一番の強み」と木原社長は強調する。

エアロシールドは、屋内の2.1メートル以上の高さに設置して天井付近で紫外線を水平照射し、自然対流を活用して空間全体の空気に働きかける構造。これにより、人がいる空間でも人体に影響を及ぼすことなく空気環境を改善できる。施工や安全管理を徹底し、紫外線の人体への影響を避けながら、浮遊菌を減少させる仕組みを実現しているのだ。

顧客に応じた提案力が強み

同社が顧客からの信頼を得ている理由の一つに挙げられるのが、使用前、使用後の空気を"見える化"していることだ。導入前の空気を採取し、空気中の細菌の状況を確認。導入後にも同じ空気中の画像を見せ、どのような変化が生じたかを明らかにしている。

「同じような取り組みをしている同業者は少ないのが現状で、消費者に正しい知識が普及していないため、製品を正しく購入できていない。消費者、メーカーともに問題があるが、これには私自身も心苦しく思っている。いろんな研究者とともに安全性を検証していく必要があると思う」と木原社長は話す。

「空気環境対策のパイオニア」（木原社長）を自負する同社ではあるが、知名度の低い、地方のベンチャー企業が一定の認知を得るまでの道のりは決して平坦ではなかった。ただ、さまざまな顧客に対して自社を知ってもらうためのプレゼンテーションを繰り返したことで、必然的に提案力が高まったという。

例えば、食品工場なら食品工場なりの食品衛生対策が必要になるが、課題解決のための提案を数多く行ってきたからこそ、顧客の特徴に合わせた提案が可能だという。これは、同社が手に入れた無形の財産だ。

「正直、誠実、思いやり」を実践

同社のポリシーは「正直、誠実、思いやり」。単に製品を売るだけではなく、顧客やその施設の利用者、その家族までを思い描く心の大切さを訴える。そのため、「社員は、販売をしてもらっているパートナー企業のお手本にならないといけない。製品の説明ができるだけでなく、それ以上の人間性や気配り、立ち振る舞いが重要だ」と木原社長は話す。心からの「正直、誠実、思いやり」を通じて、パートナー企業や顧客の信頼を得るこ

代表取締役
木原 寿彦さん

紫外線照射装置「エアロシールド」

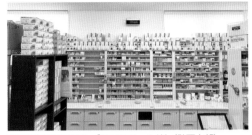

薬局内に設置された「エアロシールド」（壁面上部）

と。そのためにはどうあるべきかを社員に伝えたいし、そうあってもらうために経営者がしなければならないことは実行している。

一方で、これから仕事に就く学生に対して木原社長は、「理系の勉強をしてきたのなら、何か一つを突き詰めて考えることをしてきたと思う。その経験やロジックを生かせることがあるはず」とエールを送る。将来的には、車載向け製品などの開発のための人員増強を思い描いており、「興味のある人はぜひ門を叩いてみてほしい」（木原社長）

「感染症対策に終わりはない。製品だけではなく、手洗いや手指消毒を含め、感染経路を封鎖し、可能性をつぶしていく。ただモノを売るメーカーではなく、これらをコンサルティングする役割を果たしていく」と、木原社長は同社の存在意義を訴える。

まずは、世界中を機能不全に陥れた新型コロナウイルスに立ち向かい、さらにその先の未来を見据えた経営を思い描く木原社長は、「感染症対策はエアロシールドと言われるようになりたい」と力強く言い切る。

| 理系出身の若手社員に聞く |

エアロシールドに魅せられて入社を決意

営業部 山本 陽介さん（2020年入社）

大学卒業後、理化学系の輸入商社に10年半勤務しました。ある日、エアロシールドの存在を知って、「人の役に立つ、こんな装置があるのか」と驚いたことが転職のきっかけです。入社するまで感染症の専門知識はありませんでしたが、一から学ぶのはどの会社でも一緒です。もちろん、さまざまな課題にぶつかりますが、そんな時も他の社員がみんな他人事（ひとごと）でなく、自分のこととして考えてくれるので不安はありませんね。

自分に課せられた仕事として、まずは、エアロシールドの設置台数を1台でも増やしていきたいですね。私は、みんなで会社を支えていけるようにならなければいけない、と思っています。そして私自身も、使命感を持って支えられる人間でありたいと思っています。

会社DATA

本社所在地：大分県大分市大字木上394番地の12
設　　　立：2006年
代　表　者：代表取締役　木原 寿彦
資　本　金：1000万円
社　員　数：12名（2020年12月）
事 業 内 容：空気環境対策の紫外線照射装置「エアロシールド」をはじめとする、紫外線照射装置の開発、
　　　　　　　販売、設置工事、メンテナンスのほか、浮遊菌検査、空調清掃などを通じた空気環境対策
U　R　L：https://www.aeroshield.co.jp/

三友プラントサービス株式会社

多種多様な工業系産業廃棄物を一貫処理で無害化
——高度な分析で的確な処理法を実施

記者の目

ここに注目！

▶ 自社設計の設備と全国の拠点網で、収集から最終処理までを手がける

▶ コーヒー豆のかすからジェット燃料を生む研究など先進的な取り組み

　三友プラントサービスは、産業廃棄物処理業界の中でユニークな立場にある。一般的な工業系の産業廃棄物だけでなく、研究所などで排出される特殊で処理が困難な化学薬品の処理を得意としている。こうした薬品処理に対応できる企業はまれだ。また、環境に配慮した社会を実現するため、廃パルプなどのセルロース系廃棄物を原料にジェット燃料を生み出そうというプロジェクトを進めるなど、研究開発にも力を注いでいる。

法整備より早く環境問題の解決に取り組む

　三友プラントサービスは1948年に設立した。当時は公害が社会問題化しておらず、廃棄物の処理方法は海洋投棄が中心。しかも、それは法律に適した処理だった。そのように環境問題への関心が低かった時代から、同社は陸上での

常務執行役員 総務部長
杉山　均さん

産業廃棄物の減量化や無害化に挑んできた。公害問題が深刻化し、公害対策基本法が施行されたのは1967年8月だ。

　公害問題への対応の中で、1970年の国会では14本の環境関連の法律が制定され、その中で「産業廃棄物」という文言が初めて定義された。産業廃棄物処理に関する法整備が進む中、同社は産業廃棄物処理業界の中で、いち早く産業廃棄物処理許可を取得した。1974年に化学処理工場と分析施設、1976年に焼却工場を稼働。今では全国に7カ所の中間処理工場と最終処分場を設置している。

　杉山均常務によると、そうした処理設備や最終処分場は当初からすべて自社設計で設置してきた。さらに、全都道府県対応の収集運搬から中間処理、最終処分まで工業系産業廃棄物を一貫で処理できるネットワークを構築している。

　数ある廃棄物の中でも、さまざまな危険物や有害物を含む工業系の産業廃棄物の処理には、廃棄物自体の分析や処理の検討が必要となることも多い。同社が得意としている、研究時や生産工程から出る特殊な化学薬品の廃棄物も同様で、対象物質の成分分析や適切な処理方法の検討が必須だ。こうした化学薬品は数万種類に及び、分析や処理検討には手間と困難を伴う。処理困難物を減量化、無害化するには高度な技術が必要なため、扱うことができる産廃処理業

者は数少ない。

　一般廃棄物である家庭ゴミは焼却して処分する。対して工業系産業廃棄物は、個別の廃棄物の特性に合わせて焼却だけでなく化学処理などの多様な手法による「減量化」と、残った物質（残渣）が雨によって最終処分場から溶け出ないようにする「安定化・無害化」を行う必要がある。同社は、自社設計の設備による全国7か所の中間処理工場で有機・無機を問わず幅広い物質に対応している。設備を自社で設計してさまざまな廃棄物への対応力を確保する企業は、国内でも極めて珍しい。そうした点はユーザーの高評価につながっている。

　また、業界に先駆け、処理に関するデータの電子管理や、産業廃棄物の受発注書類の電子化にも取り組んできた。ユーザーにとって煩雑な作業を減らすことにもつながり、好評を得ている。

企業と連携した研究開発に積極的

　三友プラントサービスは、環境や資源の維持につながる先進技術の研究開発も数多く取り組んでいる。これまでもスターバックスコーヒージャパン（東京都品川区）と連携し、コーヒー豆のかすを乳牛用の飼料に加工して循環利用を実現した。フロンを焼却炉で破壊処理する仕組みの構築や、工場跡地などの汚染土壌の浄化で、水銀

最新悦の焼却設備を備えた基幹工場である千葉工場

さまざまな工業系産業廃棄物を中間処理する横浜工場

や鉛などの重金属や揮発性有機化合物（VOC）の処理でも実績を上げている。

近年取り組むのは、食物由来ではないセルロース系原料からバイオエタノールやジェット燃料を生成するプラントの実現だ。バイオ関連の技術を持つ Biomaterial in Tokyo（福岡県大野城市）と共同で、2015年度から経済産業省所管の新エネルギー・産業技術総合開発機構（NEDO）のプロジェクトとして推進してきた。

2016年に同社川崎工場（川崎市川崎区）にミニプラントをつくり、工程ごとに検証した。まず、原料を高圧の水蒸気下に入れ、急に減圧すると原料が爆砕して粉々になる。次に、粉々になった原料を酵素で糖化する。その後、酵母でエタノール発酵し、最後に固形物と液体を分けると、エタノールが出来上がる。原料については、当初はパルプから着手し、その後調達に季節変動が少ないキノコ栽培で使用済みの菌床やコーヒーかすなどに広げている。荒井進執行役員によると、原料の違いに合わせ、酵素の種類、酵母発酵の温度や時間の管理などに苦労した。今後は、NEDOより新たに採択された事業として、エタノールをジェット燃料に改質する工程も研究する。

NEDOのプロジェクトの取り組みの中で、自社で廃棄物処理プラントを構築し、さまざまな処理困難物に対応してきた経験とノウハウが生きている。

入社後の自己成長を積極支援

三友プラントサービスの業務は、①化学＝分析・処理検討から始まるオーダーメイドの処理、②機械・電気＝自社設計設備の企画・メンテナンス・改善、③重機オペレーション＝産業廃棄物のさまざまな荷役への対応、④営業＝メーカーをはじめとする顧客企業への対応、⑤経理・労務＝全国をカバーする拠点と従業員の管理、⑥システム＝煩雑な事務処理を支える内製の社内システム開発—と幅広い。

この中で、多くの若手人員が配

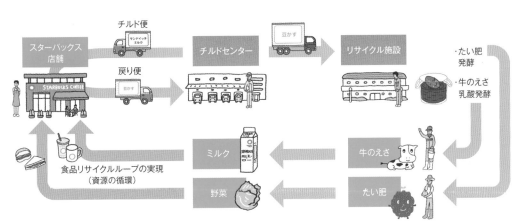

スターバックスコーヒーの店舗から発生するコーヒー豆かすを乳用牛の飼料に加工して循環利用を実現

三友プラントサービス株式会社

自社設計により1976年より操業する本社第一工場の焼却炉

NEDOより受託したバイオエタノール製造
パイロットプラント

北海道の最終処分場は区画を分けて段階的に設置し、埋立
終了後は植樹している

多様な廃棄物を分析する作業。最適な処理法を分析する力
が強み

属されるのが工場だ。焼却炉での作業は夜勤もあり、力仕事や暑い中での作業もある。だが、多様な処理困難物への対応は日々新たな挑戦に満ち、減量化、無害化のために化学処理の知識が、設備の操作には機械、電気的な知識が必須となり、仕事を通じて自己成長を実現することができる。

同社は資格取得を推奨しており、資金的な支援も行う。業務上、危険物取扱者、公害防止管理者、環境計量士、ボイラー技士といったものや、フォークリフト運転技能、大型特殊免許なども取得が必要な場合もある。杉山常務は、「資格取得で本人のレベルアップだけでなく、会社としてもより安全、確実な作業を実現し、技術力向上につながるため、資格取得支援制度を運用している」と話す。

新入社員は入社後、まず1週間以上、宿泊研修によって必要な知識や社会常識を学び、同僚や先輩と絆を作ることになる。研修中から、実際の業務に近い形のオン・ザ・ジョブ・トレーニング（OJT）形式で先輩から仕事を教わる。新

卒者の採用実績を見ると、毎年十数人を採用し、そのうち女性は25％。工場での作業は20キログラムほどの重量物を扱うこともあるが、女性にも分析や営業、事務で活躍の場が広がる。

具体的な業務内容として、まず分析の仕事は、主に新規に引き受ける廃棄物のサンプルを使い、事前に処理検討する。処理後の焼却灰などの残渣は、純水の中に入れて6時間振とうした後、濾過液を分析し有害物が溶け出していないかを確認する。この仕事には広範

な化学知識が求められる。

次に営業の仕事は、顧客との継続的な取引が中心だ。さまざまな顧客ニーズに応え、信頼関係を強めるのが重要となってくる。事務仕事は、顧客との契約を扱う。廃棄物処理法により、少額でも処理時には必ず契約書をかわす必要がある。また、同法がマニフェスト制度を定めており、全ての廃棄物

処理状況を個別に排出事業者へ報告する必要がある。このため事務は膨大な作業を担っており、同社は作業の効率化のため社内システムを内製している。

今後、重要度を増すのがそうしたシステム関連で働く人材と言える。社内システムの企画やプログラミングに加え、処理現場の合理化や顧客と長期の関係を築くため

にも、今後はシミュレーションなどデータサイエンスの知識が必要になると見ている。

「化学、バイオ、機電、ITの知識を持つ人材は、当社で大いに活躍できる。他の人材でも、環境に関心を持ち、チームプレーが苦手でなく、好奇心と向上心があればぜひ志望してもらいたい」と杉山常務は呼びかける。

| 理系出身の若手社員に聞く |

資格を取得し、環境問題の解決にも貢献

横浜工場 化学処理班 川崎 貴嗣（たかつぐ）さん
（2019年入社）

工場廃液に含まれる鉛やカドミウムなどを無害化処理する仕事を任されています。廃液は引受先ごとに成分が違います。そのためサンプルを分析してどんな処理が必要かを推測し、実際のプラント処理でも無害化できる処理法を検討します。実際に無害化できたかを確認することも役目です。

1日に2件ほどの処理について、分析し無害化処理を考えます。中には、自分の知識ではどうしてもしっかり無害化できない廃液もあり辛いときもあります。ですが、周りには先輩がおり、しっかりサポートしてくれるので助かります。

入社して良かったと思うのは、寮があることと仕事に必要な資格を取得すると給与が上がることです。少し前に公害防止管理者（水質）の試験を受けました。資格の勉強をするだけでもスキルアップにつながります。

入社して学ぶことばかりで、業務上、資格を取得する機会も多いです。環境問題の解決に貢献できる仕事でもあります。いろいろと興味を持てる人なら楽しめると思います。

会社DATA

本社所在地：神奈川県相模原市緑区橋本台1-8-21
設　　　立：1948年6月
代　　　表：代表取締役社長　小松 和史
資　本　金：5000万円
社　員　数：450名
事 業 概 要：環境計量証明事業、廃棄物処理に関するコンサルタント業務、各種廃棄物の収集運搬および処分業務、各種廃棄物の再利用化、再資源化事業など
U　R　L：https://www.g-sanyu.co.jp/

株式会社イシイ設備工業

空調・給排水設備工事で社会に貢献
──企業グループとしてさらなる成長を目指す

記者の目

ここに注目！

▶ **M&A を通じて営業エリアを拡大**

▶ **持ち株会社設立により事業戦略を策定、総合力をアップ**

チャレンジ精神で道を拓く

オフィスビルや公共施設の機能を下支えする空調や給排水などの設備。イシイ設備工業は、こうした設備の設計から工事までトータルで手がけ、成長路線をひた走る企業だ。創業者の石井幹男会長が1989年に設立した当初は、本社を置く群馬県で配管工事を中心に請け負っていた。その後、施工管理も手がけるようになり、技術やノウハウを着実に蓄積してきた。

「伝統がない分、開拓精神があり機動力を発揮できる」。本多久雄社長が自社の強みをこう分析するように、新しい分野や領域に進出することでピンチもチャンスに変え、これまでの道を切り拓いてきた。その一例が、2014年の東京進出だ。墨田区に東京支社を設立し、営業基盤の拡大に向けて先手を打った。

社長
本多 久雄さん

その背景には、人口減少に伴い地方の設備工事市場が縮小しているという強い危機感があった。群馬県も例外ではない。地方に比べて市場の開拓余地が大きい東京への進出は、自然な流れだった。

2016年には東京・両国に自社ビルを建設。東京でのビジネス展開を本格化した。もちろん、すべてが順調だったわけではない。当初は、知名度が低い状況下で大手企業との競争入札に臨んでいたため、「『本当にできるのだろうか』と思っていた社員もいたはず」と本多社長は当時を振り返る。

転機となったのは、日本年金機構本部マシン室の空調機更新などの工事を受注したことだ。以降、実績を積み重ねるとともに、そこで培われた工事品質が高い評価を受け、新規の受注につながるという好循環を生み出した。売上高に占める東京案件の比率は、2014年に6.7%だったものが、2019年には71.9%へと急伸した。

グループで相乗効果引き出す

市場開拓の取り組みは東京にとどまらない。これまでM&A（合併・買収）を通じて神奈川県、埼玉県、千葉県、栃木県、静岡県の5社を傘下に収めた。事業内容も電気および水道関連工事にまで広がり、総合設備企業グループとしての地位を固めつつある。

M&Aによるグループ企業の増加といっても、同社が目指している

のは単なる規模の拡大ではなく、相互に連携しながら総合力を発揮する体制だ。グループを構成する各企業がそれぞれ、地元での営業力やノウハウ、情報をそのまま生かしながら、グループとして相乗効果を引き出そうとしている。

この他にも、成長持続へのさまざまな布石を打っている。東京・新橋に持ち株会社を設立。傘下の事業会社は従来通り地域密着型の業務を行う一方で、持ち株会社はグループ企業の司令塔として事業戦略の策定を担当し、さらに総合力を高めていく青写真を思い描く。

折しも新型コロナウイルスの感染拡大の影響で、経営者の高齢化による事業承継問題が一層深刻化しており、事業の譲渡を検討する企業も増えている。こうした状況の変化にも、イシイ設備工業は柔軟に対応、グループ企業の拡大を推進していく考えだ。

グループ企業の増加に伴って重要性が増しているのが人材育成だ。コロナ禍のため大人数で集まるのは難しい状況ではあるが、外部機関が主催するセミナーへの出席、資格取得を後押しする社内の勉強会などへの参加など、社員のステップアップを力強くサポートしている。

「なんでも話し合える雰囲気が大切だ。例えば、課題の報告などが先送りされるとさらに大きな問題になりやすい」と、社内の風通しの良さの重要性を指摘する本多

群馬県高崎市の本社

群馬県内外で多くの実績がある（群馬工業高等専門学校専攻科の空調設備工事）

社長。持ち株会社は入居するビルのワンフロアを保有しており、グループの従業員がここに集うことで、情報交換や交流促進の場としても活用が期待される。

2020年は都内の業者も加わり、売上高は50億円を超える見通しとなった。事業規模と営業エリアの拡大に加えて、現在新たなM&Aの案件を検討中である。い

よいよ、目標に掲げる売上高100億円の達成が視野に入ってきた。常に新しいフィールドに挑戦し、成長を続けるイシイ設備工業の次の一手に期待したい。

| 理系出身の社員に聞く |

グローバル展開も視野に、今までの枠にとらわれずチャレンジ

東京支店 工事部長 鈴木 純二さん

　現場を総括する業務を担当しています。社内で見積書などの作成を行うほか、現場での立ち会いや検査を担当することもあります。

　具体的には、グループ会社に出向き、工事の状況や困ったことなどを工事担当者からヒアリングして、必要に応じてサポートを行います。現場で事故や問題などが発生せず、予定通りに工事が終了した時は安心しますし、満足感も大きいです。

　会社の方針はM&Aを通じて規模を拡大し、成長を目指すことです。将来は海外の企業も対象に加え、グローバル展開できればと考えています。今までの枠にとらわれず、どんどんチャレンジしていきたいですね。

▎会社DATA

本社所在地：群馬県高崎市浜尻町560-1
設　　　立：1989年7月
代　表　者：社長　本多 久雄
資　本　金：5300万円
従 業 員 数：24名
事 業 内 容：空気調和・冷暖房設備の設計・施工、給排水・衛生・換気設備工事の設計・施工、省エネ・リニューアル工事の設計・施工、その他建築附帯設備の企画設計・施工
U　R　L：http://www.ishii760.co.jp/

清本鐵工株式会社

高い技術力でモノづくりを支える
——設計から製造、工事までをワンストップで対応

ここに
注目
！

▶ 設計からメンテナンスまで、顧客からの信頼を勝ち取る高い技術力

▶ 充実した研修制度と実力に応じた評価主義で社員を伸ばす

モノづくりが盛んな宮崎県北部に本社を置き、80年を超える歴史を有する清本鐵工。延岡市を発祥の地とする旭化成や九州電力の設備のメンテナンスから事業を興した。以後、鉄に関わる技術を磨き上げ、事業領域を広げながら総合技術メーカーに成長してきた。清本邦夫社長は「当社の事業は産業界の後ろに立って経済活動を支えていくこと」と、自社の位置付けを説明する。

3つの事業の柱

同社の事業の柱は3つ。「製品事業」はエネルギー分野や社会インフラ、食品分野などに関連した製品を顧客の要望に応じて提供する。具体的には燃料タンクや各種発電設備、橋梁、汚水処理装置、製菓機械など、広範な領域で実績がある。

橋梁の仕事はスケールが大き

い。大きなものはひとかたまりで運べないため、別々に製造したものを現地に運び、組み立てる。その大規模なダイナミックさに「橋梁の製造現場を見て入社を決めた」という社員もいるほどだ。

また、自社製品の一つである過熱蒸気調理装置「スーパーオーブン」は、加熱や乾燥など食品製造の分野で活躍する。地元で開かれるイベントではその機械でおいしい焼き芋をつくり、振る舞い、来場者に喜ばれている。

創業当時から続く「メンテナンス事業」は、化学工場などのプラントで検査や診断、保全作業を行い、工場の安定的な操業を支援する。普段休みなく働く生産設備は日常的な保全作業に加え、時には生産を停止し、故障のきっかけになるような兆候がないかに目を光らせる必要がある。こうした大規模な操業停止期間こそ、同社の出番だ。メンテナンス部門の社員らはこの間に生産現場へ入り、設備の保全のほか、生産能力をアップさせるための改善提案なども行う。

大企業を含む各地の工場に人を派遣するため、同社の事業所は九州地区（宮崎県、大分県）のほか、静岡県や神奈川県を含む全国8カ所に点在する。既存の顧客との付き合いだけでなく、現在はその他の顧客への「外販」を増やすための取り組みを強化している。

三つの目の「鋳鋼事業」は佐賀

県のほか、中国・遼寧省大連市に拠点を設け、主に船舶分野向けに高品質な鋳鋼品を製造している。製造する鋳鋼品は船以外にも発電機、建築工事用など、数十キログラムから数十トンクラスまで大小さまざまな製品がある。国内シェア4割を誇る船舶用アンカーでは、世界最大規模の70トンの製品を製造した実績がある。一方で、どんなに大きなものでも、図面と数センチと違わぬ精度が求められる高度な技術が要求される職場だ。

これら3事業以外にも、成長が期待される分野がある。中国で展開している水処理事業もその一つだ。同社は2009年から大連市で公共汚水処理事業を開始した。増強工事を重ねながら、現在1日に約1万トンを処理できる能力を有している。人口の増加で環境の悪化が懸念される同国の水資源の確保に貢献している。

また、木質廃材から作るペレットを利用した木質バイオマス事業にも期待が寄せられている。10年ほど前から国内最大級の木質ペレット製造工場を宮崎県門川町に有しており、将来の化石燃料の代替品として期待されている。「新しい技術の蓄積も進んでおり、顧客からの依頼で木質バイオマス関連の大型案件の相談もある」と清本社長も好印象を隠さない。これらの経済活動を通じて環境改善につなげていく新事業は、今注目が

代表取締役社長
清本 邦夫さん

橋梁（製品事業本部）

大型タンク（製品事業本部）

チームワークで取り組む（メンテナンス事業本部）

巨大なアンカー（鋳鋼事業本部）

集まっている国連の持続可能な開発目標（SDGs）に通じるものでもある。

　清本社長は、「歴史ある会社や業界だからこそ、面白いことに着目したい。斬新で面白いエッセンスが会社に変化を生み、生き残っていける力になる。固いだけの会社ではいけない」と今後の新規事業の挑戦にも意欲を見せている。

高まる顧客からの期待

　同社にあって他社にない強みは何だろうか。清本社長は「設計から品質保証、製造、工事までを、ワンストップで任せられる点ではないか」と分析する。確かに、顧客の立場に立てば、事業内容ごとに別の会社に発注するのはコストもかさみ煩雑になる。とはいえ、異なる仕事を高い品質で実現し、顧客の期待に応えるのは容易ではないはずだ。

　社長に就任して3年目を迎えた清本社長は、「業界の再編が進む中で、事業を継続してきた当社に対して、お客様からの期待が年々強くなってきたように感じる」と話す。一貫して仕事を任せられる会社という評価を受け、任せられる仕事のボリューム感が年々増しているという。同社にとっては成長の大きなチャンスだが、その期待に応えられなければ評価を落とすことにもつながりかねない。

　清本社長は「仕事が集中し過ぎるのは従業員もお客様にとっても良くないこと。バランスを取っていく必要がある」と、身の丈に合っていない拡大路線には慎重な姿勢も見せる。仕事ができる社員が限られていると特定の人に仕事が集中してしまい、そのリスクも増えることになる。会社の成長のためには力のある社員を多く抱えるとともに、バランス良く仕事を取り扱うことが大事になる。

信頼関係を築くために

　これらの全ての基盤になるのが「人」だ。清本社長は「清本ならば大丈夫という顧客との信頼関係が必要。しっかりした体制で安心してもらえるように対応する」と

清本鐵工株式会社

中国で展開している水処理事業

宮崎県延岡市の本社

社員教育の大切さを強調する。

同社で重視されているのが、コミュニケーション能力だ。製造やメンテナンスの仕事は決して一人でできるものではない。社内はもちろん、時には社外の人とも連携を密にして取り組む必要があるからだ。

スキル向上のために不可欠な研修制度は充実している。現場や座学だけでなく、外部機関で勉強する機会も用意されている。例えば、モノづくりの基礎から学べる各県の産業技術専門学校へ社員を2年間、派遣する制度がある。費用は全額会社負担。高校を卒業して入社した新卒社員が主な対象だが、既卒、中途入社の社員も派遣するケースがある。

また、福利厚生の面も環境が整っている。21年4月には、本社がある延岡市に社員寮を開設する。「男性の色合いが濃い会社なので女性も問題なく働けるようにインフラ面の整備も進めていきたい」と今後は女性の活躍にも期待をかける。

正当な評価のための制度

清本社長は、求める社員像について「"これだけやっていればいいや"と自分で限界を決めず、成長することに貪欲な人。仕事の中で自らやりがいを見つけられる人は伸びると思う」と話す。

清本社長は社長就任時から「人づくり」と「正当な社員の評価」に対して強いこだわりを持って取り組んできた。その一つが、実力主義による評価だ。学歴やそれまでの職歴などに関係なく、入社してからいかに頑張っているかが評価の基準になり、給与に反映される。

従来、年功序列の色が濃い給与体系だった同社は、2000年ごろに「役割給」という制度を導入。また、2019年度には、社員の働きをより適切に評価するために新人事制度を導入し、社員のやりがいを引き出す取り組みに変更している。

現在の給与制度は、仕事のスキルと、その時点の役割の2本立てで評価する。「人を使って目的を達するのがうまい人、モノを黙々と作るのがうまい人など、人それぞれ特徴がある」(清本社長)。社員の個性をより伸ばすための仕組みだ。

「その人ができること、できないことを会社として見極め、評価していけるようにしたい」(同)。こうした評価制度を取り入れることによって、経歴を問わずに、正当な評価を経て昇格、昇進する仕組みが構築されている。

この制度の中であれば、スキルはそれほど高くなくても、リーダーシップに優れた人はそれ相応の評価を受けることができる。清本社長は「世の中は大きく変わった。時代の流れに合った制度にしたい」と説明する。

幅広い分野で活躍

「就職活動とは、自分が乗る船の行き先を知り、その行き先が自分の向かいたい方向と一致しているのかを見極めることでは」と清本社長は言う。そのためには、自ら動くことが大切と強調する。「立っているだけでは何も分からない。一歩でも動いてみることで船が気付いてくれることもある」(清本社長)のだ。

モノづくりの現場では、工事の技術はもちろん、図面の作成などいろいろな場面で理系の知識が必要となる。機械・建築・建設・化学系など専門知識を勉強していれば、それを生かせる場面は多い。「分野を問わず、やってきたことが形になるというのはやりがいを感じられるはず、当社は分野を問わず幅広い場所で活躍できると思う」(同)。

達成感ややりがいを感じながら仕事に取り組み、そのことが自分の生活向上につながっていくならば、こんなに喜ばしいことはない。こうした好循環を実現するべく、「先代、先々代の時代から大切にしてきた"当社に入って良かった"と感じてもらえるような会社にするため、しっかりと取り組む」と清本社長は決意表明する。

また清本社長は、「当社の成長のためには理系学生の力が必要だ」と明言する。「世の中の進化のスピードは速い。その流れに対して会社の業務が変わっていくことに躊躇してはいけないと思っている」（清本社長）。学校で学んできたことを実践し、業務の高度化や効率化のためにそれらを存分に生かすフィールドが、同社には用意されている。

┤ 理系出身の若手社員に聞く ├

現場監督の責任は重大ですが、やりがいと達成感を得られる仕事です

製品事業本部 工事部 工事1課 辻 侑也さん（2011年入社）

産業機械を製造する工事の現場監督の仕事をしています。協力会社の社員も含め数十人が関わる現場ですが、現場監督は基本的に一人です。責任は重大ですが、その分、自分が会社を代表しているというやりがいも感じます。仕事は工程管理や、図面通りに製品ができているかといった品質管理、作業員の安全管理、顧客に提出するための書類作りなど多岐にわたります。

大学の先生から勧められて、当社に興味を持ちました。会社見学で印象に残ったのは、溶接技術の高さです。自分も大学の授業で経験があったのですが、レベルの違いに驚きました。

思い出に残っている現場は、岩手県大船渡市です。入社して2年ほど経ったころでした。東日本大震災の爪痕が色濃く残る当時は、宿泊先も限られており、4カ月間ほど数人と相部屋で生活しました。心細い時もありましたが、ベテランの職人さんたちと長い時間を過ごせるまたとない機会でしたので、分からないことは何でも聞きました。今も年上の作業員の方と接しますが、当時の経験を生かして、自分から積極的に話しかけるようにしています。

その人の性格やレベルに応じて上司も考えてくれるので、無理なく仕事を覚えられます。仕事を覚えれば、年齢にかかわらず一つの現場を任せてもらえる、やりがいと達成感を得られる仕事だと思います。段々と大規模な工事も任せてもらえるようになってきました。これからは若手の育成にも貢献したいですね。

会社DATA

本社所在地：宮崎県延岡市土々呂町6丁目1633番地
設　　　立：1937年
代　　　表：代表取締役社長　清本 邦夫
資　本　金：9500万円
社　員　数：498名（2020年4月）
事 業 内 容：各種工場の生産設備の保全工事、建設工事および社会インフラ・産業インフラに必要なモノづくり
U　R　L：https://www.kiyomoto.co.jp/

三和シヤッター工業株式会社

シャッターで国内シェア No.1 を誇る
――建材のグローバル・メジャーを目指す

記者の目

ここに
注目！

▶ 早い段階で成功体験を積ませ、自信へつなげる人材育成

▶ 暗黙知もデータベース化、次世代へノウハウを伝承

近年、防災対策商品に注力

　工場やガレージ、店舗などに取り付けるシャッターで国内最大手の三和シヤッター工業。1960年代の高度経済成長期より一足早い1956年に創立し、店舗や住宅向け「軽量シャッター」を瞬く間に日本に広めた先駆的な存在だ。現在はシャッターにとどまらず、スチールドアでも国内トップシェアを誇る。間仕切やガレージ、自動ドアといった幅広い商品を手がけ、「安全・安心・快適を提供する総合建材メーカー」として事業を展開している。

　近年、注力しているのが、防災対策商品だ。日本への台風の上陸頻度が増加傾向にあることから、風雨に耐性の強い各種シャッターを「耐風ガードシリーズ」として2020年に市場投入した。また、集中豪雨による浸水被害の甚大化に伴い、建物への浸水を防ぐ防水商品「ウォーターガードシリーズ」では、高強度で、高い浸水にも対応できるようさらなる研究開発に力を入れている。

2年の育成プランで
さまざまな部署を経験

　新入社員は入社後、2年間の育成プランで営業や施工の現場、設計、工場などの部署を回り実務を経験。その後、最終的な配属先に赴任する。これは、例えば開発部門に配属となっても、他部署での経験を生かし、多面的な視点で開発に臨むことを期待した育成制度だ。配属後は、先輩社員とペアを組みながら実践を通じてスキルを高めていく。

　配送センターや消防署など、大きな建物の出入り口や住宅のガレージにも取り付ける「オーバースライダー」や「高速シートシャッター」を開発する環境建材課の場合、新人はまず商品の改良業務を担う。新商品の開発は1年以上かかるが、改良なら3カ月程度と短

商品開発部 環境建材グループ
環境建材課 課長
坂本 克広さん

期間で仕事が完了するものもある。「早い段階で小さな成功体験を積み、自信を持ってもらうのが狙い」と同課の坂本克広課長は語る。

　開発部内では、過去の図面や報告書だけでなく、仕事のノウハウなどの暗黙知も言語化して積極的にデータベースに記録している。坂本課長が新人のころは、何かを

環境建材課が開発に携わる「オーバースライダー ZEKURA」（左）と
「高速シートシャッター クイックセーバー」

三和シヤッター工業本社ビル

調べるのに書庫で格闘して何時間もかかることもあったが、「若い社員はデータベースを使って10分程度で調べ上げる」（坂本課長）ことができ、「インターネット世代に合った仕事の進め方も取り入れている」（同）という。

三和シヤッター工業では、採用に際して、理系の学部の制約はない。ただ、機械や建築、電気、材料などを学んでいると、シャッター・ドア商品の開発に生かせる可能性が高い。坂本課長は、「まずは、技術者の基礎となる大学の授業を大切にしてほしい」と、学生時代にどう勉強を頑張るかが重要だと話す。

求める人材像は、「粘り強さと計画性を持った人」（坂本課長）。「1年以上に及ぶ新商品開発の際には、こうした性格を持った人が活躍できる」（同）のだ。

親会社である三和ホールディングスは、「日本・米・欧・アジア」の世界4極体制で事業を展開しており、海外グループ企業と連携しながら、「動く建材」のグローバル・メジャーを目指している。こうした展開へ興味のある人も同社は歓迎する。

| 理系出身の若手社員に聞く |

当社のシャッターはバラエティ豊か
いつか自慢できる新商品を作りたい

商品開発部 環境建材グループ 環境建材課 安部 能貢さん
（2018年入社）

関西出身で、阪神甲子園球場に掲げられた「三和シヤッター」の看板を見たのが、当社に興味を持つきっかけでした。気になっていろいろ調べたところ、戸建て住宅だけでなく、京都の街中で見かける周りと調和した店舗のシャッターなど、身近なところで多くの商品が使われていることを知りました。

研修を経て今は、先輩と一緒に新商品の開発や商品の改良に取り組んだりしています。新商品開発では耐久試験を1万回実施することもあり、毎日、試験体をチェックする日々が続きます。仕事には波があり、新商品発売の時期が間近に迫ると、残業をすることもあります。

設計した図面には、新人でも名前がクレジットされるので、責任感と同時にやりがいを感じます。まだまだ学ぶことが多いですが、いつか後輩に、「これは自分が開発した商品だよ」と堂々と自慢できるような商品を作ってみたいです。

今思えば、英語の勉強を学生時代にキッチリやっておけば良かったです。というのは、私の部署で開発する「オーバースライダー」は、パネルを天井に沿って納めるシャッターなのですが、欧米では住宅のガレージでよく利用されています。海外のグループ企業から部品を取り寄せることもあり、英語の図面などに触れる機会が多くあります。英語ができれば、仕事の理解がより深まると思います。

当社の良さの一つは、福利厚生です。長期休暇には他部署の仲間を募って会社の保養地にスキーに出かけることがあり、息抜きになっています。オンとオフのバランスがしっかり取れている点は魅力です。

会社DATA

本社所在地：東京都板橋区新河岸2-3-5
創　　　立：1956年（持株会社化により2007年設立）
代 表 者：代表取締役社長　髙山 盟司
資 本 金：5億円
従 業 員 数：2939名（2020年3月）
事 業 内 容：各種シャッター、ドア、オーバーヘッドドア、住宅用窓シャッター、間仕切、エクステリア、
　　　　　　　ステンレス製品などの製造および販売
U R L：https://www.sanwa-ss.co.jp/

株式会社日さく

創業110周年の地質工学エンジニア企業
──社会インフラを支える"水"の技術者集団

2021年4月で創業110年を迎える日さく。井戸を掘るさく井工事の会社としてスタートし、環境変化に対応する中で特殊土木工事や地質調査からメンテナンスまで手がけるようになった。一貫して地下水の開発を担う、業界でも数少ない存在だ。戦前から海外にも進出し、アジアから中東、中南米、アフリカと事業を広げ、衛生的な生活が送れない人たちのために安全な水を供給する。国連の持続可能な開発目標（SDGs）実現に向け、事業を通じた社会の課題解決にも取り組んでいる。

井戸の長寿命化で差別

日本では蛇口をひねれば当たり前のように出る水。その9割は河川などから取水し、残りの1割は井戸水を使っている。その井戸を掘って安全な水を地域の住民に届けるのが仕事だ。「掘る技術で井

代表取締役
若林 直樹さん

戸の寿命は変わる」と若林直樹社長。いかに20年、30年と長持ちさせるか、そこにノウハウがある。

新しい井戸を掘るだけでなく、古くなった井戸のメンテナンスも重要となる。年数が経つと老朽化するため、5年に1回はメンテナンスを行う。本社を構えるさいたま市には水道に使う井戸は現在約30本あり、最も古い井戸で60年以上は使っているという。これはメンテナンスのたまもので、人や時間をかけて井戸の寿命を長くし、住民の要望に応えている。

デジタル技術の導入も進む。センサーを用いて井戸の水位をデータで常時監視し、異常がないかを調べる。異業種企業と実証を進め、将来はIoT（モノのインターネット）サービスとして提供する計画だ。さらに人工知能（AI）の活用も計画し、井戸にカメラを入れて挿入管の劣化状況を画像からAIで分析し、井戸の故障予測などに役立てることを考えている。若林社長は「目視や人手で行っていた作業を効率化し、省人化につなげる」と、働き方改革の一環として進めているという。

日本と違って海外は家庭に水道がないばかりか、井戸を持たない地域もたくさんある。北アフリカや西アジア地域を中心に10人中3人は安全な水を自宅で得られない状況にある。それらの地域に井戸を掘れば、1日かけて川に水を汲みに行く必要がなくなる。さく

井工事の醍醐味はこうした海外の仕事で、政府開発援助（ODA）の案件を中心に手がけている。

「事業にどう結び付けるかだ」。若林社長はSDGsの取り組みについてこう言い切る。SDGs目標の6番目"安全な水とトイレを世界中に"に向け、海外でさく井を無償援助したり、現地の官庁技術者に井戸維持管理などに関する技術指導を行ったりしている。海外で井戸を何本掘るかといった目標値を設定することで、SDGsに対する社員の意識を醸成する。若林社長は「自分の仕事が社会にどう価値をもたらすかを考えていけば、新しいビジネスも創っていける」と、事業を通じた社会貢献に意欲的だ。

失敗を恐れず、成長の糧に

同社は理工系出身者が大半を占める技術者集団であり、特に地質調査は専門性が高いため専門外の人を採用しても本人の負担になる。この点は考慮しつつ、他の分野に関しては基本を学べば数年で独り立ちできるようになるという。若林社長は新卒の採用基準について「人間力を重視している。人間力さえあれば専門性の不足部分はカバーできる。新しい風を吹き込んでほしい」と、学生にエールを送る。

また、社会で働く上での心構えとして「一番は失敗を恐れないこと」を挙げる。若林社長は「何か

アクアフリード工法による井戸洗浄。井戸内に注入する炭酸ガスの量をバルブで調整する（左：木下 優子さん、右：片野 美羽さん）

若林社長を囲んだ社員集合写真

ザンビアのハンドポンプ水汲み場

行動を起こして失敗してもマイナス1ではなく、絶対値としての1、つまりプラス1と考える。一番良くないのは、何もしないゼロの状態だ。重要なのは、なぜ行動して失敗したのかを考えてレベルアッ プしていくことだ」と、"失敗のすすめ"を説く。

さく井の現場では多くの人が携わり、さまざまな問題や悩みに直面する。そのためメンター制度を導入し、若手社員に先輩社員を付 けて業務上やメンタル面を相談できる環境を整えている。

公共性が高い仕事で、責任も大きいが、丁寧に教えて社員の挑戦を後押しするのは、この会社の良さだろう。

| 理系出身の**若手社員**に聞く |

地下水の調査で安全を支える。
社内で頼れる存在に

東日本支社 地質調査部 環境地質課 若槻 望美さん（2017年入社）

　私は入社4年目で、地下水の調査を行っています。大きな工事で土を掘り起こす際、近隣住民の方々が生活で使っている地下水の水位・水質が変わってしまう可能性があります。そのため、工事による影響がないか、地下水を月1回モニタリングし、データをグラフにまとめた報告書を作成します。1年分のデータを見た時は「頑張ったな」と達成感を覚えますね。

　日さくを志望したのは、もともと大学で地下水の基礎を学んでおり、水に関わる仕事を探していました。そのため、今の仕事にやりがいを感じます。後輩、特に女性技術者も増えてきたので今後の目標は「頼られる存在」になることです。

■ 会社DATA

本社所在地：さいたま市大宮区桜木町4-199-3
創　　　業：1912年4月25日
代　表　者：代表取締役　若林 直樹
資　本　金：1億円
従 業 員 数：269名
事 業 内 容：さく井工事、井戸メンテナンス、地下水関連設備工事、特殊土木工事、地質調査・建設コンサ
　　　　　　ルタント、海外事業、井戸用設備製造・販売
U　R　L：https://www.nissaku.co.jp/

日本建設工業株式会社

プラント建設工事でエネルギーの安定供給に貢献
——巨大設備を精緻に据え付け、安全、高品質、確実に実稼働へ導くプロフェッショナル集団

ここに注目！

▶ 三菱重工を後ろ盾にした高い資本力と業界屈指の技術力

▶ きめ細かい新入社員教育と成長をサポートする充実の人財育成プログラム

数百トンもある巨大な発電設備を、最重要機器の場合、設置誤差1000分の±3ミリメートルに抑えて据え付ける。電力会社の発電プラントを中心とする建設工事に長年携わってきた日本建設工業のなせる業だ。

戦後いち早く、火力発電所の復興・新設工事と保守メンテナンス業務に乗り出し、日本の社会の発展に欠かせないエネルギーの安定供給を支えてきた。火力、原子力に加え、最近ではバイオマスやメガソーラーなどの発電設備や電力以外の設備据付工事も手がける。これまでに完工させた工事案件総数は、大小織り交ぜ1000件を優に超す。

同社は、建設を自称しながら"建設会社"ではない。巨大設備を精緻に据え付け、実稼働へ安全かつ正確に導くプロフェッショナル集団だ。

代表取締役社長
笹岡 智充さん

計画立案から施工まで
プロジェクト全体を
ハンドリング

創業者生田重人氏が、終戦3カ月前の5月、日本の戦後復興を決意して創業。1947年からGHQ管轄の鶴見発電所3・4号機の復旧工事に従事。48年に、北海道炭砿汽船の発電所据付工事と稼働後の保守メンテナンス業務を受注した。ここから、発電所のボイラー、タービン工事を軸とする同社の歴史が始まった。その後も国内の旺盛な電力需要を背景に、主に三菱重工業の発電プラントを中心に、全国の発電所新設工事に参画。ボイラー、タービン、発電機、原子炉などの据付工事と、試運転の計画から施工、保修・点検までを一貫して請け負う専門企業としての地位を確立した。

「当社の建設工事はすべてイージーオーダー。設置場所の状況は千差万別だから、既製服のようにはいかない。現場をつぶさに調査し工事計画書の作成から施工管理まで、すべて対応しなければならない」と解説するのは、笹岡智充社長。特に原子力発電プラントの最重要機器では、誤差1000分の±3ミリメートルの据付精度を確保し、4〜5段階の検査をクリアする必要があるほか、受注案件の多くは、工程表に基づいた高度な進捗管理能力が求められる。笹岡社長が、「蓄積された長年のデー

タをもとに、現場で起こるさまざまな課題を解決し、安全で高品質な施工管理を提供できるのが当社の強み」と言うように、同社はタービンやボイラー、原子炉といった大型設備の据え付けを、計画から施工、保守メンテナンスまで一括受注できる類まれな企業でもある。

新製品・新技術開発や
海外ビジネスも

すでに製鉄プラントなどの電気・機械関係の工事も手がけているが、電力関係の売上比率は7割弱。「経済社会の安定に資するため、今後も発電関連ビジネスが当社事業のベースになることに変わりない」（笹岡社長）。とはいうものの、これまでの豊富な経験ノウハウを活用し、例えば、大型放射光の実験施設「SPring-8」の機器設置工事や、駅のホームドア設置工事などの新分野を開拓する動きを積極化している。最近は大手テーマパークに導入されたアトラクションの設置工事も受注しており、電力関係以外の案件拡大を目指す。

新たな展開も準備中。笹岡社長は、「自社製品、自社技術を作りたい」とし、2021年4月に技術グループ5〜6人の社員を選抜し、技術開発の新組織を立ち上げる。数多くの建設工事を通じて、これまでに出された改善提案を具体化していく手法で、安全・効率といった側面から自社製品・技術を生み

112MW バイオマス発電設備建設工事（煙突・脱硫設備・EP・サイロ・ボイラー・タービン・冷却塔・計装・電気設備すべて施工）

2020年の新入社員集合写真（本社社屋前にて）

企業名認知度アップを目指し、現在放映中の動画CM（抜粋）

出す。さらに過去の損失事例から、ここ数十年は控えてきた海外案件に再チャレンジする準備を進めているほか、労務管理部で担当していた労務管理業務を数年後に発展、新たに法務部を設置して、今後の業容拡大に備える。

「何もないところから、計画通りにプラントを稼働させる達成感。ここに当社のやりがいの原点がある」と語る笹岡社長。多くの関係者とコミュニケーションを取りながら、コトを進めていける「人間力が大事だ」と強調する。このため人材育成に力を入れ、7年前から先輩社員が教育係となって新人教育する「ブラザー制度」や、入社2年目からは、先輩社員とともに業務を行い、専門知識を学ぶ「担当補佐制度」など、教育体制を充実させている。

創業から75年、高い信用力と資本力をさらに高めつつ、大きく変わり始めた日本建設工業には、自身を高め、存分に力を発揮できる舞台が用意されていると言えるだろう。

─┤ 理系出身の**若手社員**に聞く ├─

自分が計画した工事の無事完了に達成感

計画・技術グループ 第二計画設計チーム 矢野 巧さん（2018年入社）

工事計画の作成業務に携わっています。機器の据え付けや付帯設備の設計など、お客様や現場の方と何度もレビューを行い、工事が成立するように計画を仕上げます。今は原子力発電所の再稼働工事を担当していて、事故もなく無事に工事が完了すると達成感でうれしい気持ちになります。

もともと機械系の出身だったので、今の部署を希望しました。現場と意見のぶつかり合いもありますが、皆さん優しいのでめげることはありません。今後も経験を積み、お客様から信頼されるような技術者を目指したいと思います。

会社DATA

本社所在地：東京都中央区月島四丁目12番5号
創　　　立：1945年
代　　　表：代表取締役社長　笹岡 智充
資　本　金：4億円
社　員　数：432名（2020年4月）
事 業 概 要：原子力、火力、一般産業用プラントおよび関連設備に係わる機器および電気計装設備の据え付け、定検・改造・補修・解体工事の設計および施工管理など
U　R　L：https://www.nikkenko.co.jp/

株式会社巴商会

無限の可能性を秘める産業用ガスの技術集団
—ガスを売る「＋α」の存在感

電気、水道と並ぶ社会インフラがガスだ。燃料として使われる都市ガスやプロパンガス以外にも多様な製品の原材料や製造環境をつくる「産業用ガス」がある。産業用ガスは、冷凍食品や化粧品などの身近な商品の製造をはじめ、スマートフォンや再生医療などの最先端の製造、研究開発に欠かせない。

巴商会は、この産業用ガスを、1950 年の創業以来一貫してさまざまな業界に提供する専門商社として歩んできた。1962 年には日本で初めてヘリウムガスの輸入を開始し、1982 年には半導体製造工場向けの窒素ガスの提供を開始するなど、時代を先取りした事業を展開している。

取り扱うガスはヘリウム、窒素、酸素、アルゴン、アセチレン、水素、炭酸などの一般工業用ガス、さらに三フッ化窒素などの特殊ガス、滅菌ガスなど 1000 種に及ぶ。巴商会が関わる取引先は、仕入先

取締役営業副本部長
山森 正美さん

が約 3000 社、ユーザーは 6000 社を超え、幅広い業界とつながっている。

成長著しい半導体向けガス

同社が特に得意とするジャンルは、5G などで市場が盛り上がるスマートフォンをはじめとする半導体や電子部品関連で使用されるガスおよび設備・機器で、売り上げの約 6 割を占める。

また、同社の特徴は、商社でありながらガス製造プラントを有し、顧客のニーズの高い窒素、酸素、水素などを製造し、ヘリウムガスは海外から調達している。

また、ガス消費設備の設計・施工管理を行う技術部では、毒性、可燃性ガスを安全に供給するためのシリンダキャビネットも自社ブランドで販売している。その他、排ガス処理装置、ガス警報検知システム、バルブシャッターなど、顧客の安全なガス利用や環境負荷低減に欠かせない各種ガス消費設備をトータルでサポートしている。

さらに、ガス分析を行う横浜研究所を所有し、出張分析、半導体製造装置や設備の安全性診断、研究所の高圧ガス設備を利用した受託試験・開発業務も提供している。そのため、同社のエンジニアリング領域は幅が広い。

「新卒採用では化学をはじめ、機械、電気・電子、土木・建築などの各学科で学び、知識を持つ理

系学生の応募が多く、入社後は技術系職種だけではなく、営業職でも理系出身者が活躍している」(山森正美取締役営業副本部長)

水素インフラ整備をけん引

現在同社が注力している分野は、燃料電池などで注目を集める水素だ。東京都内で水素ステーションを開設しているほか、水素自動車、燃料電池バスやトラック、船舶や電車などモビリティー向けの高圧水素容器も展開している。

山森さんは、「水素が持つエネルギーとしての可能性は高く、今後は行政や他の民間各社とともにさまざまな設備や機器などを開発しながら、水素を安全に安定的に提供するインフラを構築したい」と力を込める。

エンジニアリング部門を持ち、多くの可能性を拓く

入社 3 年目の技術部所属の山田祐輔さんは、「商社でありながら、エンジニアリング部門をしっかり持っていることが他社との違いであり、魅力」と語る。「他社は、設置工事などエンジニアリング部門が別会社化されているが、当社では営業と技術の距離が近いため、連携が取りやすいと感じる」(山田さん)のだ。

以前、研究所に在籍していた人事課の堀江高司係長は、「ガス設備の施工管理やガス分析を通じて最先端技術分野のお客様と接した

群馬県高崎市にあるトモエガスセンター高崎工場

技術部が設計、施工管理を行った高圧ガス消費設備

東京・江東区の新砂にある巴商会の新砂水素ステーション

り、その現場に入ったりすることができるのは理系出身の社員にとっては面白く、さまざまなアイデアが浮かんでくるのではないでしょうか」と話す。

「日本のモノづくりをガスで支えることになり、非常に大きな魅力があり、それだけ多くの可能性もあるということ」（堀江さん）と、その可能性をさらに広げる新しい人材に期待している。

今後を担う人財の採用と育成

同社は、人材育成の環境整備にも力を注いでいる。社内に独立した研修部門があり、新人から中堅、管理職にわたる手厚い研修が用意されている。それに加え、各種資格取得支援はもちろん、今年度より「セルフ・キャリアドック」のトライアル導入も行う。転勤や職種変更を通して、経験や個性に応じたキャリア形成を図っている。

「自ら興味の種を見つけ、自分だったらこうするという意思をもって仕事に臨む人であれば、ビジネスの可能性と成長の機会はかなりある会社だと思う」と、堀江さんは社風を語る。

┤ 理系出身の**若手社員に聞く** ├

知識や知恵を出し合い、施工を完了させた喜びはひとしおです

技術部 第3技術課 名古屋技術グループ 山田 祐輔さん（2018年入社）

大学では材料工学を専攻していました。当社は商社ですが、分析やプラント施工などいろいろな技術職があることに惹かれました。現在先輩とともに、供給設備の施工管理を行っています。元々は人と話すのが苦手でしたが、いろいろな施工会社の方やお客様と打ち合わせや仕事をするうちに、徐々に話すことが楽しくなっていました。同じ工事は二度となく、お客様からの仕様変更も生じるため、対応はかなり大変です。お客様の仕様を満たすには、たくさんの引き出しを持つことが重要だと実感しています。それだけに、いろいろな方と一緒に知恵を出し合い、無事に施工が完了した時の喜びはひとしおです。今後は、計画の早い段階から設計、積算、施工までの一切を任されるようになりたいですね。

会社DATA

本社所在地：東京都大田区蒲田本町一丁目2番5号　ネクストサイト蒲田ビル5、6階
設　　　立：1950年
代　　　表：代表取締役社長　深尾 定男
資　本　金：7500万円
社　員　数：946名（2020年8月）
事 業 内 容：高圧ガス、液化石油ガス、化学品、医療品および機械器具、医療用具の製造販売、それらに附随する国内ならびに輸出入に関する一切の業務、各種高圧ガス配管工事および附帯工事一式など
U　R　L：http://www.tomoeshokai.co.jp/

株式会社八幡ねじ

ねじを中心とした締結部品の開発型商社
──「開発を通じて未来を拓く」を掲げ、新たな挑戦へ

記者の目

ここに
注目！

▶ **自分たちで新商品、新市場を作り出す「全員開発」**

▶ **ねじづくりでモノづくりを支える**

モノとモノを締め付け、外れないように固定（締結）するために欠かせないねじは、私たちの身の回りにある、数多くの製品で使われている重要な機械要素部品だ。八幡ねじは、締結部品の商社として発展を続けるとともに、開発、製造機能を持ち、産業向けからDIY商材を中心とした一般向けまで、幅広いユーザー層にねじ製品を提供している。

終戦翌年に、小さな磨ボルト製造工場から出発した同社は、高度経済成長とともに商社機能を持つ企業として発展。1980年代にホームセンター事業に業態拡大した際には、ねじをパッケージ化して供給するという、当時として斬新な発想でDIY商材という新たな領域を拓いた。

新たな価値を創造

八幡ねじは業界の先陣を切って

代表取締役社長
鈴木 則之さん

ITを導入し、物流改革に取り組むなど早くから進取の精神を発揮してきた。現在は2030年までの長期発展ビジョンとして、「開発を通じて未来を拓く」を掲げる。新たな価値を創造するイノベーション創出に向けて、新たな挑戦の歴史を刻んでいる。

取り扱い製品は15万種類に上る。多種多様な製品を迅速、確実に供給するためにITを駆使した物流システムを自社開発しており、タイ、中国、インドネシア、台湾にある海外拠点と連携。製造から物流までのグローバルな最適調達体制を構築している。

同社は取引先、社会の発展とともに歩むという思いを込めた「三方善の精神で新技術・新分野を拓く」という経営理念を持つ。そして、新しい生活様式が求められる時代となった今日、ここに、新たに「開発」という考え方を加えた。

鈴木則之社長は、「まずは自分たちで開発するんだ、という強い意志を発展ビジョンのど真ん中に置く。すべての行動を開発に向ける」と力を込める。「全員開発」を合い言葉に、技術開発にとどまらず、製造、物流、職場環境改善など社内の取り組みすべてに開発という考え方を取り入れる。

「開発方針の中にはオープンイノベーションも含まれる」（鈴木社長）と異業種、異分野との連携にも前向きだ。すでに、早稲田大学と共同で人工知能（AI）による

在庫管理システム開発を進めている。また名古屋工業大学とは、遺伝子アルゴリズムを活用した物流改善に取り組んでいる。

社員の成長を支え、モチベーションアップも狙う

開発を担うのは、言うまでもなく人材だ。商社として歩んできた歴史から文系出身の従業員が多いが、鈴木社長は「ねじの目的である締結は機械工学分野に入る。AIなら情報工学であり、製品にさまざまな金属が使われるようになると材料工学や化学の知識も求められる」と人材の多様化を進める考えだ。

従業員のモチベーションを引き出し、成長を促すための職場環境、仕組み作りも進めている。社内コミュニケーションの円滑化に役立っているのが、毎月発行する社内報だ。内容は、経営方針や仕事に役立つ知識、情報の紹介などが中心である。また、毎月の社内報とは別に年4回、社員向けの季刊誌を発行し、毎年のテーマに沿った特集や社内トピックス、社員の紹介などを掲載し、社内風土の醸成につなげている。

社員個人の成長を支えるため、2020年度からは人事評価制度を刷新した。評価の基準、項目を具体化し、社員個人の目標設定、面談、フィードバックを実施。各種研修制度と併せて成長を促す。人事制度の中には製造現場などで技術、技能を最大限に発揮してもらうプ

多種多様な高品質な製品を迅速に供給する本社工場

自由な発想を促す創造のためのスペースがある

ロフェッショナル職を創設。独自の
キャリアを築くことができる専門性
のある人財として活躍してもらう。

また、社員が発案したアイデア
などを発表できる「ヤハタドリー
ム」という制度もモチベーション
アップに一役買っている。新商品

の企画が採用になれば、ここから
商品開発につながるケースも期待
できそうだ。

鈴木社長は「女性でも、高齢者
でも働きやすい職場環境を整備し
ていく」と従業員目線を貫く。女
性が長く働ける環境作りの一環と

して、岐阜県各務原市にある物流
拠点「テクノセンター」近くに保
育園を設けたのも、そうした考え
の現れだ。

時代の変化に合わせた変革を通
じて、新たな挑戦のステージに踏
み出している。

─| 理系出身の**若手社員**に聞く |─

まだ誰もやっていないことをやりたい

企画開発部 技術開発課 五島（ごしま） 佑樹さん（2018 年入社）

産学連携の製品開発に携わっています。すでにつながりの
ある関係者以外に、自分で研究室を訪ねて製品開発につなが
るシーズを探しに行くことも積極的に行っています。また、
技術担当として商談にも出向きます。顧客の設計開発の方と
一緒に製品の改良を考える時にはやりがいを感じます。「ま
だ誰もやっていないことをやりたい」、そこにビジネスの始
まりがあると思っています。

入社の動機は、先輩社員座談会で先輩方が温かく接してく
れ、一緒に働きたいと思ったことです。入社 3 年目になり、
社内の業務プロジェクトに参加し、中心となって業務を任せ
てもらうことも増えてきました。

会社DATA

本社所在地：愛知県北名古屋市山之腰天神東18
設　　　立：1953年7月
代　表　者：代表取締役社長　鈴木 則之
資　本　金：2000万円
従 業 員 数：1051名（2020年6月）
事 業 内 容：ねじを中心とした締結部品の開発・製造・販売、DIY商材を中心とした一般消費者向け商材の
　　　　　　企画・製造・販売
U　R　L：https://yht.co.jp/

WDB ホールディングス株式会社

正社員派遣で理系研究職・技術職の可能性を広げる WDB グループ
──個人に寄り添い、満足度の高い研究者・技術者人生を実現

記者の目

ここに注目！

▶ 理系研究職派遣市場の 3 人に 1 人が WDB グループからの派遣

▶ 研究者・技術者として生き残るための手厚いプログラムとサポート

「今の職場は本当に理想的」と笑顔を見せるのは、茨城県つくば市にある製薬会社の研究所で分析業務を担当する清田野花さんだ。清田さんは WDB ホールディングスのグループ内企業、WDB ㈱エウレカ社の派遣社員だが、「派遣先の正社員と同じように扱ってもらえ、諸先輩を見習い、分析の専門家として今後どのように成長すべきかを考えやすい」と声を弾ませる。

1 年前、理系大学院の修士課程にいた清田さんは、就活で悩んでいた。研究所がある製薬会社に狙いを絞っていたが、生活拠点を関東圏に置きたかったため、それ以外の地域での就職は考えていなかった。対象業界を食品関係に広げたりもしたが、なかなか決まらなかった。

就活では、研究開発部門を希望する理系学生も多いが、企業に採

WDB グループである WDB 工学の田代修司さんと WDB エウレカ社の小原万実さん

用されても希望通りの研究職配属となるのは、1 割から 2 割程度。エウレカ社の小原万実取締役によれば、「理学系修士課程の卒業生は、毎年 2 万 3000 人ほどなのに対して、メーカーの研究職の採用枠は約 3000 人」という。

清田さんは、業界を断念するか、入社しても研究職を断念するか、次第に追い込まれた。そんな中で出会ったのがエウレカ社だった。

高いアウトソーシングニーズ

実は、メーカーの正社員としての理系研究開発職の枠は狭いものの、ニーズそのものは高い。「例えば製薬会社では、一定の予算の中でいくつもの 3 〜 5 年程度の短期プロジェクトを回しながら結果を出していかなければならないので、研究や実験のアウトソースサービスを使うことが多い」（小原取締役）からだ。同社はこうした製薬や食品、化学系メーカーや公的研究機関を対象とした理系研究開発職人材の派遣を、常用型といわれる「正社員派遣型」で行っている。清田さんは、メーカーの面接を繰り返す中で、エウレカ社への入社を選択、希望だった茨城県内の製薬会社での研究所勤務を実現した。

WDB グループには、エウレカ社のほか、主に電気・機械・自動車・IT 業界グループ向けの技術者派遣を行う WDB 工学㈱がある。毎年、エウレカ社で約 200 名、

WDB 工学で約 100 名の大卒・院卒者を採用している。

現在、理系研究職派遣市場の 3 分の 1 を WDB グループからの派遣が占めており、医薬品・化学・食品業界の 87％、国公立の公的研究法人の 89％と取引実績がある。必ずしも希望する企業に派遣されるとは限らないが、同じ業界の研究所に勤務できる可能性は極めて高い。同じプロジェクトメンバーの一員として力を発揮できる他、派遣先での正社員登用もある。何より正社員としての派遣なので、収入、雇用期間も定年まで保証されるなど、安定した雇用環境の中で仕事に打ち込めることが魅力だ。

WDB 工学の田代修司社長は、「最初からメーカーではなく、技術の幅や経験を深めることができる派遣に魅力を感じて当社に決める人が増えている」と話す。

メーカーにはない選択が可能

その背景には、WDB グループならではの社員教育やサポートの充実がある。一般的に企業の研究部門では 3 〜 5 年でリーダーや管理職などの登用が始まるが、派遣の場合、業務範囲が限定されるため、成長しているという実感が薄れていく傾向がある。

WDB グループでは入社 5 年をめどに、論文の読み方や社会人マナー、コミュニケーション力、マネジメント力など理系研究者にふ

念願の製薬会社の研究所で働く清田さん

専門業務だけでなく、ビジネスパーソンとしての基礎力を
身に付けられる WDB ユニバーシティの修了日

さわしい能力が身に付けられるようになっている。社員は、その上で派遣先への正社員登用、別会社への転職、派遣先のチェンジ、あるいは WDB グループ内で総合職や研究職として活躍してもらうなどのさまざまな選択肢からキャリアを選ぶ。

技術進化の加速と働き方の多様化が進む時代。研究者・技術者としての専門性を深めながら、自分らしいキャリアプランが選べる WDB グループの働き方は、理系研究職の可能性をさらに広げそうだ。

| 理系出身の若手社員に聞く |

技術者として自信を付け、AI 開発に挑む

WDB 工学(株) 荒本 眞広さん（2014 年入社）

新卒後 6 年間、電機メーカーで自動車エンジンの制御ユニットのシミュレータ開発に関わり、今は産業技術総合研究所で AI（人工知能）の研究に携わっています。大学で情報工学を専攻し、就活では組み込み系システムメーカーを当たっていましたが、面接で組み込み系職種の派遣先があると聞いたのが WDB 工学入社の決め手でした。

最初の派遣先はソフト開発中心で分野は違っていましたが、技術の幅も広がり、自信が付きました。AI 分野は興味があったものの経験がない分野。挑戦しようと思ったのは、WDB 工学での成長があったからです。今後は、設計などより幅広い開発プロセスを担える人材に成長したいと思っています。

会社DATA

本社所在地：兵庫県姫路市豊沢町79
設　　　立：1985年
代　表　者：代表取締役　中野 敏光
資　本　金：10億円
従 業 員 数：1072名（派遣社員他9764名）
事 業 内 容：人材サービス事業、CRO事業、プラットフォーム・その他事業
U　R　L：https://www.wdbhd.co.jp/

エリア別索引

関 東

育良精機株式会社／
　日本アイ・エス・ケイ株式会社（茨城県つくば市）

株式会社ティー・エム・ピー（茨城県日立市）

株式会社廣澤精機製作所（茨城県つくば市）

株式会社イシイ設備工業（群馬県高崎市）

サンライズ工業株式会社（埼玉県越谷市）

テイ・エス テック株式会社（埼玉県朝霞市）

株式会社日さく（埼玉県さいたま市）

日本シーム株式会社（埼玉県川口市）

株式会社フジムラ製作所（埼玉県川口市）

前澤工業株式会社（埼玉県川口市）

株式会社アイ・メデックス（千葉県千葉市）

アシザワ・ファインテック株式会社（千葉県習志野市）

都機工株式会社（千葉県松戸市）

愛知産業株式会社（東京都品川区）

株式会社アイネス（東京都中央区）

永興電機工業株式会社（東京都港区）

株式会社 KSK（東京都稲城市）

株式会社北村製作所（東京都墨田区）

恵和株式会社（東京都中央区）

坂口電熱株式会社（東京都千代田区）

株式会社三共製作所（東京都北区）

三和シヤッター工業株式会社（東京都板橋区）

株式会社巴商会（東京都大田区）

株式会社仲代金属（東京都足立区）

株式会社奈良機械製作所（東京都大田区）

日信電子サービス株式会社（東京都墨田区）

日東工器株式会社（東京都大田区）

日本建設工業株式会社（東京都中央区）

有限会社ベスト青梅（東京都青梅市）

堀口エンジニアリング株式会社（東京都渋谷区）

株式会社彌満和製作所（東京都中央区）

沖電線株式会社（神奈川県川崎市）

コダマコーポレーション株式会社（神奈川県横浜市）

三友プラントサービス株式会社（神奈川県相模原市）

株式会社南武（神奈川県横浜市）

牧野フライス精機株式会社（神奈川県愛甲郡）

株式会社ミツトヨ（神奈川県川崎市）

甲信越・北陸

株式会社ソーゴ（新潟県新潟市）

株式会社白山（石川県金沢市）

東 海

株式会社愛洋産業（愛知県名古屋市）

株式会社オプトン（愛知県瀬戸市）

七宝金型工業株式会社（愛知県津島市）

株式会社新愛知電機製作所（愛知県小牧市）

杉山重工株式会社（愛知県瀬戸市）

スターテクノ株式会社（愛知県岩倉市）

大和機工株式会社（愛知県大府市）

データ・デザイン株式会社（愛知県名古屋市）

株式会社東海機械製作所（愛知県岡崎市）

トライエンジニアリング株式会社（愛知県名古屋市）

永田鉄工株式会社（愛知県豊川市）

中日本炉工業株式会社（愛知県あま市）

福井ファイバーテック株式会社（愛知県豊橋市）

株式会社八幡ねじ（愛知県北名古屋市）

株式会社 ROSECC（愛知県名古屋市）

近 畿

株式会社伊藤金属製作所（大阪府東住吉区）

新日本工機株式会社（大阪府堺市）

大同機械製造株式会社（大阪府高槻市）

WDB ホールディングス株式会社（兵庫県姫路市）

兵神装備株式会社（兵庫県神戸市）

九 州

株式会社 C&G システムズ（福岡県北九州市）

株式会社新日南（福岡県北九州市）

ナカヤマ精密株式会社（熊本県阿蘇郡）

エアロシールド株式会社（大分県大分市）

清本鐵工株式会社（宮崎県延岡市）

社名索引

■ 機械・ロボット・自動車　　▥ 金属加工　　■ 電機・電子・計測　　■ 情報・通信
▥ 化学・素材　　▨ 環境・エネルギー　　▥ 建築・土木　　■ 商社　　▨ 人材サービス

NDC 335

理系学生必見 !!
日刊工業新聞社が推薦する入社したくなる会社 60 社

2021 年 2 月 1 日　初版 1 刷発行　　　　　　　　　　定価はカバーに表示してあります。

ⓒ編　者　　　日刊工業新聞特別取材班
　発行者　　　井水治博
　発行所　　　日刊工業新聞社　　〒103-8548 東京都中央区日本橋小網町 14 番 1 号
　　　　　　　書籍編集部　　　　電話 03-5644-7490
　　　　　　　販売・管理部　　　電話 03-5644-7410
　　　　　　　FAX　　　　　　　03-5644-7400
　　　　　　　振替口座　　　　　00190-2-186076
　　　　　　　URL　　　　　　　https://pub.nikkan.co.jp/
　　　　　　　e-mail　　　　　　info@media.nikkan.co.jp

カバーデザイン　　志岐デザイン事務所
印刷・製本　　　　新日本印刷（株）